PÉTITION

RELATIVE

A LA BELGIQUE

ADRESSÉE A

L'ASSEMBLÉE NATIONALE

A PARIS

PIÈCES JUSTIFICATIVES

BRUXELLES

IMPRIMERIE A. LEFEVRE

9, RUE DU PILOTE, 9

—

1880

PÉTITION

RELATIVE A LA BELGIQUE

ADRESSÉE A

L'Assemblée Nationale à Paris.

PÉTITION

RELATIVE

A LA BELGIQUE

ADRESSÉE A

L'ASSEMBLÉE NATIONALE

A PARIS

PIÈCES JUSTIFICATIVES

BRUXELLES

IMPRIMERIE A. LEFÈVRE

9, RUE DU PILOTE, 9

1880

PÉTITION

ADRESSÉE A

Messieurs les Président et Membres de l'Assemblée Nationale

A PARIS

———

Les soussignés, Français résidant en Belgique, y ayant séjourné en 1870-1871, ou habitant les départements frontières du Nord de la France, ont l'honneur de déposer sur le bureau de la Chambre, une pétition demandant la mise à l'ordre du jour, d'une question déjà soulevée le 4 mars 1871 et tranchée d'une façon arbitraire par l'Assemblée de Bordeaux.

Il s'agit d'un vote de remerciements à adresser à la Belgique pour la généreuse hospitalité qu'elle a accordée à nos prisonniers et blessés pendant les tristes événements de 1870-1871.

La Chambre actuelle qui à l'encontre de celle de Bordeaux possède la confiance du pays et représente ses sentiments vrais, prendra à cœur de répudier toute participation et tout acquiescement à un acte d'ingratitude qui a constitué un fait sans précédent dans les annales parlementaires d'un pays réputé comme le nôtre pour sa courtoisie chevaleresque.

A l'occasion du cinquantième anniversaire de l'Indé-

pendance belge, il importe que les représentants répu-
blicains effacent la pénible impression produite en
Belgique par la conduite des réactionnaires de 1871.

Témoins du dévouement et de la conduite touchante
du peuple belge à l'égard des soldats français pendant
la dernière guerre, les soussignés viennent demander
à l'Assemblée Nationale d'acquitter au nom de la
France, cette dette de reconnaissance qu'elle a con-
tractée.

Témoins des vives sympathies que la nation française inspire au peuple belge, ils espèrent qu'à la veille
de l'anniversaire de la lutte mémorable où Français et
Belges combattirent côte à côte, la France excluant la
froide réserve des félicitations diplomatiques tendra
publiquement et franchement du haut de la tribune
parlementaire, une main amie et reconnaissante à la
Belgique.

Suivent les signatures.

SOMMAIRE DES PIÈCES JUSTIFICATIVES

1º Compte rendu des séances du 3 et du 4 Mars 1871 de l'Assemblée de Bordeaux, séances où fut agitée la question de savoir si l'on voterait des remerciements à la Belgique

2º Extraits des principaux organes de la presse belge, où il est parlé de l'hospitalité accordée aux prisonniers et blessés français, ainsi que de la situation morale et politique de la Belgique pendant la guerre.

3º Extraits des journaux étrangers reproduits et commentés par la presse belge

4º Rapport du *Comité du pain*, société belge de secours qui venait en aide aux victimes de la guerre dans les départements envahis, et dont l'action bienfaisante se manifesta surtout dans les départements du Nord, des Ardennes et du Pas-de-Calais.

5º Quelques extraits du volume écrit par M. le docteur Merchie, médecin en chef de l'armée belge, d'où il appert que la plupart des blessés recueillis et soignés par la Belgique appartenaient à l'armée française et qu'en conséquence la France doit à la Belgique une plus grande somme de reconnaissance que celle que lui doit l'Allemagne.

6º Lettre relative à la désinfection des champs de bataille.

7º Lettre relative au monument à ériger à Bruxelles, à la mémoire des soldats français décédés sur le territoire belge en 1870-71.

Pour le Comité promoteur de la Pétition

MAURICE BERNARD

Bruxelles, le 1ᵉʳ mars 1880.

ASSEMBLÉE NATIONALE DE BORDEAUX

Séance du Vendredi 3 Mars 1871

Président : M. J. GRÉVY.

M. Paul Cottin. — Messieurs, je prie l'Assemblée de vouloir bien, avant de procéder à aucun travail, remplir un devoir de reconnaissance.

Lorsque la France était heureuse, elle comptait beaucoup d'amis. Les amis depuis lors sont devenus rares. Presque seule, une nation voisine, petite par le territoire, mais grande par le cœur et les institutions, s'est efforcée, par tous les moyens en son pouvoir, de mettre sa main dans la nôtre.

De toutes parts. — Oui! c'est vrai! très bien! très bien!

M. Paul Cottin. — La Suisse, oubliant les défiances, les colères mêmes qu'avaient pu susciter autrefois de déplorables idées de conquêtes et d'annexion, la Suisse, dans ces temps derniers, ne s'est souvenue que de nos malheurs. (C'est vrai! c'est vrai! vifs applaudissements.)

Je ne reviendrai pas sur les détails bien connus de vous tous; je

1

rappellerai seulement l'empressement avec lequel la Confédération helvétique s'est, pour ainsi dire, placée comme trait d'union pendant toute la durée de la guerre, entre la France et ses malheureux prisonniers d'Allemagne; puis le dévouement dont faisaient preuve nos généreux voisins, lorsque longtemps avant les désastres de l'Est, ils venaient sur notre territoire par le froid et par la neige, chercher nos malades et nos blessés, nourrir nos soldats affamés; enfin l'hospitalité noble et touchante qu'ils prodiguèrent en ce moment aux débris de l'une de nos armées, victime du froid et de la faim.

La France, dans ses malheurs, est pénétrée d'un profond sentiment de gratitude envers la Confédération helvétique, et c'est ce sentiment que je prie l'Assemblée de vouloir bien consacrer aujourd'hui en adoptant la proposition suivante :

« L'Assemblée Nationale est profondément touchée de la noble » conduite du peuple suisse envers les soldats de la France. Elle » envoie à la Confédération helvétique l'expression *émue* de sa » reconnaissance. » (Très bien! très bien!)

Le Président. — Il n'y a pas d'opposition?... L'Assemblée s'associe aux sentiments? ..

Plusieurs membres. — Il faut un vote !

Le Président. — Alors je vais mettre aux voix la résolution.

M. Thiers. — Il n'y a qu'un mot à changer. Il faut retrancher le mot *émue* qui n'est pas législatif. (Approbation.)

Le Président. — Voici les termes de la proposition modifiée :

« L'Assemblée Nationale est profondément touchée de la noble » conduite du peuple suisse envers les soldats de la France. Elle » envoie à la Confédération helvétique l'expression de sa reconnais- » sance. »

M. Thiers. — C'est cela !

Un membre. — Et la Belgique.

M. de Tillancourt. — On fera aussi une proposition pour la Belgique et ce pourra être l'objet d'un vote spécial. (Oui! très bien.)

M. Margaine. — Je demande la parole.

Le Président. — Est-ce sur la proposition?

M. Margaine. — Oui, Monsieur le Président.

Le Président. — Vous avez la parole.

M. Margaine. — Je demande qu'on ajoute aux mots : « envers les soldats de la France » ceux-ci : « à la population de Strasbourg. » (Oui! oui! applaudissements.)

Le Président. — Je consulte l'Assemblée.

(L'Assemblée consultée adopte la résolution.)

M. de Tillancourt. — On demande maintenant d'associer la Belgique,... (Bruits divers.)

M. Paul Cottin. — Je demande la parole.

Le Président. — Vous l'aurez tout à l'heure; laissez-moi d'abord accomplir mon devoir de Président.

J'ai reçu de mon honorable collègue, M. Kabbé, une lettre qui m'annonce la douloureuse nouvelle de la mort de notre honorable collègue M. Kuss, etc., etc.

Séance du Samedi 4 Mars 1871

Président : M. J. GRÉVY.

M. Ducuing. — Messieurs, hier, au moment ou notre honorable collègue M. Cottin, vous a présenté une proposition tendant à exprimer votre reconnaissance envers la population suisse, nous avons, M. Léon Say et moi, voulu y faire comprendre la population belge (mouvements divers) et la population anglaise. (Rumeurs sur plusieurs bancs.)

Messieurs, je parle de la population anglaise (nouvelles rumeurs), de la population, entendez bien. Nous venons d'apprendre qu'il y a eu hier à Edimbourg, une manifestation extrêmement touchante en faveur de la France. (Interruptions.)

Messieurs, vous pouvez rejeter ma proposition, mais accordez moi du moins la permission de la lire. (Lisez!)

Voici le texte de ma proposition :

« Considérant ;

» Que l'excès même de nos malheurs doit nous rendre encore plus
» sensibles à la sympathie des peuples ;

» Que les Belges ont recueilli nos soldats abandonnés par l'inten-
» dance et le commandement...... (Réclamations.) Que notre armée
» de l'Est, paralysée par le froid et la faim, a trouvé en Suisse un
» asile non pas seulement généreux, mais jusqu'à un certain point
» héroïque, si l'on réfléchit que les menaces de l'Allemagne n'ont
» fait que donner plus d'activité aux secours ;

» Que la cité de Londres, enfin, a tenu à honneur de contribuer
» libéralement au ravitaillement de Paris ;

» Et qu'il convient de dire aux peuples dont la main s'est tendue
» vers nous dans nos détresses :

» A l'heure de l'infortune, la France vous a trouvés.

» A l'heure de la génération, la France se souviendra.

» Par ces motifs, l'Assemblée Nationale, au nom de la France
» entière, envoie l'expression de sa reconnaissance aux populations
» de la Belgique, de la Suisse et de l'Angleterre...... (Réclamations
» sur plusieurs bancs) qui, par des moyens divers, nous sont venues
» en aide au milieu de nos épreuves. »

Voilà, Messieurs, la proposition que je tenais à vous faire, je la
remets aux mains de M. le Président.

Le Président. — M. Ducuing propose à l'Assemblée la résolution
suivante :

L'Assemblée Nationale, au nom de la France entière, envoie
l'expression de la reconnaissance aux populations de la Belgique, de
la Suisse et de l'Angleterre (nouvelles interruptions) qui, par des
moyens divers, nous sont venues en aide au milieu de nos épreuves.

Plusieurs membres. — Le renvoi à la commission d'initiative.

Le Président. — La proposition sera renvoyée à la commission
d'initiative.

M. Fresnau. — Pardon, M. le Président, je demande la parole
pour un rappel au règlement.

Le Président. — Vous avez la parole.

M. Fresnau. — Messieurs, j'ai demandé la parole pour un rappel au règlement. Les propositions qui peuvent venir de l'initiative individuelle doivent, aux termes du règlement, être déposées sur le bureau du Président, et non pas lues à la tribune et immédiatement discutées.

Le texte est formel.

Le motif qui a fait prendre cette décision n'était pas moins connu des anciens membres des assemblées qui ont rédigé le règlement de 1848 et de 1849. C'est qu'il se présentait journellement des propositions patriotiques de sentiment et d'effusion du genre de celle qui vient d'être faite et qui entravaient complétement les travaux de ces assemblées. De plus, on présentait des propositions que j'appellerai de libéralité et cela dans un temps très dur, mais qui ne l'était pas au même degré que celui où nous sommes, on demandait, par un motif ou par un autre, de faire une brèche aux finances, et l'on se donnait ainsi le rôle de la libéralité, en laissant à l'Assemblée le rôle contraire. Il en résulta la disposition dont j'ai l'honneur de vous demander l'application absolue. (Très bien! très bien!)

Le Président. — J'ai précisément proposé à l'Assemblée le renvoi de la proposition à la commission d'initiative parlementaire.

Il n'y a pas d'opposition.

Le renvoi est ordonné.

EXTRAITS

DES

PRINCIPAUX ORGANES DE LA PRESSE BELGE

EXTRAITS

des Journaux étrangers reproduits et commentés par la

PRESSE BELGE

Indépendance Belge, 17 *Juillet* 1870.

Les puissances non intéressées, qui se vantaient tant de leur activité en faveur de la paix, n'ont même pas daigné faire une démarche quelconque auprès du prince de Hohenzollern. Il n'y a que le roi des Belges qui ait fait entendre sa voix dans ce sens à Sigmaringen.

19 *Juillet.*

Notre correspondance particulière de Paris, qu'on lira plus loin, mentionne les efforts faits par les adversaires de Belgique à Paris, pour répandre dans le public cette opinion que, dans le conflit actuel, notre pays est hostile à la France et favorise la Prusse, non seulement de ses vœux, mais par des mesures que le soin de notre sécurité ordonne au gouvernement belge de prendre. Ces ennemis de notre nationalité appuient cette dernière allégation sur le malentendu par suite duquel un pont a été détruit près de Blandain.

Nous protestons avec énergie contre ces assertions mensongères. La Belgique, se renfermant loyalement dans son rôle de neutralité stricte, ne forme d'autre vœu que celui de voir bientôt la paix rétablie entre deux grandes nations qu'elle aime et qu'elle estime également. Elle ne prend d'autres mesures que celles nécessaires pour montrer à la Prusse et à la France — qui, du reste, le lui ont demandé toutes deux — qu'elle est sérieusement en état de défendre sa neutralité, de quelque côté qu'elle soit menacée.

Quant à la destruction du pont de Blandain, rétabli quelques heures après, on sait qu'elle a été le résultat d'un ordre mal compris, et le journal officiel de France le reconnaît lui-même dans une note qu'il publie aujourd'hui.

Moniteur officiel belge, *partie officielle,* 25 *Juillet.*

L'état de guerre existant entre deux puissances voisines, le gouvernement du Roi croit devoir rappeler que la Belgique est un Etat perpétuellement neutre, et que tout acte contraire aux devoirs de la neutralité doit, par conséquent, être soigneusement évité.

Le nouveau Code pénal belge, art. 123, contient la disposition suivante, qu'il peut être opportun de signaler à l'attention publique :

Quiconque, par des actions hostiles non approuvées par le gouvernement, aura exposé l'Etat à des hostilités de la part d'une puissance étrangère, sera puni de la détention de cinq ans à dix ans, et, si des hostilités s'en sont suivies, de la détention de dix ans à quinze ans.

On rappelle, au surplus, que la Belgique a adhéré aux principes consacrés par la déclaration du congrès de Paris, du 16 avril 1856, laquelle, entre autres dispositions, abolit les armements en course.

Constitutionnel.

Plusieurs journaux, reproduisant la note par laquelle le journal officiel a rendu hommage aux mesures que vient de prendre le cabinet néerlandais pour sauvegarder sa neutralité, font la remarque que l'organe du gouvernement n'a rien dit de la neutralité de la Belgique, et ils en concluent qu'on aurait à Paris des doutes sur la sincérité de l'attitude de cette puissance.

L'analogie qu'on veut établir entre la Hollande et la Belgique n'est pas admissible. Car, la neutralité de la seconde résulte de sa position internationale et nous ne pensons pas que le cabinet de Bruxelles ait jamais songé à s'écarter des devoirs qu'elle lui impose.

Autre est la situation de la Hollande qui n'est pas une puissance neutre et qui, dans toutes les circonstances, garde toute sa liberté d'action. Aussi, en constatant l'usage que la Hollande compte faire de sa prérogative dans la guerre actuelle, le gouvernement ne pouvait-il vouloir établir une comparaison qui n'est fondée ni en droit ni en fait.

Staatsanzeiger de Berlin, 31 *Juillet*.

Le chancelier de la Confédération germanique a adressé ces jours derniers aux représentants de la Confédération de l'Allemagne du Nord, accrédités près les puissances neutres, la dépêche suivante :

Berlin, 29 juillet.

L'attente a été exprimée au Parlement anglais par MM. Granville et Gladstone que des communications ultérieures seraient faites par les deux puissances intéressées au sujet du projet de traité. J'ai répondu par une communication, en date du 27 juillet, adressée par le télégraphe au comte de Bernstorff. La forme télégraphique ne me permettait qu'un court exposé, je le complète aujourd'hui par écrit.

Le manuscrit publié par le *Times* n'est pas la seule proposition qui nous ait été faite dans ce sens par la France. Déjà avant la guerre de Danemark des agents français officieux et non officieux ont fait des tentatives auprès de moi pour amener une alliance entre la France et la Prusse, en vue d'agrandissements réciproques.

Je n'ai pas besoin de vous le faire observer, la confiance du gouvernement français dans la possibilité d'une pareille transaction avec un ministre allemand, dont la position est une conséquence de son accord complet avec le sentiment national allemand, ne peut s'expliquer que par le fait que les hommes d'Etat de la France ne connaissent pas les conditions fondamentales de l'existence des autres peuples.

Si les agents du cabinet français avaient été capables d'observer les rapports allemands, on ne se serait jamais livré, à Paris, à l'illusion que la Prusse accepterait de régler les affaires de l'Allemagne avec l'assistance de la France. Vous êtes autant que moi au courant de l'ignorance des Français sur l'Allemagne. Les efforts que fait le gouvernement français, pour exécuter ses intentions avides sur la Belgique et les frontières rhénanes avec l'assistance de la Prusse, sont déjà venus à moi avant 1862, donc avant mon entrée aux affaires étrangères.

Je ne pus considérer comme mon devoir de communiquer au département des négociations internationales, ces ouvertures qui n'avaient qu'un caractère purement personnel, et je crus devoir retenir des documents intéressants et émanant d'entretiens et de lettres privées que je pourrais fournir pour éclairer cette affaire.

Dans le but d'influer sur la politique européenne, les tendances sus-mentionnées du gouvernement français se manifestèrent d'abord par l'attitude qu'observa la France en notre faveur dans le conflit prusso-danois. L'irritation que la France ressentit ensuite contre nous, au sujet du traité de Gastein, était en rapport avec la crainte que la consolidation d'une alliance durable entre la Prusse et l'Autriche ne fît perdre au cabinet de Paris les fruits de 'son attitude.

Déjà, avant 1865, la France avait compté sur l'explosion d'une guerre entre nous et l'Autriche, et elle se rapprochait de nous dès que nos rapports avec Vienne menaçaient de se troubler. Avant l'explosion de la guerre de 1866, des propositions m'ont été faites en partie par des parents de l'empereur des Français, en partie par des agents confidentiels. Ces propositions tendaient toujours à des transactions pour amener des agrandissements réciproques.

Tantôt il s'agissait du Luxembourg ou de la frontière de 1814 avec Landau et Sarrelouis; tantôt d'objets plus étendus d'où la Suisse française et la question de savoir où il fallait tracer en

Piémont la frontière en prenant la langue pour base, n'étaient pas exclues.

En mai 1866, ces insinuations prirent la forme d'une proposition en règle pour une alliance offensive et défensive. L'extrait suivant de ce projet est resté entre mes mains :

1. En cas de congrès, poursuivre d'accord la cession de la Vénétie à l'Italie et l'annexion des duchés danois à la Prusse.

2. Si le congrès n'aboutit pas, alliance offensive et défensive entre la France et la Prusse.

3. Le roi de Prusse commencera les hostilités dans les dix jours de la séparation du congrès.

4. Si le congrès ne se réunit pas, la Prusse attaquera dans les trente jours après la signature du présent traité.

5. L'empereur des Français déclarera la guerre à l'Autriche dès que les hostilités seront commencées entre l'Autriche et la Prusse.

6. On ne fera pas de paix séparée avec l'Autriche.

7. La paix se fera sous les conditions suivantes :

A l'Italie, la Vénétie;

A la Prusse, des territoires allemands au choix jusqu'à sept à huit millions de sujets, plus la réforme fédérale dans le sens prussien ;

A la France, le territoire entre la Moselle et le Rhin, sans Coblence ni Mayence, comprenant 500 mille âmes, le Palatinat bavarois; sur la rive gauche du Rhin, Berkenfeld et Hesse-Hombourg, 213 mille âmes.

Une convention militaire et maritime entre la France et la Prusse dès que le roi d'Italie aurait donné son adhésion.

La force de l'armée avec laquelle l'Empereur voulait nous aider, aux termes de l'art. 5, était fixée à 300 mille hommes.

Le nombre d'âmes des agrandissements que la France désirait, s'élevait, suivant les calculs français (qui ne sont pas d'accord avec le chiffre réel), à un million 800 mille âmes.

Quiconque est au courant de l'histoire diplomatique et militaire de 1866 verra transpirer, à travers les clauses du traité de cette époque, la politique que la France poursuivait en même temps, vis-à-vis de l'Italie, avec laquelle elle négociait également en secret, et plus tard vis à vis de la Prusse et de l'Italie.

Déjà, en juin 1866, nous avons rejeté le projet d'alliance susmentionné nonobstant des avertissements réitérés et presque menaçants. Mais le gouvernement français comptait encore sur la victoire de l'Autriche ; il pensait pouvoir nous exploiter en échange de ses secours, après notre défaite éventuelle, défaite que la politique française commençait à préparer diplomatiquement de tous ses efforts.

Il est connu de V. E. que le congrès, dont il est question dans le projet d'alliance et qui a été proposé encore plus tard, aurait eu pour conséquence de mettre un terme à notre alliance avec l'Italie, conclue pour trois mois, sans que cette alliance eût pu nous être utile.

Votre Excellence sait aussi comment la France s'est efforcée, par les conventions ultérieures relativement à Custozza, de nuire à notre situation et d'amener notre défaite, si c'était possible.

Les « angoisses patriotiques » de M. Rouher sont un commentaire de la marche ultérieure des événements. Depuis lors, la France n'a cessé de nous tenter par des offres aux dépens de l'Allemagne et de la Belgique.

Je n'ai jamais pensé qu'il fut possible d'accepter des offres de cette nature ; mais je croyais qu'il était utile, dans l'intérêt de la paix, de laisser aux diplomates français les illusions qui leur sont particulières, aussi longtemps que cela était possible, sans faire même des promesses verbales

Je présumais que l'anéantissement de tout espoir pour le gouvernement français compromettrait la paix, qu'il était dans l'intérêt de l'Allemagne et de l'Europe de maintenir. Je n'étais pas de l'avis de ces hommes politiques qui conseillaient de ne pas faire tous les efforts pour empêcher la guerre, parce qu'elle était en tous cas inévitable.

Personne ne pénètre les desseins de la Providence. Je considérais une guerre, même victorieuse, comme un malheur que la politique doit s'efforcer d'épargner aux peuples

Je ne pouvais pas compter sans la possibilité que des modifications se produisissent dans la constitution et dans la politique de la France, modifications qui auraient fait disparaître la nécessité d'une guerre entre deux grands peuples voisins. Tout ajournement venait en aide à cet espoir.

C'est pour ces raisons que je me suis tu sur les demandes qui m'étaient faites et que j'ai entretenu des négociations dilatoires, sans jamais faire même une promesse.

Après l'échec des négociations engagées avec le roi des Pays-Bas pour l'acquisition du Luxembourg, la France me renouvela ses propositions en les élargissant. Elles comprirent alors la Belgique et l'Allemagne du Sud.

C'est à ce moment qu'eut lieu la communication du manuscrit de M. Benedetti. Que l'ambassadeur français ait pu formuler ces propositions de sa propre main, me les remettre, les débattre à plusieurs reprises et en modifier les textes sur lesquels se présentaient des observations, sans l'autorisation de son souverain, cela est aussi invraisemblable que l'assertion émise dans une autre circonstance, que l'empereur Napoléon n'avait pas adhéré à la demande de la cession de Mayence, demande qui me fut faite officiellement par l'ambassadeur impérial au mois d'août 1866, sous menace de guerre en cas de refus.

Les diverses phases de mauvaise humeur et d'envie de faire la guerre de la France, que nous avons traversées de 1866 à 1869, coïncident assez bien avec la sympathie ou l'antipathie pour les négociations que les agents français croyaient trouver chez moi.

Un personnage haut placé, qui n'était pas étranger aux négociations, m'a fait entendre que dans le cas d'une occupation de la Belgique, nous trouverions bien notre compensation ailleurs. De même, on m'a donné à comprendre, dans des occasions antérieures, que dans la solution de la question d'Orient, la France ne chercherait pas sa part en Orient, mais bien sur ses frontières immédiates.

Je suis sous cette impression que si l'Empereur s'est décidé à nous faire la guerre, c'est qu'il a fini par se convaincre de l'impossibilité d'arriver par nous à une augmentation du territoire français.

J'ai même lieu de croire que si la publication du traité n'avait pas eu lieu, la France nous aurait fait, après l'achèvement de nos armements mutuels, l'offre de mettre à exécution les propositions qu'elle nous avait faites antérieurement, dès que nous nous serions trouvés ensemble à la tête d'un million de soldats bien armés, en face de l'Europe non armée, c'est-à-dire de faire la paix, avant ou après la bataille, sur la base des propositions de M. Benedetti, aux dépens de la Belgique.

Relativement au texte de ces propositions, je fais observer que le projet de traité est entièrement écrit de la main de M. Benedetti et sur du papier de l'ambassade impériale française. Les ambassadeurs et ministres d'Autriche, d'Angleterre, de Russie, de Bade, de Bavière, de Belgique, de Hesse, d'Italie, de Saxe, de Turquie, de Wurtemberg, qui ont vu l'original, ont reconnu l'écriture de M. Benedetti. M. Benedetti, à la première lecture, a renoncé à la clause finale (il l'avait mise entre parenthèses) après que je lui eusse fait observer qu'elle faisait supposer une immixtion de la France dans les affaires intérieures de l'Allemagne.

De son propre mouvement, M. Benedetti a opéré, en ma présence, une correction moins importante à l'article 2.

Le 24, j'ai informé verbalement lord Loftus, de l'existence du document en question, et sur ses doutes, je l'ai invité à en prendre connaissance, ce qu'il a fait le 27. Il a pu se convaincre que le manuscrit émanait bien de son ancien collègue français.

Si aujourd'hui le cabinet impérial nie les efforts par lesquels il s'est évertué sans interruption à nous gagner depuis 1864, par ses promesses et ses menaces, cela s'explique facilement par la situation politique du moment.

Correspondance allemande de l'Indépendance Belge, 31 *Juillet*.

Le Moniteur prussien de ce matin, dans un supplément extraordinaire, a publié la très importante dépêche-circulaire du comte de Bismark du 29 juillet, aux agents de la Prusse près les puissances neutres, laquelle développe le télégramme du chancelier au comte Bernstorf que le *Moniteur* avait publié avant-hier soir.

Vous aurez sans doute déjà donné la traduction de la dépêche. Je me bornerai donc à quelques observations supplémentaires.

Il est dit dans la dépêche, vers la fin, que dès le mois de mars 1868, lorsque se préparait déjà le différend franco-belge des chemins de fer, un personnage français haut placé, en parlant de nouveau de la Belgique, aurait dit : « Vous trouverez bien votre Belgique ailleurs ! »

En mars 1868, le prince Napoléon se trouvait à Berlin. Cependant, on m'affirme que le personnage dont il s'agit ne serait pas cette Altesse, mais une autre personne haut placée.

Toutefois, le prince Napoléon, se trouvant à Berlin en mars 1868, a parlé à plusieurs personnes, à des ministres étrangers même, de la Belgique.

Il a dit que la Belgique pourrait conclure du moins une convention commerciale et militaire avec la France, comme le midi de l'Allemagne l'avait fait avec la Prusse. Vous pouvez regarder ceci comme certain, et le fait, du reste, a été constaté déjà ailleurs.

« On remarque ici, avec surprise, le changement de ton subit de certains organes de la presse belge. Les mêmes qui, jusqu'au moment où la guerre fut déclarée, s'étaient le plus vivement et le plus honorablement prononcés contre celui qui la provoquait. Que s'est-il passé depuis, qui ait pu diminuer la justice de la cause allemande? Les journaux belges dont nous parlons allèguent leur devoir d'impartialité internationale; mais est-il moralement possible de tenir la balance égale entre le juste et l'injuste, entre la défense et l'agression? On se demande aussi comment cette prétendue impartialité peut être encore gardée, lorsque le peuple belge a sous les yeux la preuve écrite qui atteste que sa propre existence nationale est en jeu dans la lutte qui s'engage, lorsqu'il sait que l'Allemagne n'est attaquée par Napoléon III que pour avoir refusé de lui sacrifier la Belgique, lorsque, enfin, il doit comprendre qu'un moment donné peut arriver, dans cette guerre, où ce double jeu de l'impartialité lui coûtera cher. »

Indépendance Belge, 5 *Août* 1870.

Si c'est à nous que s'adressent les plaintes et les menaces de l'organe officieux prussien, nous n'avons à y faire qu'une seule réponse, la même que nous avons faite, l'autre jour, à la *Patrie*, lorsqu'elle nous accusait de partialité pour la Prusse.

Aussi longtemps que le différend entre la France et la Prusse est resté sur le terrain diplomatique, nous avons défendu de toute notre énergie et de tout notre pouvoir la paix mise en péril. A aucun moment des négociations, nous n'avons hésité à dire hautement notre pensée sur les prétentions qui s'y sont produites et sur les incidents divers qui les ont marquées. Aujourd'hui que la guerre est ouverte, ce ne peut être notre rôle d'insister indéfiniment sur des considérations rétrospectives et de perpétuer des polémiques que couvre immédiatement le bruit du canon.

Moins encore, avons-nous à prendre parti pour l'un ou pour l'autre des belligérants. Journal belge. notre attitude et notre langage ne peuvent être que ce que sont l'attitude et le langage de la Belgique elle-même ; la neutralité, une neutralité absolue, est pour nous, comme pour notre pays, un devoir strict. C'est pourquoi nous continuerons à publier impartialement, à mesure qu'elles nous parviendront, et concurremment avec les informations de nos correspondants particuliers, toutes les communications sur les faits de guerre, et, en général, tous les documents officiels émanant des deux gouvernements belligérants.

Aussi bien, pour ne nous attirer de reproche de partialité ni d'un côté, ni de l'autre, il nous faudrait, nous ne le voyons que trop, ne publier ni ce qui vient d'Allemagne, ni ce qui vient de France. Ce qu'y gagnerait l'Allemagne, ce qu'y gagnerait la France, ce qu'y gagnerait la Belgique.

La *Correspondance de Berlin* et la *Patrie* seraient assurément fort empêchées de le dire. En revanche, il n'est pas bien difficile de s'imaginer quel singulier journal nous ferions, et à quel point le public nous serait reconnaissant.

Dépêche Diplomatique du Ministère des affaires étrangères de France, 6 *Août*.

Le Ministre des affaires étrangères de France adresse aux agents diplomatiques français la dépêche suivante :

Paris, le 3 août 1870.

« Monsieur..., nous connaissons aujourd'hui le développement du télégramme adressé par M. le comte de Bismarck à l'ambassadeur de Prusse, à Londres, pour annoncer à l'Angleterre les prétendus secrets dont le chancelier fédéral se disait le dépositaire. Sa dépêche n'ajoute aucun fait essentiel à ceux qu'il avait avancés. Nous y trouvons seulement quelques invraisemblances de plus. Nous ne les relèverons pas. L'opinion publique a déjà fait justice d'affirmations qui n'empruntent aucune autorité à l'audace avec laquelle on les répète, et nous considérons comme définitivement acquis, en dépit de toute dénégation, que jamais l'empereur Napoléon n'a proposé à la Prusse un traité pour prendre possession de la Belgique. Cette idée appartient à M. de Bismarck ; c'était un des expédients de cette politique sans scrupules qui, nous l'espérons, touche à son terme.

» Je m'abstiendrai donc de revenir sur des assertions dont la fausseté est aujourd'hui manifeste, si l'auteur de la dépêche prussienne, avec une absence de tact que je constate pour la première fois à ce degré dans un document diplomatique, n'avait cité des parents de l'Empereur comme porteurs de messages et de confidences compromettantes. Quelle que soit la répugnance avec laquelle je me vois contraint, pour suivre le chancelier prussien, de m'engager dans une voie si contraire à mes habitudes, je surmonte ce sentiment parce qu'il est de mon devoir de repousser les perfides insinuations qui, dirigées contre des membres de la famille impériale, cherchent évidemment à atteindre l'Empereur lui-même.

» C'est à Berlin que M. de Bismarck, prenant l'initiative des idées dont il veut aujourd'hui nous attribuer la première conception, sollicitait en ces termes le prince français qu'il fait, au mépris de toutes les convenances, intervenir aujourd'hui dans sa polémique :

2

« Vous cherchez, lui disait-il, une chose impossible, vous voulez prendre les provinces du Rhin, qui sont allemandes. Pourquoi ne pas vous adjoindre la Belgique, où existe un peuple qui a la même origine, la même religion et qui parle la même langue? J'ai déjà fait dire cela à l'Empereur; s'il entrait dans mes vues, nous l'aiderions à prendre la Belgique. Quant à moi, si j'étais le maître et que je ne fusse pas gêné par l'entêtement du Roi, cela serait déjà fait. »

« Ces paroles du chancelier prussien ont été pour ainsi dire littéralement répétées à la Cour de France par le comte de Goltz. Cet ambassadeur s'en cachait si peu, que le nombre est considérable des témoins qui l'ont entendu. J'ajouterai qu'à l'époque de l'exposition universelle, les ouvertures de la Prusse furent connues de plus d'un haut personnage, qui en prit bonne note et s'en souvient encore. Ce n'était pas d'ailleurs chez le comte de Bismarck une idée passagère, mais bien un projet concerté, auquel se rattachaient ses plans ambitieux, et il en poursuivait l'exécution avec une persévérance que prouvent assez ses nombreuses excursions en France, soit à Biarritz, soit ailleurs. Il échoua devant la volonté inébranlable de l'Empereur, qui refusa toujours de s'associer à une politique indigne de sa loyauté.

» Je quitte maintenant ce sujet que j'ai abordé pour la dernière fois, avec la ferme intention de n'y plus revenir; et, j'arrête à ce point véritablement nouveau de la dépêche de M. de Bismarck :

« J'ai lieu de croire, dit-il, que si la publication du projet de traité n'avait pas eu lieu, la France nous aurait fait, après l'achèvement. de nos armements mutuels, l'offre de mettre à exécution les propositions qu'elles nous avait faites antérieurement, dès que nous nous serions trouvés ensemble à la tête d'un million de soldats bien armés, en face de l'Europe non armée, c'est-à-dire de faire la paix avant ou après la première bataille sur la base des propositions de M. Benedetti, aux dépens de la Belgique. »

« Il ne saurait convenir au gouvernement de l'Empereur de tolérer une pareille assertion. A la face de l'Europe, les ministres de Sa Majesté mettent M. de Bismarck au défi d'alléguer un fait quelconque pouvant faire supposer qu'ils aient manifesté directement ou indirectement, par la voie officielle ou par le canal d'agents secrets, l'intention de s'unir à la Prusse pour accomplir avec elle sur la Belgique l'attentat consommé sur le Hanovre.

« Nous n'avons ouvert aucune négociation avec M. de Bismarck ni sur la Belgique, ni sur tout autre sujet. Bien loin de chercher la guerre, comme on nous en accuse, nous avons prié lord Clarendon d'intervenir auprès du ministre prussien, pour provoquer un désarmement réciproque, mission importante dont lord Clarendon, par amitié pour la France, et par dévouement aux idées de paix, consentit à se charger confidentiellement. Voici en quels termes M. le comte Daru, dans une lettre du 1er février, expliquait les intentions du gouvernement à M. le marquis de Lavalette, notre ambassadeur à Londres :

« Il est certain que je ne me mêlerais point de cette affaire et que
» je ne demanderais pas à l'Angleterre de s'en mêler, s'il s'agissait
» purement et simplement d'une démarche banale, et de pure forme,
» faite uniquement pour fournir à M. de Bismarck l'occasion d'expri-
» mer une fois de plus son refus. C'est une démarche ferme, sérieuse,
» positive qu'il s'agit de faire. »

» Le principal secrétaire d'Etat semble prévoir que M. de Bismarck éprouvera un premier mouvement de mécontentement et d'humeur. Cela est possible mais non certain. Dans cette prévision, il est peut-être bon de préparer le terrain, de manière à éviter une réponse négative dès le début.

» Je suis convaincu que la réflexion et le temps amèneront le chancelier à prendre en sérieuse considération la démarche de l'Angleterre ; si, dès le premier jour, il n'a pas repoussé toute ouverture, l'intérêt de la Prusse et de l'Allemagne entière parlera bien vite assez haut pour adoucir ses résistances. Il ne voudra pas soulever contre lui l'opinion de son pays tout entier. Quelle serait sa position, en effet, si nous lui otons le seul prétexte derrière lequel il puisse se réfugier, à savoir l'armement de la France ? »

» Le comte de Bismarck répondit d'abord qu'il ne pouvait prendre sur lui de faire part au Roi des suggestions du gouvernement britannique, et qu'il était assez au courant de la manière de voir de son souverain pour pressentir ses impressions. Le roi Guillaume verrait certainement, disait-il, dans la démarche du cabinet de Londres, la preuve d'un changement dans les dispositions de l'Angleterre à l'égard de la Prusse. En résumé, le chancelier fédéral déclarait « qu'il était impossible à la Prusse de modifier un système militaire entré si profondément dans les traditions du pays, qui formait une des bases de sa constitution et n'avait rien que de normal. »

« M. le comte Daru ne s'arrêta point devant cette première réponse. Le 13 février, il écrivait à M. de La Valette :

« J'espère que lord Clarendon ne se tiendra pas pour battu et ne se découragera pas. Nous lui donnerons prochainement l'occasion de revenir à la charge, si cela lui convient, et de reprendre la conversation interrompue avec le chancelier fédéral. Notre intention est, en effet, de diminuer notre contingent : nous l'aurions diminué beaucoup si nous avions obtenu une réponse favorable du chancelier de la Confédération du Nord : nous le diminuerons moins, puisque la réponse est négative, mais nous le diminuerons. La réduction sera, j'espère, de 10,000 hommes : c'est le chiffre que je proposerai.

» Nous affirmerons de la sorte par les actes qui valent toujours mieux que les paroles, nos intentions, notre politique. Neuf contingents, réduits de 10,000 hommes chacun, font une diminution totale de 90,000 hommes. C'est déjà quelque chose, c'est un dixième de l'armée existante ; je regrette de ne pouvoir faire plus. La loi du contingent sera déposée prochainement. Lord Clarendon jugera alors s'il est à propos de représenter à M. de Bismarck que le gouvernement prussien, seul en Europe, ne fait point de concession à l'esprit de paix, et qu'il se place ainsi dans une situation grave au milieu des sociétés européennes, parce qu'il donne des armes contre lui à tout le monde, y compris les populations accablées sous le poids des charges militaires qu'il leur impose. »

« Le comte de Bismarck, vivement pressé, crut nécessaire d'entrer dans quelques explications nouvelles avec lord Clarendon.

» Ces explications, telles que nous les connaissons par une lettre de M. de La Valette, en date du 23 février, étaient pleines de réticences. Le chancelier de la Confédération prussienne, revenant sur sa première résolution, avait entretenu le roi Guillaume de la proposition recommandée par l'Angleterre; mais Sa Majesté l'avait déclinée. A l'appui de ce refus, le chancelier alléguait la crainte d'une alliance éventuelle de l'Autriche avec les Etats du Sud de l'Allemagne et les velléités d'agrandissement que pourrait avoir la France. Mais il mettait en avant surtout les préoccupations que lui inspirait, disait-il, la politique de la Russie et s'engageait, à ce propos, dans des considérations particulières sur la cour de Saint-Pétersbourg, que je préfère passer sous silence, ne pouvant me résoudre à reproduire des insinuations blessantes. Telles sont les fins de non-recevoir que le comte de Bismarck opposait aux loyales et consciencieuses instances renouvelées itérativement par lord Clarendon, à la demande du gouvernement de l'Empereur.

» Si donc l'Europe est restée en armes, si un million d'hommes sont à la veille de se heurter sur les champs de bataille, il n'est plus permis de le contester, la responsabilité d'un tel état de choses appartient à la Prusse, car c'est elle qui a repoussé toute idée de désarmer, lorsque nous lui en faisons parvenir la proposition et que nous commencions par en donner l'exemple.

» Cette conduite ne s'explique-t-elle pas d'ailleurs par le fait qu'à l'heure même où la France confiante diminuait son contingent, le cabinet de Berlin organisait dans l'ombre, la candidature provocatrice d'un prince prussien?

» Quelles que soient les calomnies inventées par le chancelier fédéral, nous sommes sans crainte; il a perdu le droit d'être cru. La conscience de l'Europe et l'histoire diront que la Prusse a cherché la guerre actuelle, en infligeant à la France, préoccupée du développement de ses institutions politiques, un outrage qu'aucune nation fière et courageuse n'aurait pu accepter sans mériter le mépris des peuples.

» Agréez, etc.

» Signé : GRAMMONT. »

Correspondance allemande de l'Indépendance Belge.

Berlin, 8 août.

A côté des victoires incontestées des armées allemandes qui ont si brillamment inauguré la guerre, les récits exagérés, que les journaux français ont publiés sur leur première occupation de Sarrebrucke, du 2 août, ont mis nos Berlinois en verve, car eux aussi, ont leur esprit, et il ne manque pas d'originalité. Il est officiellement constaté que les Prussiens comptaient 750 hommes en tout dans Sarrebrucke et que c'est cette faible force, éparpillée en tirailleurs, qui a tenu en échec pendant plus d'une demi-journée trois divisions et 23 canons de l'ennemi.

Quant à la dernière circulaire du duc de Grammont, on s'étonne du reproche qui s'y trouve formulé, que le comte de Bismarck, dans sa dépêche du 27 juillet, eût mis en cause des parents de l'Empereur. Pourquoi alors, avoir permis au prince Napoléon, pendant son séjour de quatre semaines à Berlin, en mars 1868, de parler à plusieurs personnages, et même à des ministres étrangers, dans le sens des propositions attribuées ici à la France.

Je puis ajouter aujourd'hui à ce que je vous en ai dit dans une précédente lettre, que le prince Napoléon, dans une conversation avec un membre éminent du Parlement du Nord, a dit aussi, que l'unité allemande ne pouvait plus être empêchée; mais que la France pouvait réclamer une compensation; que l'existence de la Belgique n'était nullement nécessaire, etc. Ceci encore est tout à fait garanti par des personnes les plus dignes de foi.

L'effet des victoires de la Prusse sur les Etats neutres a été considérable. Il va de soi que le Danemark, plus que jamais, persistera dans sa neutralité.

Indépendance Belge, 21 Août.

Un premier corps d'infirmiers belges vient de partir pour le champ de bataille. Onze dames, parmi lesquelles on distingue Mme la comtesse de Renesse, ont également quitté Bruxelles hier, en qualité d'infirmières, sous la conduite de Mme la baronne de Crombrugghe de Looringhe.

Le fait a été porté immédiatement à la connaissance des habitants par voie d'affiche, et en même temps, un chaleureux appel a été fait au public afin d'obtenir le prompt envoi, au magasin du Jardin Botanique, de nouveaux moyens de secours, ceux de ce dépôt étant presque épuisés.

En réponse à des demandes pressantes reçues des deux camps, l'Association belge informe MM. les chirurgiens et aides chirurgiens qui voudraient se rendre sur le théâtre de la guerre, qu'il leur sera alloué 10 francs par jour, aux frais de la caisse du comité central. S'adresser au siége de l'Association, rue de l'Oratoire, 7.

L'Union libérale de Verviers, 21 *Août*.

Le premier train d'Allemagne est entré en gare à 12 heures 15 minutes; il ramenait l'ambulance militaire française composée de 42 officiers et 47 soldats faits prisonniers et toute l'ambulance de la presse française.

Pour empêcher ces ambulances de rapporter les mouvements stratégiques qui s'opéraient à ce moment dans la Lorraine, on ne leur a pas fait repasser les lignes prussiennes, mais on leur a fait regagner la France par la voie de Cologne et de Belgique. Le transport était payé par le gouvernement prussien jusqu'à la frontière belge, et l'ambulance était spécialement recommandée par le roi de Prusse.

Un grand nombre de nos concitoyens et de dames du comité verviétois de secours aux blessés, s'étaient rendus à la gare, et ont offert aux voyageurs du vin, des cigares, et des vivres qui ont été accueillis avec la plus vive reconnaissance.

En mettant le pied sur le sol belge, à Verviers, les Français se sont précipités sur les journaux; depuis plusieurs jours ils étaient dans une inquiétude mortelle. Les bonnes nouvelles d'avant-hier et d'hier matin les ont tranquillisés.

Ces ambulances sont parties à 1 heure 35 par train spécial pour Paris, dans vingt-cinq voitures, aux cris mille fois répétés de :

« Vive la Belgique ! » en reconnaissance du bon accueil qu'on leur a fait.

Un des soldats de l'ambulance militaire qui |se trouvait malade, épuisé et fatigué, est resté en notre ville pour se rétablir. Il a été recueilli par un de ses compatriotes, M. Morénas, négociant en notre ville.

L'Union libérale de Liége, 22 *Août.*

Vendredi, à onze heures du soir, un nouveau transport d'officiers et soldats, appartenant aux ambulances françaises, est arrivé à notre station par un train spécial. Ils étaient 53 officiers et soldats.

On ne sait comment cela avait transpiré, mais toujours est-il qu'un grand nombre de personnes de notre ville se trouvaient à la gare avec des provisions de toute espèce, qui ont été distribuées libéralement.

Cette ambulance, après la bataille de Reichshoffen, avait été chargée de transporter ses blessés dans cette localité, mais celle-ci se trouvant entre les mains des Prussiens, on arrêta tout le personnel et on la renvoya par la même route qu'avaient suivie les autres ambulances.

Comme leurs prédécesseurs, les Français ont quitté notre gare aux cris de : Vive la Belgique !

L'Organe de Namur.

Les prisonniers français appartenant au service des ambulances, et renvoyés de Prusse en France par la voie de Belgique, ont reçu, à leur passage à la gare de Namur, les mêmes témoignages d'affectueuse sympathie qu'à Verviers et qu'à Liége.

De même qu'à Verviers, dit la feuille namuroise, des rafraîchissements, des vivres, des cigares, etc., ont été offerts au personnel de l'ambulance par les voyageurs et autres personnes qui se trouvaient à notre station et acceptés avec reconnaissance. Deux ou trois minutes après le départ du train, on voyait bon nombre d'hommes et de femmes, accourant essoufflés, qui, avec des boissons, qui, avec des comestibles, etc.; malheureusement c'était trop tard.

Nous avons vu deux dames qui, tout en vidant leur bourse dans les mains de ces braves soldats de l'humanité, versaient d'abondantes larmes.

L'ambulance a quitté notre gare aux cris de : Vive la Belgique! „

———

Etoile Belge, 22 *Août*.

M. le comte de Flavigny, président du Comité central de Paris pour secours aux militaires blessés, vient d'adresser une lettre de remerciements au Comité de Bruxelles, pour les envois importants qu'ils lui ont été faits depuis une dizaine de jours.

———

La Meuse de Liége, 23 *Août*.

Vendredi, à 2 heures de relevée, est arrivé de Cologne à Liége un train contenant environ 200 médecins et infirmiers français, qui ont été faits prisonniers le 2 août à la bataille de Wissembourg et qui étaient renvoyés à Paris par ordre du roi de Prusse. Parmi eux se trouvait également tout le personnel de l'ambulance de la presse française accompagné de tout le matériel de cette ambulance. On remarquait aussi au milieu d'eux plusieurs soldats français blessés, des zouaves, des soldats du 2e régiment de ligne.

La plupart de ces personnes sont descendues à la gare des Guillemins, où elles sont restées environ vingt minutes en attendant le départ du train de Paris. Nos concitoyens qui se trouvaient à la station leur ont fait le plus fraternel accueil. Tous ces médecins et infirmiers paraissent très fatigués; ils ont raconté que jamais ils n'avaient vu de boucheries d'hommes semblable à celles qui ont eu lieu en Alsace.

En quittant la gare des Guillemins, où nos compatriotes leur ont fait l'accueil le plus cordial et le plus sympathique, les médecins et infirmiers français, se sont mis aux portières des wagons, et agitant

leurs képis, ils ont fait entendre les cris de : « Vive la Belgique ! »
Le spectacle de ces hommes généreux et dévoués, ce témoignage de
sympathie qu'ils donnaient à notre pays, ont vivement ému tous les
assistants.

Indépendance Belge, 24 *Août*.

Quant à la question d'amour-propre national et de gloire militaire, nous avons rendu un hommage éclatant et grandement mérité
à l'héroïsme des troupes françaises et à l'habileté de leur nouveau
chef. Nous avons constaté les pertes cruelles qu'elles ont infligées
aux Allemands. Mais, encore un coup, nous ne nous sommes pas
crus obligés d'admettre que le succès, stratégiquement parlant, fût
de leur côté, lorsque, en vérité, le maréchal Bazaine avait renoncé
à sa marche sur Verdun, après l'affaire du 16, et avait vu ses communications télégraphiques avec Paris interrompues, à la suite de
l'affaire du 18.

Le bruit s'est répandu en Italie que le baron d'Arnim, ministre
de la Confédération du Nord à Rome, avait fait, au nom de son
gouvernement, l'offre au Pape de l'envoi de troupes allemandes pour
remplacer l'occupation française. La *Gazette de l'Allemagne du
Nord*, dément absolument ces rumeurs ; la Prusse n'a pas fait d'offres
semblables, et la cour de Rome n'a pas même manifesté le désir
d'une nouvelle protection militaire.

Le *Daily Telegraph*, feuille semi-officielle qui se publie à
Londres, confirmant ce qui a été dit des dispositions du gouvernement anglais au sujet de la revendication de la Lorraine et de
l'Alsace par l'Allemagne, dit que si cette dernière puissance est définitivement victorieuse, elle devra se contenter de la démolition des
forteresses de Metz et de Strasbourg.

Correspondance anglaise de l'Indépen-
dance belge.

Notre correspondant de Londres qui nous mande par le télégraphe, et l'assertion du *Standard*, et l'absence de confirmation à

l'heure que nous venons de dire, nous annonce en même temps que les grandes puissances neutres ont demandé à la Belgique, au Luxembourg et à la Hollande de laisser transiter les blessés par leur territoire. La Belgique et le Luxembourg auraient déjà répondu affirmativement, sous la réserve de l'assentiment des deux Etats belligérants. Les grandes puissances neutres se sont alors adressées à ces derniers pour réclamer leur assentiment Leur réponse n'est point encore connue.

_____

L'Écho d'Arlon, 25 *Août*.

Depuis avant-hier, la population française limitrophe émigre en masse sur notre territoire. Depuis Athus jusqu'au delà de Virton, tous les villages de la frontière sont remplis d'une masse de gens affolés, fuyant le fléau de la guerre. Par tous les chemins, on voit arriver de longues files de chariots chargés de femmes et de vieillards ; derrière eux, les quelques meubles les plus précieux ; devant eux, marche le bétail, composé le plus souvent d'une ou deux vaches et de quelques chèvres. Notre brave population rurale les reçoit avec la plus grande bienveillance, et cherche, par tous les moyens possibles, à venir en aide à ces malheureux. Toutefois les autorités communales commencent à s'inquiéter devant une pareille invasion.

Déjà à Athus, on a établi une garde civique telle quelle, car ce ne sont pas les quatre gendarmes d'Aubange qui suffisent pour faire la police en un pareil moment.

_____

Écho du Luxembourg, 25 *Août*.

En ce moment, tous nos villages situés sur la frontière de France sont remplis d'émigrés français. Ces malheureux, qui fuient devant l'invasion de leur pays, sont accueillis par nos populations avec des marques de sympathie non équivoques. »

_____

Indépendance Belge, 26 *Août.*

Les prétendues violations de la neutralité belge, dénoncées par des journaux français, ont fait aujourd'hui l'objet d'une interpellation à la Chambre des Représentants. Nous nous empressons de mettre sous les yeux de nos lecteurs le compte rendu complet de cet incident.

Le voici :

M. Dumortier. (Interpellation). — Il circule en ce moment dans le pays des bruits qui causent beaucoup d'inquiétude. On dit que plusieurs de nos soldats auraient été tués à la frontière par des soldats prussiens.

On ajoute que la Belgique aurait donné passage, aux blessés prussiens. Non seulement ces bruits sont répandus en Belgique, mais je remarque que les journaux français et tous les journaux de Paris les reproduisent.

Or, il importe que l'Europe entière soit convaincue que la Belgique maintient sa neutralité d'une manière parfaite. Je viens donc demander à M. le ministre des affaires étrangères, s'il y a quelque chose de vrai dans ces bruits; s'ils sont fondés, quelles mesures ont été prises, et, s'ils ne sont pas, qu'il nous en donne l'assurance.

Voici ce que je lis dans un journal de Paris de ce matin :

« La Belgique a été violée par des troupes prussiennes. Plusieurs cavaliers belges ont été tués à la frontière par des éclaireurs prussiens. »

Ce journal est le *Gaulois.*

Cela se dit dans d'autres journaux encore.

M. Orts. — Dans la *Patrie.*

M. Dumortier. — Il est de l'intérêt de la Belgique de savoir si ces faits sont vrais. Je demande donc des explications sur le point de savoir si des soldats belges ont été tués, et des explications sur la situation des blessés sur notre territoire.

M. d'Anethan, ministre des affaires étrangères. — Je m'empresse de répondre à l'interpellation de M. Dumortier. L'honorable membre demande s'il est vrai qu'il y a eu sur le territoire belge des collisions entre les troupes prussiennes et les troupes belges, et s'il est vrai que des soldats belges auraient été tués.

Messieurs, je réponds négativement. Le territoire belge n'a été nullement violé; aucune troupe étrangère n'est entrée sur le sol belge; il n'y a pas eu de collision. Il n'y a pas eu mort d'homme.

La seconde question de M. Dumortier est celle-ci : les blessés prussiens auraient-ils été autorisés à traverser notre territoire pour retourner du côté d'Aix-la-Chapelle?

Voici ce qui s'est passé : M. le ministre de la Confédération de l'Allemagne du Nord est venu me demander si le gouvernement belge verrait quelque inconvénient à laisser passer, par notre territoire, des blessés français ou prussiens, lesquels étaient en si grand nombre qu'il y avait encombrement, et par conséquent, danger de maladie. Il désirait emprunter notre territoire pour faire évacuer ces blessés vers Aix-la-Chapelle, où des ambulances et des services médicaux étaient préparés.

J'ai répondu qu'il me paraissait qu'il n'y avait pas d'inconvénient à permettre cela, mais que je devais, avant de prendre une décision' m'adresser au gouvernement français, pour savoir s'il voulait accepter les mêmes offres.

J'ai déclaré à M. de Balan que s'il n'y avait pas d'opposition de la part de l'autre belligérant, je ne verrais aucune difficulté à faire droit à sa demande.

Mais le gouvernement français a été d'un autre avis. Il nous a fait notifier qu'il considérait le passage des blessés prussiens comme une violation de notre territoire.

En présence de cette déclaration formelle du gouvernement français, il m'est impossible de donner suite à l'idée primitivement émise.

En fait, aucun convoi de blessés prussiens n'a passé par la Belgique.

L'incident est clos.

27 Août.

L'affaire du passage éventuel des blessés par les territoires du Luxembourg et de la Belgique est définitivement arrangée. Les explications données par le baron Beyens et M. Jonas ont été reconnues satisfaisantes à Paris et l'incident n'aura pas d'autres suites.

Seulement les journaux du gouvernement français se trompent quand ils rapportent que les gouvernements neutres ont repoussé la demande de la Prusse. La Belgique et le Grand-Duché y avaient souscrit conditionnellement, en subordonnant, comme de raison, leur autorisation à l'acquiescement de la France. C'est cet acquiescement qui a fait défaut pour des raisons stratégiques que nous avons déjà indiquées.

La Liberté, 27 *Août*.

La *Liberté* de Paris rend hommage à la Belgique. Le fait est assez rare pour être signalé. Au sujet des bruits qui ont couru de prétendues violations du territoire belge, la *Liberté* reproduit le démenti que l'*Etoile* en a donné tout d'abord, démenti qui a été confirmé à la séance de la Chambre d'avant-hier et qu'une note officielle du *Moniteur* consacre aujourd'hui même. La *Liberté* parle de la bravoure des soldats belges et rappelle, à ce propos, l'opinion de Napoléon Ier et la conduite des volontaires belges au Mexique.

L'Écho d'Ostende, 28 *Août*.

Malgré les sombres préoccupations qui absorbent aujourd'hui tous les esprits, de nombreux hôtes d'été viennent accroître chaque jour la population ostendaise. On nous cite notamment diverses familles étrangères, qui naguère encore habitaient Paris, et que l'appréhension des éventualités de la guerre a amenées à Ostende, où elles se sont installées pour le reste de la saison.

Il est, à coup sûr, peu de localités qui, à l'heure présente, offrent autant de sécurité, de calme, de bien être, que l'on en trouve à Ostende. Aussi une foule élégante se presse-t-elle chaque jour au Kursaal et au Cercle des Bains, dont les fêtes, organisées au profit des blessés des deux nations en guerre, par les soins de la Société du Commerce ostendais, sont très goutées et très productives.

Cette même Société nous adresse, en réponse à une de ces tristes inventions dont certaines feuilles françaises se montrent si prodigues envers la Belgique, la lettre suivante que nous accueillons très volontiers :

A M. le Directeur de l'*Indépendance Belge*.

« Monsieur,

„ La Société du Commerce ostendais a installé, à grands frais, à Ostende, ainsi que vous avez bien voulu vous même le faire connaître, la publication quotidienne, régulière et *complète* de toute la correspondance télégraphique *Havas, Bullier et Reuter* dans les salons du Kursaal.

„ Toutes les dépêches émanant de cette agence ont été successivement affichées, quelles que fussent leur source particulière et leur teneur. Il n'est pas un Français, résidant à Ostende ou y ayant séjourné dans ces derniers temps, qui n'ait rendu hommage à notre impartialité.

„ Nous vous signalons donc l'article suivant du *Figaro*, de dimanche 21 août, comme une calomnie des plus malveillantes et des plus injustes :

« *Le Kursaal d'Ostende a pris le parti de n'afficher que les dépêches de source prussienne. C'est pour lui le moyen de n'avoir que les nouvelles qui lui sont agréables. Rien de froissant pour la France dans ce procédé de la patrie des huîtres :* „ *on a toujours le droit de servir qui vous paie,* „ « *tel est l'article 1er du code de la domesticité.* „

Ayant suivi le loyal exemple de l'*Indépendance Belge* dans toute la marche des graves événements qui s'accomplissent en ce moment, nous avons l'espoir que vous voudrez bien vous faire, auprès de vos nombreux lecteurs. l'interprète de notre légitime protestation contre l'assertion du *Figaro*.

„ Dans l'espoir que vous accueillerez ces quelques lignes de rectification, pour nous si importantes, nous vous prions, Monsieur le Directeur, d'agréer tous nos plus sincères remerciements, joints à l'expression de nos sentiments très distingués.

Pour la Société du Commerce ostendais et pour son Président,

EMILE DE PACHTERE.

Le Secrétaire,
JULES DAVELUY.

Paris-Journal, 27 *Août.*

M. de Beyens, ministre de Belgique à Paris, vient de recevoir, nous dit-on, de son gouvernement, l'autorisation de démentir de la façon la plus formelle, le passage des blessés prussiens par les territoires neutres de Luxembourg et de Belgique.

Nous souhaitons vivement de voir notre nouvelle confirmée par une note insérée au *Journal officiel.*

Le Morning Post, 27 *Août.*

Le *Morning Post* dit qu'il a des raisons de croire que la proposition de faire passer les blessés prussiens par le Luxembourg et la Belgique a été définitivement abandonnée. Il rappelle que le traité qui a garanti la neutralité absolue de la Belgique ne date que de quelques jours et que l'Angleterre s'est engagée solennellement à la défendre par les armes contre le belligérant qui violerait le territoire garanti. Si le gouvernement prussien faisait usage de l'Etat neutralisé pour se débarrasser plus facilement de ses blessés et disposer des hommes et du matériel que lui enlève le service de l'ambulance, la France aurait le droit, d'après le *Morning Post*, de réclamer l'intervention active de l'Angleterre. Dans ces circonstances, dit-il, le cabinet anglais n'a eu qu'une ligne de conduite à tenir, à savoir de maintenir le traité dans son intégrité et de prendre les mesures nécessaires pour empêcher qu'il ne soit porté atteinte à ses clauses.

On peut bien demander, ajoute le journal, pourquoi, protégés comme nous le sommes, heureusement par le détroit contre ces hideux conflits, nous irions de gaité de cœur le franchir pour créer à l'Angleterre une frontière en Europe, situation maudite dont notre position insulaire nous a naturellement libérés. Il nous a plu toutefois, d'assumer cette responsabilité. Nous avons pris sur nous d'assurer contre tout venant, la neutralité et l'indépendance d'un coin de territoire qui s'étend sur les flancs de grandes puissances dont les jalousies et les immenses armements ont abouti aujourd'hui à une question de vie et de mort. Nous, étant décidés, à nous englober dans les affaires de l'Europe après avoir hautement proclamé notre non-intervention, nous devons accepter les conséquences, dont la première est manifestement de maintenir la validité de la convention à laquelle nous venons de mettre la main.

Le journal est d'avis que si le transport des blessés devait avoir lieu au travers les glaces de l'hiver, et ne pouvait s'effectuer qu'en passant sur le territoire neutre, il y aurait une raison d'humanité à faire valoir. Mais, dès qu'il ne s'agit que de l'intérêt direct des belligérants, l'Angleterre compromettrait sa bonne foi si elle songeait un seul moment à admettre cette proposition, qui n'a occupé que pour un instant l'attention des neutres et qui a été abandonnée après une hésitation momentanée. Les blessés et les soldats français ou allemands sont libres d'entrer en Belgique comme réfugiés, mais on comprend maintenant qu'il est impossible de faire passer des convois d'un belligérant par le territoire neutre, soit qu'ils contiennent des blessés ou des soldats. Ces considérations ont prévalu à tel point que l'on peut rayer dès à présent cette fâcheuse complication de la liste des questions pendantes. Le gouvernement belge s'est hâté de se faire quitte d'une concession qu'on avait un moment réussi à lui imposer. La situation de la Belgique reste de plus en plus, en fait comme en parole, celle d'une neutralité impartiale.

Indépendance Belge, 28 *Août.*

Nous nous sommes tenus, comme neutres et comme témoins impartiaux, à nous défendre de tout entraînement, et c'est pourquoi nous ne cesserons de nous élever contre les prétentions conquérantes, de quelque part qu'elles viennent. Si la France était victorieuse et qu'elle voulut s'annexer les provinces rhénanes, nous l'en blâmerions avec la même énergie que nous blâmons l'Allemagne de songer à un accroissement de territoire inutile à sa puissance et de nature à exciter contre elle toutes sortes de défiances. Nous ne pouvons pas admettre que la restauration du passé, qu'il soit d'hier ou qu'il remonte à plus ou moins de siècles, soit à notre époque, la tâche des nations et des gouvernements. C'est l'avenir qu'il faut regarder et non le passé, et ce serait assurément bien mal servir la civilisation que de remettre en honneur le droit de conquête, irrévocablement condamné aujourd'hui par tout ce qu'il y a d'esprits éclairés et généreux. Disposer des populations suivant des convenances qui leur sont absolument étrangères et contre leur gré, c'est une pratique du plus pur moyen-âge et non pas de la seconde moitié du XIVe siècle.

Nous le répétons, du reste, un démembrement de la France donnerait à l'Allemagne une satisfaction purement passagère, et serait fort loin de compenser les défiances et les inquiétudes qu'il exciterait en Europe. Aucune paix sérieuse, aucun état de choses stable, ne pourra être établi sur une telle base, parce que cette paix, et cet état de choses, la France ne les subirait qu'avec la résolution de les briser dès qu'elle en aurait le pouvoir.

L'Allemagne doit-elle raisonnablement désirer se faire d'une grande nation comme la France, une ennemie irréconciliable, et se préparer, pour un avenir plus ou moins prochain, une guerre à outrance, où ses prétendues conquêtes et son propre état territorial seraient remis en question? Nous persistons à ne pas le penser.

28 Août.

Voici la circulaire adressée le 21 juillet dernier, à nos agents diplomatiques :

Bruxelles, le 21 juillet 1870.

La guerre est déclarée entre deux puissances voisines de nos frontières.

Quelle sera dans ces graves conjonctures, l'attitude des Etats liés avec la Belgique par des engagements de droit public, quelle sera celle de la Belgique elle-même?

Les puissances signataires des traités de 1831 et 1839 n'ont pas seulement consacré par un texte clair et précis l'indépendance et la neutralité de la Belgique ; elles ont pris soin de définir la pensée même dont cette clause n'était que la formule :

« Agissant avec un parfait désintéressement dans les affaires de la Belgique, les cinq puissances n'ont eu en vue que de lui assigner dans le système européen une place inoffensive, que de lui offrir une existence qui garantit à la fois son propre bonheur et la sécurité des autres Etats. »

Le traité qui fixa définitivement la position politique de la Belgique venait d'être conclu, lorsque la situation générale de l'Europe parut un instant se troubler. Une voix auguste, qui a longtemps et sûrement guidé la Belgique, s'exprimait ainsi en ouvrant la session législative de 1840 : « La position de la Belgique a été déterminée
» par les traités et la neutralité perpétuelle lui a été solennellement
» assurée. Mon gouvernement n'a négligé aucune occasion de faire
» connaître l'importance qu'il attache à cette garantie. Partout, je
» le dis avec satisfaction, nous n'avons rencontré que des senti-
» ments de bienveillance et de respect pour le principe inscrit dans
» notre droit public. La neutralité, nous ne pouvons trop nous en
» convaincre, est la véritable base de notre politique ; la maintenir
» sincère, loyal et forte, doit être notre but constant. »

C'est dans ces conditions que la Belgique durant une période déjà longue, a traversé toutes les crises par lesquelles l'Europe a passé.

Dans aucune circonstance, les puissances ne se sont écartées des engagements qu'elles ont contractés envers nous. En 1840 comme en 1848, en 1853 en 1866 et en 1867, nos droits ont été formellement partout reconnus.

La Belgique, de son côté, a rempli dans toute leur étendue ses obligations internationales. Sa neutralité n'a pas cessé un seul instant de garder le caractère d'une impartialité absolue, et le pays s'est invariablement montré résolu à tous les sacrifices pour la préserver de toute atteinte.

Le programme tracé par l'Europe et accepté par la Belgique a donc été loyalement exécuté de part et d'autre, et l'on peut dire l'histoire en fait foi, que l'Europe et la Belgique ont eu à s'en féliciter.

Nous n'avons donc pas à chercher notre voie, le passé nous l'indique et les faits témoignent qu'elle est comprise par les gouvernements étrangers comme par nous-mêmes.

Les dispositions manifestées à notre égard par les puissances belligérantes répondent de tous points à notre attente, et nous avons pris les mesures nécessaires pour attester, en fait comme en droit, notre intention franche et ferme de rester fidèles à tous nos engagements. C'est ainsi que, conséquents avec les principes et les précédents que je rappelais plus haut, nous avons mis notre armée sur le pied de guerre en apprenant le conflit actuel ; c'est ainsi que nous gardions avec toutes nos forces les routes frontières de notre territoire, tenus d'honneur que nous sommes de n'en permettre l'usage à aucune des forces belligérantes.

Telle est notre situation : telle sera notre politique au milieu d'un conflit dont la fin n'arrivera jamais assez tôt au gré de nos vœux. Les vues que je viens d'exprimer ne seront pour vous ni pour personne une révélation, mais pour avoir été éprouvées par une expérience plusieurs fois renouvelée et toujours bienfaisante, elles n'en paraîtront que plus dignes de l'attention du gouvernement et des hommes d'Etat du pays, dans lequel vous résidez.

Agréez, etc.

Signé : D'ANETHAN.

A la suite de cette circulaire, M. d'Anethan écrivit à M. le Ministre de la guerre la lettre suivante, sous la date du 6 août :

Bruxelles, le 6 août 1870.

Monsieur le ministre,

La guerre qui se poursuit entre deux Etats voisins de nos frontières pourrait donner lieu à des éventualités qu'il convient de prévoir.

Le territoire de la Belgique est inviolable de droit, aucune force étrangère ne peut prétendre à y pénétrer ou à la traverser malgré nous, et si une tentative de ce genre était faite, notre armée se trouvant en état de légitime défense, aurait à repousser l'agresseur par tous les moyens en son pouvoir.

Mais en dehors de ce cas qui, j'aime à le croire, ne se réalisera point, il faut peut-être s'attendre à voir soit des soldats isolés, soit des corps de troupes refoulés par l'ennemi jusque sur notre sol.

Laisser ces soldats ou ces troupes regagner leur patrie serait leur permettre de recommencer la lutte, alors que, si notre territoire ne leur avait pas servi d'asile, ils eussent été faits prisonniers : ce serait donc indirectement augmenter l'armée de l'un ou l'autre des belligérants, contrairement aux obligations qui découlent de la neutralité.

En semblable occurence, il faudrait désarmer, même par la force, les bandes qui chercheraient un refuge chez nous, interner les soldats et sous-officiers, et ne laisser circuler les officiers que s'ils donnent, par écrit, leur parole d'honneur qu'ils ne passeront point la frontière.

Quant aux armes, elles ne pourraient être restituées qu'après la conclusion de la paix.

Je vous prie de bien vouloir donner aux chefs de corps des instructions dans le sens des principes qui viennent d'être exposés et qui sont, au reste, conformes au droit des gens.

Signé : D'ANETHAN.

_____

Indépendance Belge, 28 _Août._

Depuis l'ouverture des hostilités entre la France et la Prusse, les journaux les plus exaltés des deux pays ne cessent de diriger les accusations les plus violentes contre les Etats neutres, et en particulier contre la presse de ces Etats, qui s'efforce de démêler la vérité entre les assertions contradictoires des parties belligérantes et de présenter les faits à ses lecteurs avec impartialité. Il était à prévoir, dès le début, que ces accusations s'accentueraient de plus en plus dans celui des deux pays à qui la fortune des armes ne serait pas favorable. Cédant à un sentiment que le patriotisme explique et justifie même dans une certaine mesure, la presse de Paris non seulement ne consent pas à assurer les échecs des armes françaises, mais s'irrite contre les journaux étrangers dont c'est le devoir de constater ces échecs, comme ils constateraient les insuccès des troupes prussiennes. Nous le répétons, cette attitude de la presse de Paris trouve son excuse dans un sentiment louable, le patriotisme. Il est cependant des limites que ce sentiment même ne devrait pas permettre de franchir et c'est malheureusement ce que quelques-uns des journaux de Paris ne paraissent pas comprendre. Leur attitude a motivé la lettre suivante que notre rédacteur en chef vient d'adresser à l'une de ces feuilles :

A M. Odysse Barot, rédacteur en chef de l'*Histoire*.

Bruxelles, le 27 août 1870.

Monsieur,

« C'est toujours une vilaine chose de calomnier. Cela devient plus odieux encore lorsque l'on sait que ceux que l'on calomnie sont dans l'impossibilité absolue de se défendre auprès des personnes devant lesquelles l'attaque se produit. L'entrée en France est interdite actuellement à l'*Indépendance* et chaque jour ce journal est en butte aux plus grossières injures de la part de quelques feuilles françaises. Je regrette de devoir compter l'*Histoire* parmi ces feuilles. Mais dans son numéro d'aujourd'hui même, elle publie, en les faisant précéder de ce titre très apparent : Les *Mensonges de l'Indépendance Belge*, les lignes que voici :

Le Times *a trouvé dans* l'Indépendance Belge *un émule digne de lui.*

Ce dernier journal annonçait hier soir que le maréchal Bazaine avait été obligé de capituler.

Nous n'avons pas besoin de démentir une aussi absurde et une aussi odieuse invention.

Notre illustre général en chef n'a jamais été enfermé dans Metz par l'armée ennemie, comme le prétendaient les dépêches prussiennes, puisqu'il y a déjà plusieurs jours qu'il s'était porté à Montmédy; il n'a jamais cessé d'être entièrement libre de ses

mouvements. Eut-il été, d'ailleurs, dans la situation du général Mack à Ulm, en 1865, qu'il aurait bien su s'ouvrir un passage sanglant à travers l'armée ennemie.
« ODYSSE BAROT. »

« Or, voici comment l'*Indépendance Belge* a annoncé que le maréchal Bazaine avait été obligé de capituler :

» Est-il vrai, d'un autre côté, comme le bruit en a couru hier à Paris, que l'armée du Rhin, bloquée devant Metz, aurait capitulé ? On peut affirmer que c'est une pure invention. Berlin n'eût pas manqué de nous annoncer ce grand succès. Une armée qui doit compter encore au moins 70 mille hommes valides, sans la garnison de Metz, ne capitule pas ainsi sans faire une tentative suprême pour échapper à un désastre, et elle y réussit toujours, au moins pour une partie de ses forces. Même lors de la capitulation d'Ulm, où 40 mille hommes déposèrent les armes, 12 mille parvinrent à gagner les gorges du Tyrol.

» Vous le voyez, monsieur, loin d'annoncer la capitulation du maréchal Bazaine, l'*Indépendance Belge* n'a relevé ce bruit que pour le qualifier de pure invention, c'est à dire qu'elle a fait ce que vous faites vous-même ; et, singulière coïncidence, comme vous et avant vous, elle a exprimé la conviction qu'en admettant que le maréchal Bazaine fût dans cette situation, qu'il dût ou capituler ou s'ouvrir un chemin à travers l'armée ennemie, l'épée à la main, c'est à ce dernier parti qu'il se résoudrait.

» Si donc l'*Indépendance* a menti dans cette circonstance, avouez que l'*Histoire* se trouve dans le même cas.

» Eh bien, tous les prétendus mensonges de l'*Indépendance* sont du genre de celui-là. Seulement comme, dans un intérêt exclusivement dynastique, on ne la laisse pas circuler en France, ses calomniateurs, qui se préoccupent bien moins de sauver la France que de sauver l'empire, ont beau jeu vis à vis du public français.

» Puis-je espérer du moins, que vous publierez cette lettre ? Hélas ! dans l'état de passion où se trouve actuellement une partie de la presse française, je n'ose pas même y compter.

» Et pourtant avouez qu'il y a bien, au moins de votre part, obligation morale de reconnaître que vous avez fait dire à l'*Indépendance*, pour l'accuser, tout le contraire de ce qu'elle a dit. Je m'en rapporte à votre loyauté. Nous verrons ce qu'elle vous suggérera.

« Agréez, monsieur, l'assurance de mes sentiments distingués. »

L. Bérardi.
Directeur de l'*Indépendance Belge*.

Progrès de Charleroi, 29 *Août*.

Vendredi, vers six heures du soir, une partie d'une ambulance française, faite prisonnière après la bataille de Vissembourg et conduite à Berlin, est passée par notre ville retournant en France. Le convoi devant s'arrêter trente minutes à notre gare, les personnes composant cette ambulance ont été invitées à entrer en ville, où un accueil des plus sympathiques leur a été fait par notre population qui s'est empressée de leur offrir des rafraîchissements de toute espèce ainsi que des vivres en abondance.

Ces messieurs ont remercié avec effusion nos concitoyens de l'accueil bienveillant qui leur a été fait, et ont repris, enchantés, la route de Paris vers sept heures.

Etoile Belge, 30 *Août*.

M. V. Rey aîné, de Bruxelles, émet une idée généreuse et que nous voudrions voir se réaliser :

En présence de la guerre désastreuse qui décime nos amis et frères de France et d'Allemagne, dit-il, la Belgique neutre doit manifester ses sentiments d'humanité en offrant de recevoir dans les hôpitaux et chez les particuliers qui le demanderaient, mille blessés de chacune des deux armées. Ces blessés seraient nourris et soignés aux frais du pays.

Cette mesure serait chrétienne et bien vue par nos voisins, auxquels la Belgique donnerait ainsi l'exemple de la confraternité.

Pour ma part j'offre au besoin à la ville, de l'autoriser à prendre provisoirement possession de mon hôtel, pour y établir une ambulance.

2 *Septembre* 1870.

Le correspondant du *Gaulois* adresse de Virton à ce journal une lettre dans laquelle il rend hommage à nos populations ardennaises pour l'accueil qu'elles font aux émigrés français qui fuient le théâtre de la guerre.

« Nous avons passé la frontière belge dans les bois au dessus de Carignan ; des voitures pleines de voyageurs et de bagages sillonnaient la route, suivant toutes la même direction.

« On nous dit que c'est ainsi depuis trois jours. Le mouvement des armées vers le Nord a jeté sur le territoire belge toute une population effrayée ; les villages de l'extrême frontière sont remplis de femmes et d'enfants qui se précipitent à notre rencontre et nous accablent de questions. Hélas ! nous ne sommes guère à même de les rassurer.

« A Florenville, l'hôtel du Commerce, — une de ces honnêtes auberges ardennaises où l'on pratique l'hospitalité au lieu de l'écorchement, — nous trouvons une de ces familles françaises qui s'est sauvée de Stenay, l'avant-veille, à l'approche des Prussiens. Il n'y a que des femmes et des enfants, une pauvre vieille, l'aïeule, peut à peine marcher, les hommes sont restés là-bas.

« Même spectacle dans les autres villages ; c'est une émigration. Il faut dire que les émigrants sont reçus comme des frères. Cette rude terre de l'Ardenne, si sympathique d'aspect, où les gens ont des figures franches, respirant la bonté et la simplicité, cette bonne terre ne trompe point ; elle donne ce qu'elle promet ; les malheureux, chassés de leurs foyers par les événements terribles que nous traversons, retrouvent ici une seconde patrie, des cœurs qui battent à l'unisson des leurs ; ils entendent retentir à leurs oreilles non des clameurs stupides et de vaines malédictions contre une invasion fatale, mais des propos consolants, des paroles dictées par un sentiment tout français. »

3 *Septembre.*

L'armée belge a accompli hier d'une manière délicate et véritablement touchante, les devoirs que lui impose notre neutralité.

Plusieurs centaines de soldats français, pliant devant les forces ennemies qui les accablaient, ont été rejetés sur notre frontière et obligés de la franchir.

En violant par une nécessité de la guerre, ce territoire neutre, ce ne sont pas des ennemis qu'ils y ont trouvés, mais des frères, venant à eux, non pas pour les rejeter brutalement sous le feu de la bataille, mais avec le drapeau parlementaire associé aux couleurs nationales belges et leur disant : « Déposez vos armes que vous n'avez pas mission d'employer contre nous, et vous trouverez ici un asile inviolable. »

Il n'y a pas eu la moindre hésitation ; les pauvres soldats ont compris ce langage loyal et fraternel et ils ont immédiatement mis bas les armes.

Voilà comment la Belgique pratique ses devoirs, après la conclusion de la paix comme pendant la guerre, nous sommes persuadés qu'elle n'aura que des amis dans les deux camps opposés, car ces devoirs, elle les remplit avec autant de délicatesse que de loyauté.

—

Le Comité central et international de secours pour les blessés, vient de recevoir la lettre suivante. Elle fait trop honneur à celui qui l'a écrite pour que nous ne soyons pas heureux de lui donner une place dans nos colonnes.

Châtelet, 31 août 1870.

Messieurs,

« Désirant venir en aide, d'une manière efficace, aux malheu-
» reux blessés de la terrible guerre qui désole tant de familles, je
» viens vous offrir de soigner, à mes frais, vingt blessés français à
» l'hôpital de cette ville. Je regrette que l'exiguité des bâtiments de
» cet hospice ne me permette pas d'en prendre davantage. Je serai
» heureux, très heureux si je puis être utile à quelques unes des
» malheureuses victimes de ces combats si meurtriers.

» Veuillez, s'il vous plaît, m'informer le plus tôt possible, si mon
» offre est acceptée, afin de tout préparer pour recevoir confortable-
» ment ces vaillants et malheureux soldats. »

Recevez, etc.

(Signé) : BRICHART.

Cette lettre a été immédiatement transmise à la légation de France par le Comité central et international de Bruxelles.

—

Des volontaires belges, en uniforme, ont fait une collecte parmi les nombreuses personnes qui se trouvaient vendredi, vers onze heures, à la gare du Luxembourg, en attendant le train annoncé de 2,000 prisonniers. Cette collecte a été versée entre les mains du chef de gare, à l'effet de transmettre le produit aux blessés et prisonniers composant le premier train attendu à cette station.

—

Parmi les communes de Luxembourg qui se font remarquer par l'accueil sympathique fait à nos troupes, on doit citer le village de Libin, près de Poix. Depuis quinze jours, cette petite localité ne cesse de loger de forts détachements d'infanterie et de cavalerie.

Ce n'est pas seulement l'armée du pays qui manifeste sa reconnaissance envers les habitants de Libin; ce sont aussi les soldats français qui, depuis deux jours et au nombre de 3,000, ont été choyés au passage par les bons Libinois. Ces débris de l'armée française, harassés de fatigues et la mort dans l'âme, ont oublié ici, pour un moment, les malheurs de leur patrie.

———

Indépendance belge, 3 *Septembre.*

Que les belligérants publient les récits de leurs victoires ! Il appartient à la Belgique neutre, amie de la paix, de raconter les dévouements de l'œuvre de la Croix Rouge et de provoquer les dons qui doivent lui permettre de soulager les maux de la guerre. C'est à cette fin que nous publions les deux lettres qu'on va lire. Ecrites l'une et l'autre par des femmes dévouées, qui se sont consacrées au soulagement des blessés encombrant les hôpitaux, elles relatent l'une, l'arrivée et l'installation à Sarrebruck de la petite colonie belge partie de Bruxelles le 20 août, l'autre, le dénûment des hôpitaux de Nancy. Partout la détresse est grande et des secours urgents sont réclamés. Nous espérons qu'ils ne feront pas défaut et que la charité du public en Belgique sera à la hauteur des maux à guérir.

Sarrebruck, 28 août 1870.

« Vous aurez déjà, sans doute, eu de nos nouvelles par notre Comité central auquel j'ai écrit hier, mais je tiens à vous en donner de plus fraîches, et comme je dispose en ce moment d'une heure de loisir, je vous la consacre avec bonheur.

» Nous sommes à Sarrebruck depuis lundi matin 22 août. Notre voyage depuis Luxembourg ne s'est pas effectué sans quelques difficultés. A Wasserbillig, sur la frontière prussienne, nous avons trouvé le chemin de fer coupé. La partie la moins robuste de notre bataillon féminin est montée dans une espèce d'omnibus, le reste a pris, à pied, le chemin de Trèves par une pluie battante.

» Arrivés dans cette ville, nous pensions être à destination, mais nous reçûmes avis qu'il fallait aller plus loin. A Sarrebruck et à Courcelles, le nombre des blessés non secourus était immense. Nous dînons à la hâte et reprenons à la hâte le train pour Sarrebruck, laissant à l'hôtel tout ce que nous pouvions retrancher encore de notre menu bagage. Une de nos dames, la comtesse de Renesse, qui se sent souffrante, reste à Trèves. Elle compte pouvoir s'y rendre utile.

» Le trajet de Trèves à Sarrebruck se fait en deux heures, en temps ordinaire Notre train met six heures pour nous conduire jusqu'à une lieue de Sarrebruck. Là il s'arrête. Deux de nos compagnons de voyage partent en éclaireurs. Deux heures plus tard ils viennent nous annoncer qu'il ne faut songer à se loger cette nuit-là à Sarrebruck. Les blessés, les prisonniers, les troupes encombrent la gare et la ville.

» Nous nous décidons à passer la nuit dans le train et à nous priver de souper, car nous nous étions bien munis de quelques provisions en quittant Trèves ; mais nous avions rencontré en route, aux diverses haltes, tant de pauvres blessés entassés dans les wagons où ils agonisaient de faim, de soif, de douleurs de tout genre que, dame, nos poches s'étaient vidées.

» La nuit se passe tant bien que mal. A trois heures du matin je donne le signal du départ, et nous voilà en route, à pied, pour Sarrebruck.

» Quel spectacle que celui de la gare où nous arrivons ! Des blessés dans les hangars, dans les salles d'attente, dans les wagons, des cuisines en plein vent, des soldats valides qui partent, d'autres qui arrivent, un brouhaha étourdissant. Notre groupe belge, médecins, infirmiers et infirmières, trouvent à déjeuner sur le pouce, tandis qu'un de nos compagnons de voyage et moi nous nous mettons à la recherche du membre du Comité de secours dont on nous avait promis la rencontre à notre arrivée à Sarrebruck. Personne. Nous cherchons depuis une heure, lorsque, ô bonheur ! j'avise dans la foule notre ami, M. Eloin, il n'était pas averti de notre arrivée, le hasard seul l'amenait là.

» Il m'accompagne chez le comte de Solms, chez des Johannites, qui ont ou prétendent avoir, en Prusse, le monopole du service charitable de la Croix Rouge. Il nous reçoit poliment, mais sans grand empressement, sans nous encourager, sans faire mine de vouloir nous aider. Nous voilà assez perplexes. Les récits qu'on nous fait sur l'horreur de la situation des blessés qui gisent à six lieues d'ici nous décident à partir pour Courcelles.

» Guidés par M. Eloin, nous nous mettons en course pour voir comment nous pouvons utiliser nos services. Pendant cinq heures nous sommes à la recherche du chef de service sanitaire de la place, allant d'ambulance en ambulance, d'hôpital en hôpital.

» Enfin, nous tenons le docteur Kuffer. Il nous accueille, celui-là. En moins d'un instant nous sommes de vieux amis. Le docteur nous assure que nous serons ici ses utiles auxiliaires, il nous promet la direction d'un ensemble de baraques en construction. Deux cents lits, cuisine, pharmacie, etc. Nous voilà au comble de la joie. Mais il ne dira plus un mot ce brave docteur, avant de nous avoir conduit chez lui, et de nous avoir réconfortées. J'en avais grand besoin.

» Grâce, toujours à M. Eloin, nous parvenons à nous caser et la journée se passe. Dès le lendemain, et en attendant nos bagages, le docteur me confie la surveillance d'une salle de blessés français à l'hôpital militaire. Nos dames confectionnent nos uniformes d'infirmières, nous établissons un service de nuit à la gare, à l'arrivée des blessés ; nos jeunes gens s'utilisent de leur côté ; bref, notre organisation commence et tout marche assez bien, lorsque nous apprenons que nous sommes sous le coup d'une expulsion ! On nous a dénoncés au commandant de place, nous soignons mieux les Français que les Prussiens ! voilà l'accusation. Elle émane d'un honnête Johannite. Notre ami Eloin écrit à ce monsieur, qui entend la charité d'une si singulière façon, une lettre des plus dignes et des plus énergiques ; puis il se rend chez le commandant, qui daigne reconnaître la fausseté de l'assertion. Notre accusateur s'exécute et s'excuse. Bref, l'affaire est arrangée, et ce matin à neuf heures, on me fait la remise des splendides baraques — douze — et quel aménagement.

» M. Delacre, qui était avec nous, est reparti pour Bruxelles, afin de prendre là toute la pharmacie dont nous avons besoin. Nous gardons ici trois médecins belges, onze infirmières, quinze infirmiers.

» Lundi nos malades et nos blessés seront installés, et si tout marche bien, nous aviserons à pousser jusqu'aux environs de Metz, pour essayer d'établir là, une seconde ambulance sous le pavillon neutre de la charité belge.

» Quant à mes blessés, qu'en dirai-je ? que de souffrances, que de douleurs ? Mes pauvres français surtout. Ils sont trois fois plus à plaindre : blessés, prisonniers et vaincus ! Le baron de Forcade de Saint-Victor est mort dans mes bras hier et j'ai pleuré comme si je l'avais toujours connu. Il avait la poitrine déchirée, il était resté trois jours étendu sur le champ de bataille, sans secours, suçant les fanes desséchées des pommes de terre pour apaiser sa soif, cette soif terrible des blessés.

» Les choses vont aussi bien qu'elles peuvent aller. D'ici à quelques temps elles iront mieux encore. L'ordre et la discipline s'établissent petit à petit, Mlle Teichman est avec nous.

» Les amis du docteur Harzé peuvent être tranquilles sur son sort. Il est à Metz et en bonne santé. Nous avons eu de ses nouvelles par une personne qui a pu sortir de la ville, et qui fait de la situation un tableau navrant. Les blessés y meurent littéralement de faim, et les objets les plus indispensables à leur soulagement font défaut. On en compte une vingtaine de milles.

„ Vous serez quelque temps peut-être sans recevoir de mes nouvelles. J'aurai bien peu de temps à consacrer à ma correspondance. L'abîme de misères où je vis est si horrible qu'il absorbe toutes mes forces. Et cependant, je suis heureuse d'être venue. Le bonheur de soulager est un bonheur si doux.

„ Les besoins sont considérables. Travaillez, travaillez, je vous en conjure, afin de nous procurer les moyens d'accomplir notre mission. Il nous faut beaucoup de linge, beaucoup de médicaments, beaucoup de vivres, beaucoup d'argent surtout. Travaillez pour les victimes de cette chose impie qu'on appelle la guerre. »

L'Ami de l'Ordre de Namur, 5 *Septembre*.

Hier, pendant toute la journée et jusque bien avant dans la soirée, la population de notre ville était en proie à une agitation indescriptible. .

On attendait les nouvelles du théâtre de la guerre avec une anxiété fébrile.

Depuis trois jours, à l'extrémité de la province, et même à six ou sept lieues de la frontière, sur le territoire belge, on ne cessait d'entendre gronder le canon.

On ne possédait que des renseignements incomplets et on ignorait encore l'issue de la grande bataille qui s'était livrée le 1r septembre à quelques lieues de nos frontières.

C'était l'objet de toutes les conjectures, de toutes les préoccupations, de tous les entretiens jusqu'au moment où notre bulletin de 7 heures du soir fut répandu en ville.

De nombreuses familles d'émigrants français arrivaient depuis le matin en notre ville.

Ces pauvres gens racontaient avec une émotion bien naturelle, la désolation des pays occupés par l'ennemi, les alarmes des populations menacées de l'invasion, les horreurs des champs de bataille.

Les salles d'attente et les trottoirs intérieurs de la station étaient encore encombrés de bagages de toute espèce.

Devant la gare et sur la ligne des boulevards, depuis la statue du roi, jusqu'à l'extrémité de la rue de Bruxelles, la foule n'a pas cessé de stationner depuis deux heures de l'après-midi jusqu'à la soirée.

A dix heures, les groupes étaient encore très nombreux et très animés aux abords de la station.

Un premier train de prisonniers est entré en gare, vers trois heures et demie. Il contenait cent et six soldats français de toutes les armes, faits prisonniers, sans résistance, sur le territoire belge.

Ces malheureux soldats s'étaient égarés en cherchant à regagner Mézières ; ils avaient pénétré, sans le savoir, sur notre territoire. Sur la sommation qui leur a été faite par notre armée, ils déposèrent les armes.

Ils faisaient peine à voir, tant ils paraissaient exténués, leurs vêtements étaient fort délabrés et leurs chaussures extrêmement détériorées.

Ces prisonniers devaient être envoyés au camp de Beverloo; avant de partir pour cette destination, ils furent provisoirement installés dans le hangar des locomotives du chemin de fer de Tirlemont.

Malgré les rigueurs de la consigne, ils reçurent de fort nombreuses visites.

Tout le monde voulait les voir, leur parler, leur distribuer des comestibles ou des rafraîchissements.

A leur arrivée, M. Wilkers, chef de station, s'était empressé, avec une générosité des plus louables, de leur faire distribuer des vivres et de les ravitailler convenablement.

Puis, on vit arriver des personnes de tous les rangs de la société et des dames charitables qui comblèrent les pauvres troupiers d'une foule de bonnes choses : de gâteaux, de fruits, de cigares et de tabac à discrétion.

Ils acceptaient avec reconnaissance et force remerciements et répondaient avec bonne grâce aux nombreuses questions qu'on ne cessait de leur adresser.

La plupart avaient pénétré en Belgique avant la fin de la bataille dans la journée du 1ᵉʳ septembre. Ils croyaient généralement au succès de Mac-Mahon.

Dans la soirée, à 9 heures et 9 1/2 heures, sont arrivés deux autres trains de prisonniers français, venant l'un de Dinant, l'autre du Luxembourg. Dans le nombre, il y avait quelques soldats blessés; ils ont été transportés dans les salles disponibles de la station.

Cet appareil militaire, cette foule animée circulant dans tous les sens, ces prisonniers et ces blessés, tout cela donnait à l'aspect de notre station un cachet bizarre, sévère et en quelque façon véritablement saisissant.

Etoile Belge, 5 *Septembre.*

Nous faisons appel à la générosité de nos lecteurs en faveur des victimes de la guerre que le sort amènera dans notre pays, et nous ouvrons, dans ce but, une souscription qui nous permettra, nous l'espérons, d'apporter aussi notre obole au soulagement de tant de souffrances. Nous ne pouvons pas songer à secourir tous les blessés des deux armées, car le nombre en est si grand qu'une souscription dans ce but paraîtrait une goutte d'eau dans la mer; mais nous pensons pouvoir au moins venir efficacement en aide à ceux qui seront entretenus dans notre pays, sans distinction de nationalité, et en ouvrant nos colonnes à une souscription restreinte à ces proportions modestes, nous sommes persuadés que nous répondons à un vœu qui est dans tous les cœurs.

Aidons-nous les uns les autres, disions-nous dans une autre circonstance; et des milliers de mains généreuses se sont tendues vers nous avec empressement pour secourir des infortunes nationales. Mais l'humanité ne connait pas de frontières, et la générosité bien connue de nos lecteurs, s'étendra en cette circonstance douloureuse, sur les pauvres soldats étrangers qui vont être placés sous notre protection et confiés à nos soins.

5 *Septembre.*

Namur, 3 septembre, 1870.

Depuis trois jours, Namur a changé d'aspect, une animation tout
à fait inusitée y règne continuellement. Les abords de la gare sont
envahis par la foule et jusqu'à une heure avancée de la nuit la station
est littéralement remplie de monde.

Un train de soldats français vient d'entrer dans la gare. Ils sont
120, dont une dizaine de blessés. Dans un compartiment de première
classe se trouvent quelques officiers d'infanterie, parmi lesquels un
colonel. Dès que le train est arrêté, la foule se précipite aux portières ; des dames du Comité de secours aident les blessés à sortir des
voitures et leur prodiguent les soins les plus touchants.

Une foule sympathique entoure le convoi ; des rafraîchissements,
des provisions de toute nature, des douceurs de tout genre sont
distribués en quantité aux soldats.

Il y a en ce moment ici, logés à l'hôtel de Hollande, plusieurs
officiers supérieurs ; outre le général de Septœil, je citerai les com-
mandants De Bonne et Maroy. J'ai eu l'honneur de passer quelques
instants avec le comte de Septœil et le commandant De Bonne ; ces
messieurs sont ravis de l'accueil qu'ils ont reçu en Belgique et des
attentions touchantes dont ils sont entourés par les Namurois. Tous
les Français, du reste, m'ont répété à l'envi les mêmes éloges très
flatteurs pour notre pays. Je suis heureux de pouvoir le consigner
ici. Sur la remarque faite à ce sujet à un capitaine d'artillerie, que
certains journaux de Paris reprochaient à la Belgique d'avoir des
sympathies particulièrement prussiennes, cet officier s'écria avec
vivacité : Si l'on répétait encore cela, nous signerions tous une
protestation énergique !

La Belgique a, littéralement de l'avis de tous les militaires que
j'ai vus, fait l'office de port de salut.

5 *Septembre.*

Une réunion d'anciens proscrits vient de rédiger l'adresse
suivante :

AU PEUPLE BELGE,

« Les soussignés, anciens proscrits de décembre 1851, ayant habité la Belgique, ne peuvent, malgré les angoisses qu'ils éprouvent, différer de témoigner les sentiments de reconnaissance dont ils sont pénétrés envers le noble peuple belge, qui accueille, secourt et console si généreusement et si fraternellement les soldats de notre vaillante armée. Nous n'oublierons jamais les soins touchants prodigués à nos pauvres blessés par tous les citoyens, par toutes les autorités et surtout par les femmes. »

« Les soldats qui rentrent à Paris aujourd'hui, ne nous parlent de la Belgique que les larmes aux yeux. »

« Honneur au peuple belge. »

Indépendance Belge, 8 *Septembre*.

La dépêche suivante parvenait hier au Comité de Namur :

« Le directeur et les employés des établissements de Sainte-Marie d'Oignies mettent à la disposition des blessés français vingt-cinq lits complets, dans des locaux vastes et bien aérés dépendant des dits établissements.

» Les blessés seront soignés gratuitement et avec une sollicitude toute fraternelle. »

Le Comité namurois a fait exprimer sa reconnaissance à l'honorable M. Houtart pour cette offre généreuse.

L'Organe de Namur, 9 *Septembre*.

Les blessés français continuent à arriver à l'hôpital Saint-Jacques. Une douzaine y sont entrés dans la journée d'hier.

Les militaires français qui sont arrivés dans notre gare, hier, dans la journée, ont été très bien traités par le Comité de secours. La collecte a produit environ 500 francs.

Deux transports de cavaliers français, le premier comprenant 90 hommes et 110 chevaux, le second 30 hommes et 30 chevaux, sont arrivés hier en notre ville et sont partis ce matin pour le camp de Beverloo.

La Meuse de Liége, 9 *Septembre*.

Le camp de Beverloo a en ce moment une animation inusitée et présente un spectacle intéressant. Les 2,500 Français qui y sont internés appartiennent à toutes les armes, et il y en a de tous les régiments qui ont pris part aux derniers combats. Fantassins, artilleurs, soldats de marine, cavaliers, zouaves, francs-tireurs, chasseurs d'Afrique, turcos, etc., personne n'y manque. C'est une variété de costumes, d'idiomes des plus étranges et des plus originaux.

Le camp est placé sous le commandement d'un homme très bienveillant et très dévoué, M. le lieutenant colonel Monville. M. le major Brassine, du régiment des grenadiers, officier aussi intelligent qu'énergique, a été chargé d'organiser tout ce qui concerne le campement.

Ce n'était pas chose facile, dès le premier jour, de mettre un peu d'ordre dans ce tohu bohu Lorsque les internés français sont arrivés, on a bien dû les loger pêle mêle dans toutes les chambres pendant un jour ou deux.

Grâce à l'activité de M. le major Brassine, cet état de choses eût bientôt changé. Les diverses armes, et autant que possible, les débris des mêmes régiments se groupèrent et reçurent des logements distincts Aujourd'hui l'ordre le plus parfait règne dans le camp.

Les internés français ont, au camp de Beverloo, la nourriture du soldat belge Cette nourriture est loin de valoir celle de l'armée française : en France on donne au soldat moins de pommes de terre et plus de viande (350 grammes au lieu de 250), du pain d'une qualité très superieure et une ration de vin. L'absence de vin est une grande privation pour ces soldats.

Ce qui leur manque aussi, c'est du tabac, du papier à cigarettes, du papier à lettres avec plumes et encre pour écrire à leurs familles.

Aujourd'hui sont arrivées de Liége, au bourg Léopold, une dizaine de personnes généreuses qui ont apporté avec elles du tabac, des pipes, des cigares, etc.

Indépendance Belge, 9 *Septembre.*

Sur tous les points du territoire belge s'organisent des ambulances pour aller soulager les victimes des derniers désastres.

Ce matin, mardi, est parti à six heures, de Louvain, un petit détachement de médecins, chirurgiens et infirmiers, qui se dirige vers Givonne (France) près Bouillon, emportant quatre mille francs en espèces, deux cents kilogr. de tabac et un fourgon d'autres objets, tous recueillis pendant le premier jour de la kermesse de Louvain Ces messieurs ont pris avec eux le nécessaire pour faire la correspondance des milliers de blessés qu'ils vont rencontrer et les mettre en mesure de donner de leurs nouvelles à leurs familles.

Etoile Belge, 9 *Septembre.*

Nous recevons de Beverloo, la lettre suivante que nous accueillons avec le plus vif plaisir.

7 septembre 1870.

Monsieur le Rédacteur en chef de l'*Etoile Belge,*

Je viens au nom du corps franc de Paris, vous prier de bien vouloir m'ouvrir vos colonnes pour remercier la population belge du sympathique et fraternel accueil que nous avons reçu en arrivant en Belgique.

Nous nous rappellerons tous et toujours ces bontés de mère et de sœur que vos femmes et vos filles ont eues pour nous, et nous espérons, nous, débris d'un corps de volontaires, prouver un jour à la nation belge notre reconnaissance.

Veuillez recevoir d'avance, Monsieur le Rédacteur, tous nos remerciements et agréer l'assurance de notre parfaite considération.

Au nom des 175 volontaires restants du corps francs de Paris (1er bataillon).

« MILLET.

10 *Septembre.*

Le chargé d'affaires de France à Bruxelles, M. Laboulaye, vient d'adresser à M. le Bourgmestre, une lettre, dont nous citons avec

plaisir le passage suivant qui rend un juste et délicat hommage à la
Belgique.

« .... Par sa conduite généreuse, le gouvernement comme le
peuple belge offrent en ce moment le spectacle consolant d'une nation
recherchant avec une passion véritable les moyens de faire acte de
dévouement et de charité fraternelle pour les victimes d'une lutte à
laquelle elle est restée étrangère. On dirait qu'elle veut prouver au
monde qu'elle ne confond pas la neutralité avec l indifférence.

Il m'est doux, Monsieur le Bourgmestre, au milieu des malheurs
qui affligent ma patrie, d'être appelé à rendre hommage à ces sentiments élevés, et c'est avec bonheur que je saisis l'occasion que vous
m'offrez d'exprimer publiquement, ainsi que j'y suis autorisé, la
reconnaissance de la France pour tous les témoignages de sympathie
dont elle est l'objet.... »

Réveil de Paris, 10 *Septembre*.

La députation belge, qui a pour mission de demander l'admission
de ses compatriotes, habitant Paris, dans la garde nationale séden-
taire, a été chaleureusement reçue par le citoyen Etienne Arago,
maire de Paris, qui, en lui rappelant en termes émus les bons souvenirs qu'il conserve de l'hospitalité belge, lui a promis de se faire
l'interprète de leurs sentiments auprès du gouvernemeut français.

Chronique, 10 *Septembre*.

CAUSERIE. — J'ai esquissé, avant-hier, aux lecteurs de la *Chronique*, la physionomie du voyage d'agrément (!) accompli à travers
le territoire belge par l'empereur des Français, d'une part, et par
son auguste rejeton, de l'autre. Le père prenant le chemin de la
prison, le fils prenant le chemin de l'exil. — Juste retour des Deux
Décembre ici-bas !

On me rendra cette justice, qu'aucune amertume, qu'aucune
satisfaction haineuse ne se sont mêlées à mon récit, plutôt compa-
tissant.

Si j'ai cru devoir parler avec certains ménagements de la conclusion piteuse de l'odyssée impériale — que la neutralité du drapeau
belge a couverte pendant quarante-huit heures — il me sera, à plus
forte raison, permis de parler avec une émotion affectueuse, de la
survenue des débris de l'armée française, si brave et si malheureuse,
auxquels la Belgique a tendu, tout grand ouverts, ses bras hospitaliers.

Namur est le centre où viennent converger et faire étape les
militaires français qui ont franchi la frontière belge : les uns
arrivant de la province du Luxembourg, — les autres étant entrés
directement dans la province de Namur, et ayant suivi la vallée de
la Meuse en passant par Dinant.

Dans cette nombreuse phalange de héros, vaincus par la fortune
des armes, se rencontrent tous les grades, y compris celui du général,
— comme se rencontrent tous les uniformes, depuis celui de l'état-
major jusqu'à celui du turco.

Je pourrais entrer dans de nombreux détails sur les côtés attris-
tants du sujet qui m'occupe. Hélas! les officiers et les soldats avec
lesquels je me suis entretenu m'en ont dit long sur les rigueurs, les
privations, les anxiétés et souffrances physiques et morales de cette
campagne maudite où l'impéritie et l'imprévoyance des chefs sau-
taient aux yeux des moindres soldats, — profondément démoralisés.

Mais je préfère en arriver à une phase plus consolante de mes
impressions namuroises ; je veux parler de l'accueil fait par la population belge en général et par celle de Namur en particulier aux
épaves de l'armée française battue par la tempête prussienne.

Cet accueil-là a dépassé, en cordialité sincère, en affectueuse
prévenance, en démonstrations hospitalières, — les largesses et les
expansions dont le retour de l'Enfant Prodigue a, selon la parabole,
été autrefois l'occasion.

A peine arrivés à Namur, les troupiers français ont pu croire
qu'ils se retrouvaient au milieu de leurs familles. Et cette réception,
— à laquelle les avait cependant préparés leur voyage depuis la
frontière, — cette réception les a surpris et touchés à tel point que
bon nombre d'entre eux en avaient les larmes aux yeux.

Indépendance Belge, 10 *Septembre*.

M. Laurent, notaire à Frameries, met à la disposition du gouvernement dix lits à l'hôpital de cette commune, pour dix soldats français blessés, dont il s'engage à supporter les frais d'entretien et de traitement jusqu'à guérison.

—

M. le comte de Rouillé offre de donner l'hospitalité dans son château d'Ormeignies, près d'Ath, à deux officiers français blessés.

—

Partout en Belgique, les officiers et les soldats français sont reçus avec les démonstrations les plus sympathiques, les plus fraternelles.

Toutes les ambulances de Bruxelles, destinées aux blessés, sont déjà prêtes à les recevoir.

—

Journal de Liége. 10 *Septembre*.

Cette nuit et la nuit dernière, deux énormes convois de blessés sont passés par la gare de Liége La nuit de lundi ils se sont arrêtés quelque temps et tout le monde s'est empressé de leur prodiguer des soins. Plusieurs de ces malheureux sont morts à Liége. L'un d'eux venait d'accepter de M. Van Nieuwbuyk, chef de station, un verre de vin blanc, quand tout à coup le verre s'échappe de ses mains : il était mort.

Tout le personnel de la station a eté excessivement attentif pour les blessés. Des fruits splendides leur ont été offerts et quand ils voulaient les payer, on refusait leur argent du meilleur cœur du monde.

Nous avons vu hier, à la gare, un malheureux soldat qui avait deux balles dans le genou. Ce brave soldat était accompagné d'un membre de la Société de secours aux blessés avec la croix rouge au bras.

—

Indépendance Belge, 11 *Septembre*.

Nous devons à nos lecteurs et particulièrement à ceux qui ont répondu à notre appel en faveur des victimes de la guerre, rendre compte de l'emploi des fonds que nous avons reçus.

On peut nous demander si nous n'avons pas l'intention d'affecter tout ou partie de cette souscription, aux soins qui seront donnés en Belgique aux blessés. Nous reconnaissons que tel n'est pas notre projet. Dans notre pays, qui n'a pas été éprouvé par la guerre, les ressources sont nombreuses, et nous sommes convaincus que les soins empressés, généreux, efficaces, ne feront défaut à aucun des hôtes souffrants que notre population se prépare à recevoir. Sur les champs de bataille, au contraire, les ressources sont absolument insuffisantes, parfois même misérables, pour ne pas dire nulles. C'est là que nous croyons devoir envoyer les sommes qui nous sont confiées.

On peut se demander aussi pourquoi nous nous chargeons seuls de la distribution de ces fonds. Il nous serait difficile de faire autrement. Les comités qui se sont constitués à Bruxelles et ailleurs, sont absorbés par l'accomplissement de la tâche qu'ils se sont imposée. D'ailleurs, nos souscripteurs, en nous apportant leurs dons, nous ont investis d'un mandat que nous croyons devoir remplir sous leur contrôle. Nous recevrons avec reconnaissance les avis qu'on voudra bien nous donner. Déjà nous nous sommes entourés d'un grand nombre d'informations qui nous permettent de prendre sur nous la répartition du produit de la souscription ouverte par notre journal.

La petite ville de Sedan se trouve dans une situation déplorable. L'encombrement des blessés militaires et civils, car la canonnade n'a pas épargné les habitants, l'insuffisance des approvisionnements dans cette contrée dévastée par la guerre, les désastres qui ont frappé un grand nombre de familles, tout cela donne naissance à bien des maux, à bien des misères qu'il importe de soulager. Nous avons écrit au maire de Sedan, afin de savoir s'il n'y a pas, dans cette ville, une ambulance internationale à laquelle nous puissions faire parvenir des fonds. Nous attendons sa réponse.

A Metz aussi, lorsque l'investissement de cette place aura cessé, il y aura beaucoup à faire. On ose à peine se représenter l'épouvantable spectacle qu'offrira cette glorieuse cité, lorsque le blocus qu'elle subit depuis tant de jours sera enfin levé. On n'ose pas songer aux souffrances qui se révéleront alors. Nous n'oublierons donc pas Metz, mais toujours sans nous départir du caractère international de notre souscription.

Telles sont nos intentions et ce rapide aperçu de ce que nous nous proposons de faire montre assez combien les efforts de la charité, si ardente qu'elle soit, restent encore au dessous du niveau des désastres et des souffrances accumulés par la guerre. Nous adressons donc à nos lecteurs un nouvel appel, persuadés qu'ils ne laisseront pas tarir, avant l'apaisement de ces souffrances, la source bienfaisante qu'alimentent leur compassion et leur générosité.

11 Septembre.

M. le colonel Huber de Saladin, vice-président du comité de Paris, est venu à Bruxelles, en compagnie de M le docteur Trélat, chef du service médical; ces messieurs ont remercié l'association belge de la Croix Rouge et la nation belge toute entière, des prompts et nombreux secours envoyés à leurs ambulances sur les différents points du théâtre de la guerre. Ils ont fait part au Comité central de leurs nouveaux besoins, auxquels on s'est empressé de satisfaire.

Il résulte des déclarations de ces messieurs, comme des déclarations de toutes les personnes des environs de Sedan et de Mézières, qu'il y a sur certains points une disette affreuse. D'importantes commandes de pains ont été immédiatement faites à la boulangerie de la rue des Tanneurs, pour améliorer cette situation déplorable. Les envois auront lieu tous les jours à Libramont, où des charrettes viendront prendre des colis pour les porter à destination.

Chronique, 11 *Septembre.*

Bruxelles fait en ce moment une consommation considérable de journaux. Le journal lu, on n'en sait plus que faire, on le jette dans un coin.

Cependant, il y a à Beverloo, des milliers de malheureux pour qui ces journaux seraient à la fois une distraction et une consolation.... Rien ne serait plus simple que de les envoyer sous bandes. Ces journaux leur parleraient de la patrie absente, de ses espérances, de ses efforts héroïques.

L'idée est excellente. Seulement elle offre quelques difficultés dans la pratique. On n'a pas toujours sous la main une bande et un timbre poste...

Nous nous offrons volontiers comme intermédiaire. Chaque soir, la *Chronique* expédiera à ses frais, à l'adresse de M. Monville, lieutenant-colonel, commandant du camp, les journaux qui lui auront été remis dans la journée pour les prisonniers de Beverloo. Nous sommes convaincus d'avance que M. Monville se chargera avec empressement de la distribution.

12 Septembre.

Je vous ai dit, en deux mots, combien était hospitalier, sympathique, empressé, fraternel, l'accueil fait par la population namuroise aux soldats que la fortune de la guerre a rejetés, prisonniers ou blessés, sur le territoire belge.

Permettez-moi d'entrer, à ce propos, dans quelques détails qui me paraissent n'être pas dénués d'intérêt.

Ce qui frappe tout d'abord le voyageur qui arrive à la gare de Namur, c'est le va-et-vient tranquille de jeunes gens bien mis et de dames élégantes portant le brassard blanc à croix rouge.

Ils ont pris possession de la gare et sont là — comme chez eux — de six heures du matin à dix heures du soir.

Deux ou trois salles de la station sont à leur disposition : l'une comme ambulance, l'autre comme salon, la troisième comme magasin.

Chaque fois qu'un train entre en gare, les bras décorés de la Croix rouge, s'allongent d'un plateau ; et les voyageurs riches ou pauvres indistinctement sont assaillis résolument

« Pour les blessés s'il vous plaît ? n'oubliez pas les blessés, Messieurs !!! »

Les offrandes abondent. — C'est fort bien.

Les voyageurs s'engagent dans le couloir de sortie. — Là encore, ils ont à affronter une table sur laquelle s'épanouit un plateau surmonté d'un écriteau, le tout gardé par un croisé rouge qui interpelle les passants, en tapant sur son plateau comme sur un tambour de basque.

— « Pour les blessés, Messieurs! n'oubliez pas les blessés. »

A l'entrée de la salle d'ambulance, autre plateau fonctionnant, celui-là, avec une insistance indiscrète.

On recueille ainsi pas mal d'argent — Et comme les dons en nature, affluant de toutes parts, sont en surabondance, il est à supposer que l'argent est destiné à faire une dot à chacun de messieurs les blessés, lesquels, pour être un peu détériorés, n'en seront pas moins des partis magnifiques.

J'ai visité le magasin du comité de secours aux blessés et aux prisonniers.

Depuis les noces de Gamache, on n'a rien vu de pareil.

Il y a là des montagnes de pains blancs ; des amoncellements de caisses et de cigares ; de grandes mannes de fruits, de ces savoureux fruits de la vallée de la Meuse dont les autres fruits ne sont guère qu'une contrefaçon maladroite ; il y a là de pleins paniers de gâteaux, de pleins paniers de charcuterie, des mannes de tabacs, des légions de pipes, des tonnes de bière sans cesse renouvelées et des bataillons serrés de bouteilles de vieux Bordeaux ou de chaud Bourgogne. Si les blessés ont bu tout ce que j'ai vu là, — ce n'est pas la faiblesse qui aura rendu leur démarche chancelante

Le nombre des blessés en traitement à Namur ne s'élevait guère, lundi dernier qu'à une quarantaine.

Ils étaient presque tous à l'hôpital Saint-Jacques où les soins les plus attentifs, les plus fraternels leur étaient prodigués.

Les habitants de Namur assaillaient l'hôpital vingt fois par jour, pour savoir si rien ne manquait aux soldats en traitement, — pour leur apporter des cigares, des friandises et des journaux.

Deux ou trois blessés étaient traités à l'hôpital militaire où la population n'a pas accès ; mais les soins intelligents et empressés ne leur faisaient point défaut ; au contraire.

C'est assez vous dire que les provisions entassées au magasin de la station excédaient de beaucoup les besoins des blessés, à la plupart desquels d'ailleurs la diète était prescrite

Mais ces provisions n'ont point été perdues pour cela ; et les prisonniers, passant en grand nombre par Namur, en ont eu le profit. — Après les longs jours de jeûne d'une campagne où l'inaction servait d'intermède aux batailles, — les soldats français sont tombés, pour ainsi dire sans transition, dans une noce extravagante.

J'ai été témoin de scènes et d'épisodes, dénotant chez la population namuroise un cœur vraiment excellent.

Un convoi de cavaliers prisonniers entrait en ville. Des marchandes ambulantes, de pauvres femmes vendant des fruits colportés sur une brouette, s'arrêtaient pour voir passer le cortège. Et aussitôt elles plongeaient dans leurs marchandises leurs mains larges ouvertes, et elles couraient à travers les chevaux, distribuant des fruits par poignées aux soldats arrivants. « Tiens, mon vieux ! tiens mon garçon ! » disaient-elles vivement en patois wallon, en faisant leur distribution. Et en quelques instants leur petite boutique ambulante était épuisée. Et alors les passants se précipitaient dans les cabarets, et en sortaient bien vite, tenant un verre de bière dans chaque main ; et ils couraient les offrir aux militaires convoyés, lesquels ne se faisaient d'ailleurs pas prier, et remerciaient avec effusion.

Chaque fois qu'un convoi nouveau de prisonniers arrivait à la caserne, — une foule de gens y accouraient : et, les chevaux une fois installés et rationnés, on prenait les militaires sous le bras et on les entrainait en ville pour les faire dîner du mieux possible C'est ainsi que de simples soldats, fort étonnés de ces politesses inaccoutumées, ont été s'asseoir à la table de la famille dans certaines maisons très huppées.

On faisait fête aux soldats non moins qu'aux officiers.

Ceux-ci étaient à peine arrivés à Namur, qu'ils y avaient déjà tout un cortège d'amis, empressés à leur être, selon le cas, ou utiles ou agréables.

Certains petits détails m'ont frappé. Samedi soir, un groupe d'officiers descend à l'hôtel de l'Industrie.

Un brave cœur, M. le tailleur Janus, voisin de l'hôtel, avait vu passer ces officiers ; il avait remarqué que leurs habits étaient détériorés, — ce qui n'étonnera personne.

Il se précipite à leur suite, se fait présenter par l'hôtelier aux nouveaux arrivants et il se met à leur disposition pour réparer leurs vêtements sans vouloir entendre parler de rétribution.

Le lendemain, an café royal, j'ai vu plus d'une fois se répéter cette scène :

Un officier français entrait, prenait le café; puis il appelait le garçon pour payer sa consommation.

Le garçon arrivait, et, sur un signe du patron, se bornait à dire :

« C'est payé, Monsieur. »

Et il s'éloignait sans vouloir donner d'explication.

A la station, à l'arrivée ou au départ des trains de fantassins, — les dames et les messieurs à croix rouge parcouraient les rangs avec des plateaux chargés de rafraichissements et de comestibles. On bourrait les poches des prisonniers ; on remplissait leurs gourdes de bière ou de vin ; — on leur distribuait des pipes, des cigares. — On y allait de tout cœur, en un mot...

— Peut-être même, allait-on trop bien.

Je m'explique.

Toutes ces profusions, toutes ces prévenances, tous ces empressements avaient pour témoins de pauvres diables de soldats belges, chargés d'escorter les soldats français; or, nos soldats, eux aussi fatigués, ont dû voir d'un œil jaloux des générosités auxquelles ils n'avaient aucune part.

Pendant que sous leurs yeux, à leurs côtés, on accablait de boudins et de petits pains blancs fourrés les soldats étrangers, eux, rognaient avec des dents un peu longues, l'horrible pain de munition qui constitue leur triste nourriture.

Certes, j'applaudis de tout cœur aux élans hospitaliers du comité namurois; mais il m'est bien permis de regretter qu'on ait oublié, — alors que vivres et boissons étaient là en surabondance, — qu'on ait oublié nos pauvres soldats, lesquels ont bien aussi quelques droits à notre sollicitude, et au cœur desquels se sera glissé peut être une impression amère ou envieuse.

Notez que c'est là de ma part, une pure hypothèse et que je n'ai pas entendu un seul de nos troupiers formuler la moindre observation.

Indépendance Belge, 14 *Septembre.*

D'heure en heure pour ainsi dire, quelqu'un de leurs membres vient s'enquérir à l'hôtel-de-ville si les malheureux qu'attendent des soins dévoués, arrivent ou vont arriver. Cette impatience, ou tant d'humanité se montre, sera bientôt satisfaite.

Combien seront-ils? C'est ce qu'on ne sait pas encore Mais toutes les mesures sont prises pour en accueillir au moins un millier déjà. Le malheur ne distancera pas la charité. Aux treize ambulances dont nous avons signalé l'organisation, va s'en ajouter une quatorzième, sous la lettre N, et sous la présidence de M. Depaire, conseiller communal.

Elle sera installée dans les nouveaux hangars aux locomotives que l'administration des chemins de fer de l'Etat a fait construire à la station du Nord. L'espace n'y fera pas défaut, car on y pourra disposer d'une surface de 2,500 mètres carrés. Les aménagements nécessaires s'y font sous la direction de la division des travaux publics de Bruxelles de concert avec des agents de l'Etat. Elle présentera ce précieux avantage, c'est que les blessés pourront y arriver directement de Libramont par le chemin de fer de ceinture. Ils passeront du wagon à la couche réparatrice. L'idée qu'on a eue là est donc excellente à tous égards.

Nous ne taririons pas si nous disions combien est général l'élan qui pousse chacun à seconder l'œuvre des ambulances. D'un côté, ce sont des dons précieux, de l'autre, des offres utiles. Parmi ces dernières, nous pouvons placer celle des principaux restaurateurs de la ville, voisins d'ambulances, qui ont mis leurs chefs de cuisine et leurs fourneaux à la disposition des comités. L'idée est bonne, elle est pratique, et elle a été accueillie avec reconnaissance.

14 *Septembre*.

On nous écrit d'Anvers :

Hier, vers onze heures du soir, est entré dans la gare du chemin de fer de l'Etat, un train amenant du camp de Beverloo, deux cents turcos que l'autorité militaire a jugé prudent d'interner au fort n° 3.

Le transport des prisonniers n'a donné lieu à aucun incident. L'officier qui commandait l'escorte n'a eu qu'à se louer de leur obéissance. Ils se sont accroupis dans les wagons à la mode orientale et n'ont pas remué jusqu'à l'arrivée du train à Anvers.

Une foule considérable encombrait les abords de la station; nombre de curieux ont même forcé la consigne et ont pénétré dans la gare. Des comestibles, du vin, des fruits, des cigares ont été offerts aux prisonniers qui les ont accepté avec empressement et ont remercié en criant : Vive la Belgique !

A 11 1/2 heures le train est parti pour Vieux-Dieu, où les turcos sont descendus et se sont formés par pelotons de huit hommes sur un rang. Dans cet ordre ils se sont mis en marche à la lueur des torches, les soldats belges formant la haie, et sont arrivés à Borsbeeck vers trois heures du matin.

15 *Septembre*.

Sur le rapport du comité central de Paris, et de toutes les ambulances qui en dépendent, M. Laboulaye, chargé d'affaires de France, est venu en personne remercier l'association Belge de la Croix rouge, de tout ce qu'elle a fait pour les blessés français, tant au sein des hôpitaux desservis par leurs nationaux, que dans ceux qui sont dirigés à l'étranger par des personnes de notre pays.

—

Le premier article que nous avons consacré à l'examen des conditions d'une paix durable a attiré l'attention de la *Gazette de Cologne*.

Ce journal attribue à notre désir de paraître impartial, et à nos sympathies françaises, les considérations que nous avons fait valoir contre toute idée de démembrement de la France. La feuille rhénane s'étonne que la presse belge en général, et en particulier le journal qui a pour titre l'*Indépendance Belge*, affectent une si vive tendresse pour la puissance qui seule menaçait et dont le succès eût compromis et ruiné peut être pour jamais l'indépendance de la Belgique.

Il nous suffira de quelques mots pour faire justice de cette réfutation, à peine esquissée, de nos arguments contre l'annexion de l'Alsace et de la Lorraine à l'Allemagne.

En attribuant à des sympathies exclusivement françaises notre opposition à cette annexion, la *Gazette de Cologne* fait chose aussi peu sensée que les journaux officieux de l'empire défunt, qui nous reprochaient des sympathies exclusivement prussiennes, parce que dès l'origine de la guerre nous proclamions la Prusse en état de légitime défense contre la provocation et l'agression du gouvernement impérial, parce que pendant les hostilités nous avons dit la vérité sans nous laisser influencer par les inventions décevantes et les excitations maladives de certaines feuilles françaises.

Il nous importe peu de paraître impartial. Nous le sommes, et nous tenons à l'être. Nous l'avons été en faisant peser sur le gouvernement de Napoléon III, malgré ses dénégations malhabiles, la responsabilité de la guerre et en reconnaissant que le droit et la justice étaient du côté de l'Allemagne attaquée. Nous le sommes encore en essayant de réagir, par raison, par esprit d'équité, par amour de la paix, contre l'exaltation du sentiment national allemand surexcité par le succès, contre les idées de conquêtes où se complaisent la plupart des journaux allemands.

Nous n'avons pas attendu la capitulation de Sedan et la chute du gouvernement impérial pour tenir ce langage.

Voici en quels termes, dès le 24 août, nous discutions les compensations territoriales réclamées par la plupart des journaux allemands : (Voir l'*Indépendance Belge* du 13 septembre 1870)

Si en parlant ainsi, nous avons fait preuve de tendresse pour la France, nous n'avons pas montré moins de tendresse pour l'Allemagne en protestant, chaque fois que l'occasion s'est présentée, contre les manifestations du chauvinisme français, contre l'annexion dont il menaçait le Rhin allemand.

Quant à la Belgique, qui d'ailleurs n'est pas en cause, nous n'avons pas besoin, pour la défendre, des conseils de la *Gazette de Cologne*. Le droit et la justice plaident assez haut en sa faveur. C'est au nom de la justice et du droit que nous la défendrions, s'il le fallait, comme nous avons défendu l'Allemagne contre les. provocations bonapartistes, comme nous défendons la France contre un démembrement immérité.

C'est aussi dans l'intérêt de l'Europe et de l'Allemagne elle-même, dans l'intérêt de la paix générale et de sa stabilité que nous nous sommes élevés contre ce projet. Pour insister sur les observations que nous avons faites dans cet ordre d'idées nous attendrons qu'on ait essayé de les réfuter.

16 *Septembre.*

On nous écrit de Beverloo, 11 septembre :

Les visiteurs continuent d'affluer au camp. Aujourd'hui la poste nous amenait M. Jacques Errera, accompagné de quelques amis. Sa visite n'avait pas un simple but de curiosité. Désireux de procurer quelque soulagement aux nombreux internés français, il avait eu soin d'envoyer la veille, dans un fourgon, des vivres, tabac, cigares, papiers, etc. La plupart de ces objets a été mise à la disposition du commandant du camp, M. le lieutenant-colonel Monville, dont on ne saurait assez louer l'affabilité.

17 *Septembre.*

Il paraît que tous les jours, des désertions assez nombreuses, se produisent au sein de l'armée française prisonnière à Sedan Les fugitifs, qui réussissent à franchir les lignes prussiennes, gagnent la frontière belge, les uns en uniforme, le plus grand nombre vêtus d'effets de paysans. Mais sur notre territoire, la force publique belge, armée ou gendarmerie, s'empresse de les arrêter, dès qu'elle présume leur qualité de soldats français.

C'est évidemment dans l'intérêt de notre neutralité qu'ont lieu ces arrestations. Le motif est respectable, mais nous nous demandons si elles sont compatibles avec nos principes de liberté individuelle, et même justifiables au point de vue de nos obligations de neutres

A ce dernier point de vue, le plus important sans doute, surtout dans les circonstances actuelles, on peut poser en principe que le gouvernement doit s'opposer à l'entrée sur le territoire belge de tout détachement étranger armé ou non armé, lorsqu'il se présente dans un appareil militaire ainsi qu'à celle de tout soldat isolé, mais en armes. Dans l'un et dans l'autre cas, le pays est envahi par une véritable force armée. Mais il en est autrement, croyons-nous, à l'égard des militaires qui se présenteraient isolés et sans armes et à plus forte raison de ceux qui pénétreraient en Belgique sans uniforme. Ceux-ci ne se trouvent pas dans une position différente de celle des étrangers ordinaires et sont protégés en Belgique par les dispositions qui consacrent la liberté individuelle des Belges et des Etrangers.

Ajoutons que les mesures prises par le gouvernement peuvent donner lieu à de graves abus. Des Français entièrement étrangers à l'armée faite prisonnière à Sedan et même des Belges, risquent d'être arrêtés faute de pouvoir immédiatement établir leur identité. D'autre part, bon nombre d'individus privés de moyens d'existence tant en Belgique qu'en France ou en Prusse, pourront se dire soldats français ou allemands pour jouir des douceurs que le pays prodigue aux internés.

Nous sommes très disposés à rendre hommage à l'intelligence avec laquelle le gouvernement a rempli les devoirs de notre neutralité, afin d'en faire respecter les droits ; mais il faut éviter les scrupules exagérés de neutralité, à cause des inconvénients qu'ils entraînent et des principes qu'ils compromettent.

Etoile Belge, 17 *Septembre*.

Tous les blessés arrivés jeudi soir à Bruxelles, ont été répartis dans les diverses ambulances de la ville.

Partout en traversant la capitale, ces malheureux ont été l'objet des témoignages sympathiques de la foule accourue sur leur passage. C'était à qui leur offrirait des douceurs, du tabac, des cigares, de l'argent. Des tirelires sont établies à la porte d'entrée de chaque ambulance pour y recevoir les offrandes des passants.

18 *Septembre*.

C'est vraiment un affreux spectacle que celui de l'arrivée des victimes de la guerre aux diverses ambulances Leurs uniformes en lambeaux — quand ils en ont — ressemblent à des loques informes ! Souillés de boue et de sang séché, la tête enveloppée de linges sanglants ; les uns privés d'un bras, les autres d'une jambe, hâves et décharnés, les malheureux ont plutôt l'air de cadavres que de créatures vivantes !

Nous avons visité l'ambulance de l'hôtel Rey. Nous avous vu un zouave grièvement blessé à l'épaule d'un éclat d'obus, qui nous disait avec un sourire satisfait : « Ils m'ont blessé, mais j'en ai blessé et tué bien d'autres, moi. » Triste consolation! Là, encore un jeune soldat de la ligne, la mine éveillée et franche, ne savait comment nous exprimer ses sentiments de gratitude envers la Belgique : « Vous êtes trop bons, ici, disait-il, avec des larmes dans les yeux ; chez nous on ne nous aurait pas traités comme ça. »

Les diverses ambulances que nous avons visitées sont admirablement aménagées. Partout des soins efficaces, prompts, intelligents sont prodigués aux pauvres mutilés de la guerre par nos médecins. Des dames, des jeunes gens du monde circulent dans les salles, allant de l'un à l'autre et portant à tous des douceurs de toute nature et des paroles d'espoir et de consolations. Aussi, il faut voir l'air d'intime satisfaction qui rayonne sur tous ces visages amaigris et pâlis par d'indicibles souffrances.

19 *Septembre*.

Le *Journal officiel de la République française* rend à la Belgique l'hommage que voici :

« Des lettres nombreuses arrivent chaque jour en France, qui témoignent de la généreuse et cordiale hospitalité que trouvent en Belgique, nos officiers et nos soldats internés, et des égards touchants dont ils sont l'objet de la part de la population toute entière. La Belgique a été une seconde patrie pour nos exilés, elle en est une aujourd'hui pour ceux que la fortune des armes a trahis. C'est que le noble peuple belge comprend à merveille que la république française ne peut être pour lui, qu'une sœur, heureuse de le voir grand et prospère par le progrès et par la liberté. »

L'Empire ne nous avait pas habitués à de pareils compliments.

20 *Septembre.*

Plusieurs propriétaires ont eu la généreuse intention de mettre à la disposition du gouvernement belge des maisons de campagne pour y recevoir des blessés. Mais quelque généreuse qu'elle soit cette offre ne peut être acceptée par le gouvernement que lorsqu'il est assuré que les soins donnés aux blessés, le seront par un médecin capable et d'une manière continue.

Les propriétaires qui ont eu cette belle et charitable intention devraient donc, pour la rendre efficace, envoyer au gouvernement tous les renseignements qui pourraient l'éclairer à ce sujet.

Si les personnes qui ont été assez charitables pour mettre un local à la disposition des blessés se rendaient elles-mêmes sur les lieux, elles activeraient le transport de ces malheureux qui aspirent tous vers le sol hospitalier de la Belgique.

—

Le fait suivant peut donner une idée du dévouement dont on fait preuve ici à l'égard des blessés de la guerre recueillis dans nos ambulances. Tel sénateur que nous ne voulons pas nommer, son binocle sur le nez, se trouvait, il y a trois jours, attablé dans une de ces ambulances à côté du lit d'un blessé et il écrivait sous sa dictée une lettre adressée à sa famille. Cela n'a pas duré moins de deux heures et notre sénateur ne relevait la tête que pour laisser respirer son blessé, qui a fait tout le récit de sa campagne, depuis le départ du pays jusqu'à l'arrivée à Bruxelles, en passant par le champ de bataille. Ce n'est que lorsque le pauvre blessé, voulant reconnaître l'obligeance de son secrétaire improvisé, lui dicta son propre éloge, que ce dernier déposa la plume, — pour aller s'installer au chevet d'un autre blessé et recevoir ses confidences pour les coucher sur le papier, à l'adresse du paysan ou de la *payse.* Et depuis vendredi dernier notre sénateur passe quatre à cinq heures chaque jour à faire ce joli métier. N'est-ce pas du véritable dévouement.

Indépendance Belge, 21 *Septembre.*

La commune de Saint-Gilles, lez-Bruxelles, par l'entremise de son secrétaire, M. Verdickt, a envoyé hier au Jardin Botanique, six charrettes de légumes et victuailles pour les ambulances belges établies sur le champ de bataille et celles qui ont été établies à Bruxelles.

Une somme de fr. 809-79 accompagnait cet envoi qui comprenait également 606 bouteilles de vin et de liqueurs, ainsi que 175 bouteilles de bière.

—

Une somme de 12,000 francs vient de s'ajouter à celle que le comité de la Croix Rouge a obtenue pour les blessés.

Cette somme, qui est le produit d'une première souscription ouverte entre quelques grands établissements du Hainaut, a été envoyée au trésorier de l'œuvre, par l'administration communale de Hornu. Une autre somme de 800 francs, produit d'une tombola, organisée dans le village de la Louvière, a été également envoyée à l'œuvre, ainsi qu'un don de fr. 288-15 au nom des habitants de la commune de Nil-Saint-Vincent en Brabant.

Outre les dons signalés ces jours derniers pour les blessés, il a été recueilli environ 3,500 francs par le Comité des dames, au dépôt central du Jardin Botanique, rue Royale extérieure.

Organe de Mons, 21 *Septembre*

Le général Wolff, grièvement blessé à la tête de sa division, à Sedan, est rentré ces jours derniers en France, par Quiévrain. Le chef de station, informé par un télégramme du passage du général, avait pris toutes les dispositions pour recevoir, avec les soins et les égards qu'il méritait, l'un des plus dignes soldats de l'armée du Rhin.

A peine arrivé dans la gare, le général, qui était étendu dans un wagon-lit, s'empressa de mander le chef de station, et lui prenant la main, lui exprima, les larmes aux yeux, toute la gratitude dont son cœur débordait pour l'accueil si touchant qu'il avait reçu dans notre pays.

M. Vieuxtemps, après l'avoir remercié à son tour, s'empressa de lui offrir tous les soins que sa position pouvait nécessiter et mit à sa disposition le médecin de l'administration. « Je souffre horriblement, dit le général, mais Valenciennes n'est pas loin, et je ne veux pas retarder le départ du convoi. » Puis, il serra les mains de M. Vieuxtemps et lui réitéra ses vifs remerciements.

Indépendance Belge, 22 *Septembre.*

Plusieurs journaux allemands nous ont attribué l'intention de donner à la neutralité belge une tournure plus favorable à la France qu'à l'Allemagne. Et pourtant, au moment ou nous signalons les inconvénients d'une interprétation trop stricte de nos obligations de neutres, une des hypothèses que nous avions indiquées s'était réalisée, et cela au profit de citoyens français. En effet, on nous disait que sur 200 Français, conduits à Namur pour être internés à Beverloo, il n'y avait pas cent soldats.

L'abus que nous avions prévu existe. Que ce soit au profit de paysans français ou allemands, peu importe; il n'en existe pas moins, et il provient d'un système qui peut en entraîner d'autres. Nos contradicteurs allemands en penseront ce qu'ils voudront, mais nous ne pouvons pas admettre que le camp de Beverloo devienne, sous prétexte de neutralité, le dépôt de mendicité de la guerre franco-prussienne.

Nous recommandions dernièrement au public de faire preuve de discrétion dans ses visites aux ambulances. En lui donnant ce conseil, nous ne voulons pas arrêter l'élan charitable qui pousse vers les blessés tant de mains généreuses; nous nous préoccupions avant tout de l'intérêt de ceux à qui la Belgique accorde l'hospitalité. Cette même préoccupation nous détermine à insister sur ce que nous avons dit. Il importe que les blessés, auxquels la population bruxelloise a fait un si charitable accueil, et dont elle a évidemment à cœur de hâter la guérison, ne soient pas troublés au milieu des soins que leur prodiguent les médecins et les infirmiers, délégués par la charité publique et privée. C'est une œuvre sérieuse que la ville de Bruxelles a tenu à honneur d'accomplir. Qu'elle soit donc sérieusement accomplie et que nulle curiosité, si respectable, si émue qu'elle soit, ne vienne pas en compromettre le succès.

———

M. le vicomte de Melun, vice-président, et messieurs les délégués de la Société française des secours aux blessés, le comte de Chabot, Maurice Ellisen, comte de Sartigues, ont visité plusieurs ambulances établies dans la ville de Bruxelles; ils ont témoigné aux personnes dévouées qui les dirigent, leur admiration et leur reconnaissance, n'ayant jamais trouvé plus de bienveillance, dans l'accueil, plus de délicatesse, dans les soins, plus d'intelligence dans la charité.

Ils se sont présentés chez M. le Bourgmestre pour le remercier, au nom de la Société, de tout le bien que les habitants de la ville de Bruxelles, et leur premier magistrat ont fait aux blessés français.

———

Le comité de l'ambulance C, établie hôtel Rey, rue Fossés-aux-Loups, fait appel à la générosité des habitants de l'agglomération bruxelloise, à l'effet d'obtenir des habillements civils pour permettre aux blessés convalescents de faire des sorties en ville,

23 *Septembre.*

On nous demande l'insertion de la lettre suivante, adressée au colonel du 3me régiment de ligne belge :

« Je viens, tant au nom de plusieurs officiers français qui m'accompagnent qu'en mon nom personnel, vous remercier, ainsi que tous vos officiers de l'accueil bienveillant que vous nous avez fait pendant les cinq heures que nous sommes restés vos prisonniers à Fays-le-Veneur.

La fatigue et les émotions de la veille ont été cause de notre départ précité; mais aujourd'hui, remis, je vous dirai que, tant que nous vivrons, nous conserverons dans nos cœurs l'excellent souvenir de votre hospitalité et de votre réception.

Veuillez donc, mon colonel, être l'interprète de ces sentiments auprès de vos officiers, en y prenant votre bonne part, et agréez l'expression de ma parfaite considération. „

„ Vicomte A. Le Bailly d'Inghuem, „
Château de Roumont-Ochamps,
Ce 20 septembre 1870.

Etoile Belge, 23 *Septembre*

Onze blessés français viennent d'arriver à Tirlemont et ont été placés dans un local de l'hôpital civil, pour y être soignés. Ils ont été ramenés de Sedan par notre concitoyen, M. Armand Thielens, qui est allé les y chercher, dans l'un de ses fourgons convenablement aménagé à cet effet.

Ces malheureuses victimes de la guerre sont traitées avec tous les soins nécessaires. Les Tirlemontois se feront un devoir d'apporter tous les soulagements possibles aux douleurs de ces infortunés soldats.

Progrès du Nord de Lille, 24 *Septembre*.

Voici au moins un journal qui comprend le rôle de la Belgique et se rend compte des sentiments qui nous inspirent. C'est le *Progrès du Nord*, de Lille, que nous citons avec plaisir parce que il s'explique parfaitement la raison de nos sympathies :

„ Toutes les personnes qui reviennent de Bruxelles parlent avec la plus profonde reconnaissance des soins de toute espèce, qui y sont donnés à nos officiers et à nos soldats blessés.

„ L'installation des ambulances y est admirable, le service médical fait avec un soin inouï, l'aération parfaite. Les attentions les plus délicates sont prodiguées à nos soldats : ici, on leur apporte des journaux et des livres; là, des friandises, des cigares, des pipes, du

tabac, de la flanelle : on ne comble pas nos soldats, on les accable ;
ici, une grande dame, là, un sénateur écrit sous la dictée d'un simple
troubade, une de ces naïves confidences qui reportent au foyer do-
mestiques les émotions de la guerre, les angoisses de la faim et de la
soif patiemment supportées, les douleurs de toute sorte venues de
l'absence de direction, les regrets cuisants de la valeur personnelle réduite à néant par des chefs de parades, incapables d'être
chefs de campagne et de combats, en un mot, toutes les péripéties
de cette lutte sans précédents, où le chef suprême, l'*Imperator*,
marchant à la gloire par reculons était toujours assez éloigné du
danger pour y échapper, assez rapproché de la victoire possible,
pour y accaparer le bénéfice et écrire un de ces télégrammes, qui,
comme celui du 15 août, étaient une véritable escroquerie de la gloire
méritée par d'autres.

» Il faudra recommander à chaque famille de garder précieuse-
ment ces témoignages éloquents dans leur simplicité ; il y a là un
accent qui appartient à l'histoire et qui expliquera comment la France
trompée, jetée dans une aventure sans nom, par ce pouvoir qui
voulait se soustraire aux peines de la banqueroute frauduleuse, a
acclamé la République en la considérant comme le seul moyen
d'avoir une paix durable, parce qu'elle sera digne, parce que le sang
qui reste à verser pour les nouveaux combats le sera pour la défense
du foyer et la conservation des conquêtes les plus précieuses de notre
civilisation moderne.

» Ces sentiments expliquent les sympathies profondes de la Belgique pour la France en ce moment : sympathies toutes de cœur, et
de cœur seulement, car la Belgique aime son gouvernement et se
groupera en toute occasion autour de lui pour maintenir sa noble
neutralité ; mais elle avait été menacée, mise pour ainsi dire à l'encan
par un gouvernement à qui tout moyen semblait bon pour se donner
un semblant de grandeur. Des organes vendus au pouvoir qui vient
de tomber avaient injurié la Belgique en toute occasion, la Belgique
en avait le cœur ulcéré. L'Empire est tombé, la France reste, les
sympathies sont libres de peuple à peuple. Merci et honneur à la
Belgique de nous montrer si bien les siennes.

Journal de Charleroi, 25 *Septembre*.

Au moment de mettre sous presse, on nous avise qu'une foule immense encombre les abords de la station de l'Etat; une quinzaine de voitures de l'ambulance militaire descendent de la Ville-Haute vers cette direction, 300 blessés, venant de Vireux, doivent arriver en notre ville pour y recevoir les soins que nécessite leur position.

Toutes les mesures sont prises pour recevoir 60 blessés ; les locaux des écoles du faubourg sont préparés depuis longtemps à cet effet.

Les autres blessés seront pris par les particuliers.

La foule qui se presse autour de l'ambulance, témoigne des sentiments les plus smpathiques; les malheureuses victimes de la guerre y recevront de nos populations un accueil en rapport avec la renommée que la Belgique s'est acquise par son admirable charité et son hospitalité généreuse.

Indépendance Belge, 25 *Septembre*.

Nous recevons avec prière d'insertion la lettre suivante :

A M. le Rédacteur en chef de l'*Indépendance Belge*,

« Les soussignés vicomte de Melun, vice-président, et messieurs les délégués du Comité français des secours aux blessés, Maurice Ellisen, le comte de Chabot, comte de Sartigues, vous seraient très reconnaissants de vouloir bien leur permettre de remercier, par l'organe de votre journal, toutes les personnes charitables de Bruxelles, qui leur sont activement venues en aide pour l'accomplissement de leur mission.

» Parmi ces personnes, ils croient de leur devoir de mentionner spécialement M. David, de la maison David et Kernkamp, qui a mis à leur disposition, non-seulement ses services, mais ceux de tout le personnel de ses bureaux, ses voitures, ses chevaux, son matériel, le jour comme la nuit, avec le désintéressement le plus complet, le zèle et l'abnégation la plus infatiguable. La reconnaissance que les soussignés tiennent à lui exprimer publiquement, ne sera qu'une faible compensation de son inépuisable complaisance. »

« FR. N. ELLISEN. »

Bruxelles, le 25 septembre.

Norddeutshe Zeitung. 27 *Septembre.*

« Depuis que les feuilles de Paris sont hors d'état de répandre des nouvelles mensongères sur la marche des événements militaires, cette besogne, comme nous l'avons déjà démontré à plusieurs reprises, est maintenant faite par des journaux belges et notamment par *l'Indépendance Belge.*

Aussi longtemps que l'empire régnait en France, cette feuille s'attachait à garder une impartialité à laquelle, nous aussi, nous avons rendu justice. Mais, depuis la proclamation de la République, l'*Indépendance* ment à l'envi, tout comme les journaux français, parceque, évidemment, elle est solidaire avec les gouvernants actuels du parti républicain.

L'*Indépendance* ne peut pas alléguer pour excuses, qu'elle même aurait été induite en erreur ; elle sait, elle doit savoir que ses derniers télégrammes ne contenaient que des mensonges. Le but de ces mensonges, n'est autre, selon toute apparence, que d'exciter la population française à prolonger sa résistance et à seconder les ennemis de l'Allemagne.

S'ils aiment tant la France, pourquoi messieurs les Belges n'ont-ils pas pétitionné, en temps opportun, pour l'annexion à la France, laquelle, si elle avait été approuvée, nous eût épargné la guerre. »

Indépendance Belge.

Nous avons reproduit textuellement l'article de la *Norddeutsche Zeitung* où l'ineptie le dispute à la mauvaise foi, et nous ne savons, vraiment, si nous devons en rire ou nous indigner. Rire ? Les temps ne sont pas à la gaieté. Nous indigner ? Ce serait donner à supposer que nous prenons au sérieux les grotesques imputations de la *Norddeutsche Zeitung.*

Quant à nos sympathies, nous ne les cachons pas ; oui, en dehors de toute forme de gouvernement, de toute nationalité, elles sont acquises toujours au courage, au dévouement, à l'abnégation, à l'honnêteté. A tous ces titres, les hommes de cœur qui, dans la situation douloureuse où la France se trouve placée par suite de fautes et de crimes qu'ils ont combattus et qu'il ne leur a pas été possible d'empêcher, se sacrifient pour sauver leur pays de l'abîme, ces hommes-là ont droit au respect même de leurs adversaires. S'ils joignent au dévouement une grande illustration ou une grande intelligence, l'admiration se joint à la sympathie et au respect.

28 *Septembre.*

M. le docteur Martha vient de transmettre à M. le bourgmestre de Bruxelles, la lettre suivante que lui a adressée M. Uhrich, intendant général de France :

Ministère de la Guerre,
Comité permanant d'administration.

" Monsieur le docteur,

" Je reçois à l'instant la lettre que vous m'avez fait l'honneur de m'écrire pour m'annoncer l'heureuse arrivée à destination de 98 blessés français que vous avez bien voulu conduire à Bruxelles, et je vais m'empresser d'envoyer cette excellente nouvelle à M. le ministre de la guerre de France.

" Je suis profondément touché pour ma part des témoignages d'intérêt qui ont été prodigués à nos malades par vos compatriotes, et je me plais à vous adresser ici à ce sujet l'expression de ma plus vive gratitude.

" Je vous serais très reconnaissant, monsieur le docteur, si vous voulez bien vous rendre l'interprète de ces sentiments, vis-à-vis M. le bourgmestre de Bruxelles, et je vous prie de vouloir bien agréer l'expression de mon entier dévouement et de ma plus haute considération. "

L'intendant général.

" UHRICH. "

Sedan, 23 septembre 1870.

Chronique, 28 *Septembre*.

La section des fanfares de la *Linière Gantoise* donnera le dimanche 2 octobre, à une heure, au quinconce du Parc, à Bruxelles, un concert au bénéfice des blessés.

Cette section existe depuis deux ans et demi ; fondée dans les conditions les plus modestes, elle possède actuellement soixante-dix membres, dirigés par M. Charles Miry.

Nous sommes certains que Bruxelles fera un bon accueil aux ouvriers gantois, dont les sentiments généreux nous paraissent dignes de grands éloges.

7 *Octobre* 1870.

Un philosophe a prétendu que tout mal porte en lui-même son remède.

Je ne veux pas m'arrêter à discuter cette théorie qui me laisse un peu froid. — Mais je me plais à constater que quelques-uns de mes concitoyens ont cherché à en tirer parti, et qu'ils y ont réussi.

La guerre est un mal affreux, — affreux contre tous les maux.

Eh bien ! c'est à la guerre elle-même et à ses désastres que certains hommes, charitablement inspirés, ont demandé les moyens d'atténuer, dans une certaine mesure, les calamités et les misères qui sont le fruit des batailles...

Venir en aide aux blessés, soulager leurs souffrances, leur adoucir la convalescence, — telle est aujourd'hui en Belgique, la préoccupation du plus grand nombre. — Et chacun s'ingénie à imaginer un moyen nouveau de solliciter la bienfaisance publique, de stimuler le sentiment charitable, légèrement surmenée.

Ce moyen nouveau a été trouvé par ceux-là qui ont voulu le puiser dans la guerre elle-même, suivant la théorie dont il vient d'être question.

Ils ont donc organisé une exposition des vestiges de récentes batailles qui ont ensanglanté les Ardennes ; ces vestiges, — recueillis à titre de reliques ou de souvenir, par les touristes bruxellois qui ont été visités le théâtre de la guerre. — On les a réunis en une sorte de musée sinistre; et on prélève sur la curiosité publique, toujours empressée aux spectacles lugubres, un léger impôt qui servira à soulager un peu les victimes de la guerre.

Indépendance Belge, 10 *Octobre.*

La Belgique est en ce moment-ci le refuge et l'asile d'un grand nombre d'étrangers Et Bruxelles qui a vu, après les révolutions successives de la France, tant de vaincus et de proscrits, est aujourd'hui le lieu de réunion de sénateurs, de magistrats et d'hommes politiques du dernier régime bonapartiste. Il ne nous déplait pas que ceux qui avaient tant de colères et de railleries contre les libres institutions de la Belgique, qui condamnaient pour les besoins des pratiques impériales les franchises et l'indépendance belges, puissent apprécier maintenant les biens dont ils voulaient nous priver. Nous aimons qu'ils profitent de ce qu'ils ont cherché à détruire. Nous n'y mettons pas de vanité chevaleresque. C'est la condition première, selon nous, et l'honneur des pays libres, que ceux mêmes qui ont combattu ces libertés soient protégés par elles. Il y a certes, une satisfaction morale pour nous à donner notre hospitalité à ceux qui ont si souvent dénoncé, comme dangereuse et coupable, l'hospitalité de la Belgique. Mais cette satisfaction morale s'accorde avec les règles strictes de la justice.

Notre situation dans l'estime des peuples doit y gagner. Et pour nous qui dirions volontiers ; heureux les peuples qui n'ont pas de puissance, l'ambition la plus haute et la plus sûre est d'inspirer aux autres nations, estime et sympathie.

Les bonapartistes d'hier, qui n'ont pas encore renoncé à être en France le gouvernement de demain, trouvent chez nous, une pleine sécurité et des facilités complètes. Nous nous félicitons de cela, et pour l'avantage que cela nous procure aux yeux de l'Europe, et pour l'avantage qui en résultera même pour nos lois intérieures.

Il est certain que notre loi de 1835 contre les étrangers est désormais abolie. Si elle n'est pas abrogée officiellement, si les pouvoirs publics n'ont pas encore prononcé la déchéance de cette loi factieuse, on peut dire qu'elle est supprimée en fait. Nous qui avons combattu depuis plusieurs années la prorogation de cette législation arbitraire, nous nous réjouissons en songeant qu'on ne pourra plus l'appliquer.

Car, après ce qui se passe en Belgique depuis un mois, il serait impossible qu'on se hasardât en d'autres termes à expulser un proscrit simplement coupable d'inquiéter un gouvernement étranger. Tous ceux qui ne se bouchent pas les oreilles et qui ne ferment pas les yeux n'ignorent pas le travail et les intrigues d'un groupe bonapartiste que nous avons l'honneur de recéler. La chose se fait presque sans mystère, et les allées et venues, et les correspondances qui préparent une restauration impériale sont visibles pour tout le monde. Parmi les puissants et les salariés de l'Empire que la Belgique abrite, il en est un bon nombre qui s'efforcent d'organiser sur notre sol les moyens de reconquérir leur puissance et leurs salaires. Ils conspirent ouvertement et librement.

Notre opinion ne change pas parce qu'elle peut être utile à nos adversaires. Tant qu'il n'y a pas infraction formelle aux lois, tant qu'il n'y a pas violation des règles de droit commun, nous sommes contre les expulsions et les persécutions, quelles qu'elles soient. Tant que les agitations et les trames des bonapartistes en Belgique ne seront pas un danger pour l'ordre public, nous nous opposerons à toutes les mesures qui pourraient les atteindre.

Mais nous comptons bien, après ces faits dont nous ne nous plaignons pas, que la loi de 1835 contre les étrangers n'est plus qu'un vain mot : Nous nous refusons à croire qu'un ministère belge puisse se montrer sévère désormais pour un proscrit quelconque, après avoir été si favorable aux bonapartistes.

Il y a des gouvernements, nous le savons bien, qui ont des rigueurs impitoyables pour les défenseurs de la liberté et d'inexplicables tendresses pour les créatures et les agents du despotisme. Avoir combattu pour le droit et l'indépendance, c'est une mauvaise note, une marque flétrissante, tout au moins une cause de défiance pour ces gouvernements-là, avoir trempé dans les violences et les pillages de la politique personnelle, c'est une recommandation, c'est un titre aux ménagements et à la protection.

Heureusement, nous sommes dans un pays où de tels outrages à l'honnêteté ne pourraient se commettre impunément. Nous avons eu de mauvais jours, que nous avons dus aux exigences de notre impérial voisin. L'expulsion du colonel Charras, un de ces hommes dont la France s'honorera, est une de ces dates tristes que nous voudrions effacer.

Mais nous voilà délivrés, espérons-le, de ces mesures tyranniques et de ces précautions tremblantes. Les proscrits honorables de tous les pays sont certains de n'être point inquiétés en Belgique, puisque les échappés du bonapartisme, y circulent et y travaillent en toute liberté.

Il importe peu que ceux qu'on n'expulse pas aujourd'hui, malgré les intrigues dont ils nouent les fils chez nous, soient ceux-là mêmes qui réclamaient l'expulsion de vaillants citoyens, coupables simplement d'avoir résisté à un aventurier criminel, à un usurpateur sanguinaire. L'enseignement pourtant est profond. Le peuple belge avait montré par sa sympathie pour les victimes du Deux Décembre, la générosité, la fermeté de ses convictions ; il montrera, par son indifférence pour les émigrés et les conspirateurs bonapartistes, la foi tranquille que lui inspirent ses libres institutions et son indépendance nationale.

La Meuse de Liége, 17 *Octobre.*

Lettre d'un troupier français interné dans un fort d'Anvers et qui a passé par Liége avec le contingent des prisonniers de Beverloo.

« A la ville de Liége!

Citoyens et citoyennes,

C'est avec un bien grand regret que nous, tous soldats français, avons quitté votre charmante ville, vu le bon accueil, que vous avez fait aux pauvres prisonniers lors de leur passage.

C'est à ranimer le cœur d'un soldat français. Nous vous resterons éternellement reconnaissants des bienfaits dont nous avons été l'objet depuis notre arrivée sur votre territoire.

Ce fut pour nous un vrai chagrin de quitter votre belle cité, dont la population a tant d'égards pour le malheur en général et le soldat en particulier, ce pauvre soldat qui quitte le toit paternel, sa mère, sa femme et ses enfants pour courir aux dangers de la guerre et souvent à la mort.

Recevez, citoyens et citoyennes, la reconnaissance de tous mes camarades qui se joignent à moi pour vous remercier.

» DENIS, THÉODULE,
Cavalier au 11ᵐᵉ chasseurs. »

Indépendance Belge, 21 *Octobre*.

Sous ce titre : « La Belgique et la Liberté de la Presse, » après avoir reproduit notre protestation contre les plaintes du gouvernement prussien, la *Gazette de Cologne* publiait hier l'article que voici :

» Les arguments que *l'Indépendance* donne pour sa défense, nous paraissent peu heureux. Elle ne fait aucune distinction entre des temps différents. A l'époque où l'empire existait encore, elle faisait preuve en effet, de cette impartialité qu'elle se vante de représenter et n'hésitait pas à déclarer que c'est à Napoléon et à ses ministres qu'il fallait imputer la responsabilité de la guerre. Mais depuis que Napoléon a été fait prisonnier à Sedan et que la République a été proclamée, l'attitude du journal belge a changé d'une façon manifeste. Les sympathies de ses rédacteurs pour la cause française ont pris forme depuis ce moment. Il n'est pas heureux pour la Belgique qu'elle soit si souvent obligée d'emprunter ses publiscites à la France. Le journal belge aurait dû se rappeler avant tout que, ainsi que l'ont déjà surabondamment prouvé les pièces de l'empire, publiées par le gouvernement provisoire, la Prusse eût pu vivre en paix avec Napoléon III, si elle avait voulu abandonner la Belgique. En acceptant cette guerre, elle combattait aussi pour l'indépendance de ce pays, et les Allemands doivent éprouver le sentiment pénible qui cause toujours l'ingratitude, en voyant la presse belge et notamment le journal qui en est le représentant le plus considérable, prendre si ouvertement le parti de la République française. L'*Indépendance* ne prétend, il est vrai, ne défendre que la paix durable et s'opposer aux annexions territoriales, parce qu'elles perpétuent la guerre, fondent des haines sans fin et sollicitent la vengeance et la conquête, et c'est là, à l'en croire, ce qui causerait les griefs de la diplomatie contre elle. »

Nous ne partageons pas cette manière de voir et croyons ces prévisions erronées si l'Allemagne a la sagesse de borner ses conquêtes aux provinces allemandes et à celles où l'élément allemand prédomine, sans se laisser entraîner par l'enivrement du succès à prendre des territoires purement français. Dans ce dernier cas, en effet, la paix ne serait qu'un court armistice, nous ne pourrions-nous départir pour un seul instant de tout notre appareil de guerre, et nos enfants, pas plus que nous mêmes, ne verraient ni la paix ni la liberté. Mais le reproche de partialité qu'on fait à l'*Indépendance* n'est pas fondé sur les conditions de paix qu'elle recommande. Elle aurait le droit, s'il en était ainsi, de se mettre sur le même rang que le *Times*, qui recommande aussi ces conditions et de demander si le gouvernement prussien a adressé des reproches au cabinet de Londres, au sujet de l'attitude du journal anglais. Non ; la légitime accusation de partialité portée contre l'*Indépendance*, se rapporte en partie aux nouvelles qu'elle publie et en partie aux commentaires dont elle les accompagne.

En revanche, nous ne pouvons nous empêcher de donner raison à ce journal dans ce qu'il dit de la liberté de la presse. Nous devrions regretter que le gouvernement prussien ne respectât pas même la liberté des opinions à l'Etranger. Où cela nous mènerait-il chez nous ?

21 *Octobre.*

S'il faut en croire la *Gazette de Cologne*, nous avons changé d'attitude depuis la captivité de Napoléon III et la proclamation de la République française. Impartiale avant ces événements, l'*Indépendance* est devenue partiale depuis la chute du gouvernement auquel elle imputait, auquel elle impute encore la responsabilité de la guerre.

Il y a dans l'appréciation de la *Gazette de Cologne* une singulière confusion. Ce n'est pas nous qui avons changé, c'est la situation qui s'est modifiée. Au mois de juillet la France, par l'organe du gouvernement impérial, qui n'était pas l'interprète du sentiment public, — des documents authentiques le prouvent — la France déclarait la guerre à l'Allemagne. Au mois de septembre, quel a été le premier acte du gouvernement qui a succédé au régime impérial? Un appel à la réconciliation des deux nations belligérantes. La guerre, tel était le dernier mot de l'empire. La paix, telle a été la première parole prononcée au nom de la France, par le gouvernement républicain. Nous n'avons pas à examiner les conditions de paix proposées par ce gouvernement. Ces conditions n'ont pas satisfait l'Allemagne. Mais, il n'en est pas moins vrai qu'on ne peut faire retomber sur la république la même responsabilité qui pesait sur l'empire, qu'on ne peut l'accuser comme lui de jouer dans cette guerre le rôle de provocateur. L'empire a déclaré la guerre. Aujourd'hui la France la subit. C'est là ce qui explique ce revirement de sympathie qui s'est opéré en faveur de la France dans tous les pays neutres, revirement qui n'est que la conséquence naturelle de l'interversion des situations.

Nous n'avons donc pas à nous défendre d'un changement de front. Nous sommes aujourd'hui ce que nous étions hier. Les faits seuls ont changé.

La *Gazette de Cologne*, d'ailleurs ne nous reproche pas nos opinions. Si elle conteste notre impartialité, c'est à cause des nouvelles que nous publions et des commentaires dont nous les accompagnons. Ceci est beaucoup trop vague, et nous saurions gré à la *Gazette de Cologne,* de préciser davantage ses griefs et de nous indiquer quelques exemples de la partialité que nous apportons, dit-elle, dans la publication et l'appréciation des nouvelles que nous recevons. Nous ne demandons qu'un exemple et nous croyons que notre accusateur sera fort embarassé de déférer à notre invitation. Nous constatons, d'ailleurs, que chaque fois que nous avons adressé cet appel à un journal allemand, nous n'avons pas obtenu de réponse catégorique, et nous nous réservons d'établir que nous continuons depuis Sedan ce que nous faisions auparavant : publiant les informations qui nous parviennent, de quelque côté qu'elles nous arrivent : cherchant la vérité, sans avoir la prétention de la trouver toujours, car nous ne sommes pas infaillibles, mais n'hésitant pas plus maintenant qu'autrefois à le dire à la France et à l'Allemagne, même lorsqu'elle peut être désagréable à l'une ou à l'autre.

Il nous parait donc difficile d'admettre qu'on nous reproche sérieusement nos nouvelles et nos commentaires, d'autant plus difficile que, n'en déplaise à la *Gazette de Cologne*, c'est seulement après la publication de nos articles contre l'annexion de l'Alsace et de la Lorraine, que nous avons été en butte aux attaques de certains journaux allemands. Et pourtant, dans ces articles écrits au point de vue de la justice, du droit des gens, et dans l'intérêt de la paix, nous croyons n'avoir pas ménagé l'expression de nos sympathies pour la nation allemande.

Nous ne dirons rien de l'ingratitude que la presse allemande attribue à la Belgique. Nous ferons remarquer seulement que notre pays, qui passe aujourd'hui pour ingrat envers l'Allemagne. était au début des hostilités, accusé d'ingratitude envers la France par les journaux bonapartistes de Paris. Heureusement, la Belgique connaît ses devoirs envers l'étranger ; elle les remplit. Cela suffit.

22 *Octobre.*

Nous croyons savoir que si Bruxelles n'est pas le centre des intrigues dynastiques qui se trament depuis quelques jours avec une nouvelle activité, notre ville a tout au moins l'honneur d'être l'une des principales succursales de l'entreprise, et nous pourrions, si le rôle de délateur ne nous répugnait, citer telles grandes dames étrangères qui se sont installées à Bruxelles, pour travailler sérieusement à la restauration impériale, et qui se dévouent à cette œuvre avec une passion digne d'une meilleure cause. Leurs collaborateurs ne prennent pas même la peine de dissimuler leurs projets et leurs espérances. Tout cela se manigance à peu près au grand jour, et l'ordre public n'en est pas troublé.

Il serait tout à fait invraisemblable que le gouvernement belge ne fût pas quelque peu au courant de ces petites manœuvres, dont la découverte n'exige même pas le concours d'une police secrète. Mais il ne s'en montre pas ému. Loin de là, il fait preuve d'une réserve, d'une discrétion à toute épreuve et d'un calme imperturbable. Il laisse faire et laisse dire, sans songer un seul instant à se servir des armes que nos lois mettent à sa disposition contre les étrangers suspects de machinations politiques, et même contre les étrangers paisibles et inoffensifs.

Qu'on ne se méprenne pas sur nos intentions. Nous ne trouvons rien à redire à cette attitude de notre gouvernement. Au contraire, nous en prenons acte avec une vive satisfaction, comptant bien que son abstention formera précédent. Cette indulgence pour les réfugiés bonapartistes est d'un bon augure pour d'autres réfugiés que les caprices de la fortune pourraient pousser vers nos rivages. Les destins sont changeants. La France, d'ailleurs, n'est pas le seul pays du monde qui soit sujet à des crises gouvernementales. La Belgique a toujours été le refuge préféré des naufragés de la politique; elle a recueilli des épaves de tous les régimes, de toutes les nationalités. Elle est peut-être appelée à offrir un asile à un grand nombre de désabusés. Nous sommes heureux de voir que son gouvernement se prépare à exercer sans arrière pensée, avec une générosité complète, l'hospitalité dont elle est si justement fière. Ce nous est un véritable plaisir, et même une satisfaction d'amour propre pour nous qui nous sommes toujours élevés contre les expulsions arbitraires, d'apprendre que désormais, pourvu qu'il ne trouble pas l'ordre dans notre pays, l'étranger, fut-il conspirateur au dehors, et à plus forte raison s'il ne conspire pas, ne sera plus soumis aux exécutions sommaires de la police belge. Il ne saurait en être autrement à l'avenir, car on ne s'expliquerait pas que la tolérance du gouvernement fût un privilège complaisamment accordé aux seuls bonapartistes et impitoyablement refusé aux réfugiés de toute autre opinion.

1er *Novembre.*

Pour en revenir à la proclamation de M. Gambetta, elle est très belle de forme, autant que nous en pouvons juger par les passages

dont le télégraphe nous donne le texte, et plein de souffle révolution-
naire. Il est même à remarquer que la note républicaine y est plus
accentuée que dans les publications antérieures, soit que le ministre
ait voulu faire comprendre que, dans sa pensée, les institutions nouvelles sont les seules capables de sauver la France, « de rajeunir sa
moralité, sa virilité politique et sociale, » soit qu'il ait voulu réagir
contre des tendances qui commencent à se faire jour dans la polémique de quelques journaux conservateurs qui ne veulent voir dans
l'état des choses actuel que la domination des partis extrêmes dans
quelques grandes villes, et qui sont accusés par les journaux répu-
blicains de préférer un armistice et des transactions avec l'étranger,
à l'établissement définitif de la République.

Chronique, 5 *Novembre.*

Ce soir, à la Monnaie, représentation au bénéfice des familles de
Bazeilles.

C'est après avoir reçu de M. de Montagnac, président du Comité
de secours, qui dépeignait en termes navrants la triste situation de
ces malheureux habitants de Bazeilles dont les habitations ont été
incendiées, qui sont restés sans ressources, exposés à la plus affreuse
misère, que M. Vachot s'est décidé à organiser cette œuvre de philanthropique.

Mmes Marimon et Hamakers ont immédiatement offert leur concours désintéressé.

La représentation se composera de *Crispino* et d'un intermède.

C'est une recette certaine.

Voici la lettre de M. de Montagnac :

» Monsieur,

» Vous devez savoir dans quelle détresse sans nom et sans
exemple, se trouvent nos malheureuses populations des environs de
Sedan.

» Nous avons formé un Comité pour leur venir en aide ; mais l'hiver approchant et avec lui le froid et les maladies, nos ressources sont loin d'être en proportion des besoins.

» La capitulation de Metz est évidemment le dernier acte de ce drame lugubre et sanglant auquel nous assistons depuis trois mois ; les blessés n'ont plus ou presque plus de besoins, et les ressources des Sociétés de secours aux blessés sont énormes.

» Les plus intéressantes victimes de la guerre, aujourd'hui sont les malheureuses populations qui meurent de misère, de froid et de faim.

Après avoir fait beaucoup pour les uns, ne pourriez vous faire un peu pour les autres.

Une représentation au bénéfice de notre œuvre aurait un succès énorme; aujourd'hui que la colonie française de Bruxelles, se compose de 4,000 personnes, et il n'est pas en Belgique un seul artiste français qui ne s'empresserait d'y apporter son concours.

» Soyez assez bon, Monsieur, pour me dire ce que vous pensez de cette idée et veuillez bien croire, je vous en prie, à mes sentiments très distingués. »

« DE MONTAGNAC. »

Etoile Belge, 10 *Novembre*.

On sait que la légion étrangère qui a combattu à Orléans d'une manière si héroïque, renfermait un grand nombre de Belges ; ils sont morts pour la France, comme les Spartiates mouraient aux Thermopyles pour le salut de leur patrie. L'un d'eux, qui a échappé au désastre, vient de donner dans une lettre des renseignements sur ce glorieux combat. Un groupe de 3,500 hommes, sans un seul canon, résolut de tenir tête aux 34,000 prussiens qui attaquaient Orléans avec 60 pièces d'artillerie. Ce groupe était formé des 1,534 soldats de la légion étrangère, d'un bataillon de chasseurs à pied et de la mobile du département de la Nièvre. Pendant onze heures, ils ont soutenu cette lutte inégale avec une intrépidité sublime, avec une abnégation absolue; en vain les balles, les obus les décimaient sans relâche, en vain on leur criait de se rendre ; leur réponse était un feu

continuel qui jonchait la terre de morts. Enfin, tous leurs officiers
ayant péri, un capitaine français, M. de Villeneuve, marié avec une
Belge appartenant à une honorable famille de Bruxelles, resta seul
pour les commander. Les sommations que leur adressaient les Prussiens, il les repoussait par des mots énergiques et dignes de Cam-
bronne, qui électrisaient ses compagnons. La fin de la lutte fut digne
du combat : les derniers survivants, au nombre de soixante-douze,
parvinrent à battre en retraite et sont arrivés à Bourges, où on va
les incorporer dans deux bataillons d'Afrique. La glorieuse phalange
a fait un tel carnage des Prussiens, que la gare, la cathédrale, tous
les édifices d'Orléans, sont encombrés de leurs blessés : ils cachent
avec soin le nombre de leurs morts.

Indépendance Belge, 16 *Novembre*.

Extrait du compte-rendu (séance, 15 novembre) de la Chambre
des Représentants.

M. d'Anethan, Ministre des affaires étrangères. — L'ordre du
jour appelle en premier lieu l'interpellation de M Brasseur, au sujet
des réclamations formulées il y a quelque temps par le cabinet de
Berlin, au sujet de l'attitude de la presse belge.

M. Brasseur. — Messieurs, la presse en Belgique et à l'étranger
s'est préoccupée de réclamations qu'aurait faites le cabinet de Berlin
au gouvernement belge au sujet de l'attitude prise par la presse
belge et surtout par l'*Indépendance* et l'*Etoile Belge.*

Le *Moniteur* a publié récemment une note où il est dit que le
cabinet de Berlin n'a formulé aucune plainte, aucune réclamation
en matière de presse. J'ai compris, à la lecture de cette note, qu'en
tous cas des réclamations avaient été faites, puisque l'on croyait
utile de préciser la matière sur laquelle elles ne portaient pas. Mais,
j'ai conclu du langage tenu par notre gouvernement que le cabinet
de Berlin n'avait pas demandé de modifications à notre législation
sur la presse, cette législation si grande dans sa liberté. C'est ce qui
a motivé mon interpellation.

Il ne peut y avoir qu'une voix en Europe sur l'attitude que la Belgique a gardée depuis le commencement de cette lutte, l'une des plus sanglantes qu'ait jamais eue à déplorer l'humanité. La Belgique a rempli de la façon la plus complète les devoirs que lui impose sa neutralité, elle a tendu les bras aux blessés des nations belligérantes, quelque fût le drapeau sous lequel ils avaient combattu. Je suis convaincu, quoique on en ait pu dire, on gardera de l'humanité qu'à montrée la Belgique un précieux souvenir.

S'il y a eu des réclamations, elles n'ont pas été assez nombreuses pour que l'Allemagne pût nous taxer d'ingratitude, et lors même que nous aurions, dans l'accueil fait aux blessés, montré plus de sympathie aux blessés français, il n'y aurait là rien d'extraordinaire, car, enfin, nous ne pouvons pas avoir oublié ce que nous devons à la France, ni ce qu'elle a fait pour notre nationalité. Aujourd'hui qu'elle est dans le malheur, nous devons moins que jamais l'oublier : les dettes de reconnaissance sont des dettes sacrées.

Examinons ce que nous avons fait. Au point de vue de l'intérieur, nous avons fait appel au dévouement de tous, et notre voix a été entendue. Au point de vue de l'extérieur, nous avons rempli strictement les devoirs que nous impose la neutralité et nous l'avons fait avec autant de modération que de réserve.

Cette impartialité que nous avons montrée a un grand mérite, car, notre presse étant libre, si, elle prenait fait et cause pour l'un ou l'autre des belligérants, elle pourrait facilement franchir la limite que nous impose notre neutralité. Je constate qu'elle n'est pas entrée dans cette voie, et en montrant cette prudence, elle a bien mérité de la Belgique et de l'Europe.

Etoile Belge, 20 *Novembre*.

Je suis à Beaubru, bureau frontière de la douane belge, d'où je vous écris. J'assiste à un spectacle bien triste : figurez-vous une centaine de pauvres femmes des villages français environnants, qui viennent recevoir le pain que leur distribue journellement un Comité d'une Société belge qui s'est chargée de secourir le plus possible ces malheureuses populations ; aussi faudrait-il voir avec quels élans de reconnaissance ces pauvres créatures, de tout âge, remercient les Belges qui se trouvent à ces distributions : la moindre aumône que vous faites, vous êtes certain de ne pouvoir vous échapper que par la fuite aux poignées de mains, avec protestations de reconnaissance et d'affection. Les Belges sont devenus pour ces habitants des demi-dieux, et soyez assurés que le souvenir de ces actes charitables vivra éternellement parmi les populations. Il y a pas mal de francs tireurs dans les bois, ils respectent scrupuleusement les Belges et tout ce qui est leur propriété. S'ils se permettent de temps en temps un acte blâmable, tel que le pillage d'un convoi de marchandises, on peut être certain que les populations belges n'ont rien à craindre.

24 *Novembre.*

Le *Propagateur du Nord et du Pas-de-Calais*. publie dans un de ses derniers numéros, une lettre très flatteuse pour la Belgique. Elle énumère les actes de charité accomplis en faveur des blessés français et insiste sur les liens de reconnaissance et d'amitié qu'ils doivent établir entre les deux peuples, liens plus durables que les traités.

Indépendance Belge, 27 *Novembre.*

On nous écrit de Louvain, le 25 novembre :

« Le ballon l'*Egalité* qui est venu atterrir hier, aux portes de notre ville, près du couvent de Terbank, sur la route de Louvain à Bruxelles ; a fait une traversée vertigineuse. Partis de Paris à midi moins 20 minutes, les aéronautes entraient dans notre ville quelques minutes avant trois heures. Les chefs d'équipe étaient MM. Wilfried de Fonvielle et Banelli, le premier, capitaine, le second, lieutenant dans la garde nationale et d'autres passagers.

Après une descente périlleuse, les passagers purent alors débarquer au milieu d'une foule sympathique, qui avait patiemment suivi toutes les péripéties de la descente, et on les accueillit par des acclamations. Une voiture de maître était sur la route Son propriétaire

se mit galamment à la disposition des aéronautes et ceux-ci effectuè-
rent aussitôt leur entrée en ville, entourés d'une foule de curieux.

Ces Messieurs allèrent dans le courant de la soirée à l'ambulance
française et là cédant, aux instances qui lui furent faites, M. de Fonvielle voulut bien prendre l'engagement de faire au profit de l'ambulance une conférence sur Paris et l'attitude de son héroïque population.

Cette nouvelle se répandit en ville avec rapidité et des affiches
imprimées à la hâte, trop à la hâte annonçaient peu après « La conférence de M. Ulric de Fonvielle, échappé de Paris en ballon. »

A neuf heures. MM. de Fonvielle et Banelli faisaient leur entrée
au *Café des Quatre Nations*, qui, en moins de rien, était comble.
De longs bravos les accueillaient, et M. de Fonvielle, hissé sur une
table, prenait immédiatement la parole. Alors, pendant une heure
au moins, M. de Fonvielle parla, répondant à des questions sans fin
partant de tous les coins de la salle. Il s'est longuement étendu sur
la situation actuelle de Paris sur les ressources qu'il possède, puis,
se laissant aller à l'émotion que lui causaient les malheurs de son
pays, il a terminé par une violente sortie contre les traîtres et les
lâches qui les ont causés.

A dix heures et demie, il se retirait suivi par de longs applaudissements, auxquels se mêlaient les cris de : Vive la France! »

4 *Décembre* 1870.

Nous avons envoyé à M. le maire de la ville de Sedan, pour les
blessés des ambulances de cette ville une somme de quatre cents
francs, formant à très peu de chose près le complément des souscriptions recueillies dans nos bureaux.

Nous profitons de ces quelques mots d'avis adressés à nos lecteurs
pour faire un nouveau et pressant appel à leur bienfaisance et à leur
humanité.

De nombreuses lettres nous parviennent, invoquant notre assistance, ou tout au moins notre intervention, en faveur de malheureux ouvriers et de familles d'ouvriers dont la situation, — par suite
de la destruction des métiers et de la clôture des fabriques, deux

misères auxquelles l'hiver vient ajouter un douloureux supplément d'aggravation, — est véritablement affreuse.

On nous transmet, au sujet de ces infortunes, trop peu connues, hélas! et trop peu en évidence, des particularités et des détails navrants! — Nous voulons en épargner le lugubre tableau à nos lecteurs.

Mais nous leur dirons :

Vous êtes venus, avec l'empressement le plus spontané, le plus généreux, nous apporter vos offrandes pour les blessés, pour les incendiés, pour tous ceux que l'on peut appeler les victimes directes et saignantes de la guerre. — Ne pensez-vous pas que ceux qui sont les victimes indirectes et plus humbles en quelque sorte de cette même guerre, l'ouvrier sans travail, sans pain, sans abri, le père d'une famille que la faim décime aujourd'hui, que le froid achèvera de tuer demain, aient droit, eux aussi, à une part de votre émotion, de votre pitié, de votre sollicitude?

Adresser cette question à nos lecteurs, c'est la résoudre et la solution ce sera, nous n'en doutons pas, une nouvelle récolte de bienfaits que nous sollicitons avec confiance et dont nous serons encore une fois heureux d'être les dispensateurs.

10 *Décembre.*

A côté de ses calamités cruelles, la guerre franco-prussienne nous a donné le consolant spectacle de la charité, se multipliant pour en adoucir les horreurs. Elle a donné l'occasion à l'esprit de fraternité universelle de se manifester comme un grand principe, elle a inspiré aux nations neutres, désintéressées dans la lutte actuelle, la généreuse pensée de faire tourner au profit des victimes des champs de bataille, le bénéfice de leur précieuse neutralité. Si bien que la philantropie internationale, semble aujourd'hui définitivement entrée dans le droit des gens.

Partout, l'initiative individuelle est venue en aide à l'action officielle pour assister et secourir les blessés, avec un élan et un dévouement dont rien n'a lassé la persévérance, et bien que chaque jour encore vienne agrandir et perpétuer la tâche de la charité publique, elle ne cesse de pourvoir aux nécessités nouvelles que les événements créent encore chaque jour.

Mais il est à remarquer que les efforts de cette charité admirable se sont toujours ou presque toujours portés vers les blessés ou les malades. Une autre catégorie des victimes de la guerre, — celle des prisonniers, — n'a pas attiré à un degré égal la commisération des bons cœurs.

Or, l'infortune des prisonniers, pour être moins saisissante et dramatique que celle des victimes mutilées, n'en est pas moins profonde et elle mérite aussi bien d'être secourue et soulagée.

Il y a maintenant en Allemagne d'innombrables légions de prisonniers français. Répartis entre une foule de localités diverses où pas un visage ami ne se montre à eux, ils sont exposés à tous les maux qu'entraînent la captivité, le changement de climat et le mode d'alimentation, l'insuffisance du vêtement sans parler des douleurs morales, des épreuves de l'âme et les maladies dont les fatigues de la guerre, ont fait contracter le germe à beaucoup d'entr'eux.

Vivement préoccupés de cette situation douloureuse qui peut se prolonger pendant un temps encore assez long et qui s'aggravera en se prolongeant, quelques membres de la société internationale des secours aux blessés, ont pensé de créer une œuvre qui sera le complément de celle dont les blessés ont été l'objet.

Cette œuvre qui prend le nom, de Société Internationale de secours pour les prisonniers de guerre, se propose pour but le soulagement et l'amélioration de la situation morale et matérielle des prisonniers de guerre, allemands ou français.

Ses fondateurs espèrent que cette institution survivra aux circonstances qui l'ont fait naître, et qu'elle deviendra, comme l'association internationale pour secourir les blessés, une œuvre durable et permanente qui pourrait être placée plus tard sous la sauvegarde d'une convention diplomatique.

Déjà, devançant l'organisation définitive de l'institution, quelques-uns de ses promoteurs se sont rendus en Allemagne, ils se sont mis en rapport avec le gouvernement et les autorités, qui leur ont fait l'accueil le plus empressé, et aussi avec les prisonniers dont ils ont pu étudier la position et les besoins.

L'œuvre de secours aux prisonniers est aujourd'hui régulièrement constituée par l'établissement d'un comité directeur.

Le comité fait appel aux souscriptions de la charité privée, pour
être à même d'envoyer le plus tôt possible aux prisonniers de guerre
tous les secours dont ils ont besoin à l'entrée de l'hiver.

Outre les dons en argent, il recevra avec empressement tous les
objets en nature, comme vêtements, gilets et bas de laine, chemises
et ceintures de flanelle, chaussures, etc., ainsi que les livres avec
lesquels on voudrait former de petites bibliothèques, dans chaque
dépôt de prisonniers.

Il se charge de faire remettre aux prisonniers de guerre, en Allemagne et en France, aux conditions qui seront fixées par les gouvernements intéressés, tout ce que leurs familles désireront leur faire
parvenir.

Un comité correspondant, établi à Berlin, aura pour mission
spéciale de faciliter l'œuvre du comité international de Bruxelles en
ce qui concerne les prisonniers français.

Il nous reste à dire que la Société Internationale de secours pour
les prisonniers de guerre, a lancé la circulaire suivante, où elle
expose elle-même et son but, et sa raison d'être et ses moyens
d'action :

La société qui vient de se constituer sous cette dénomination à
Bruxelles, n'a pas besoin d'un long programme pour exposer ses
principes et son but.

Faire pour les prisonniers de guerre, sans distinction de nationalité, avec l'agrément des gouvernements des belligérants, ce que
la convention de Genève a fait pour les blessés ;

Voilà le principe :

— Adoucir par des secours de toute nature, la position des prisonniers de guerre.

— Leur faciliter, aux conditions fixées par les gouvernements,
les relations avec leurs familles.

— Multiplier autour d'eux les ressources de la vie intellectuelle,
morale et religieuse.

Voilà le but.

Pour être à même de remplir cette mission à laquelle les derniers événements ont donné des proportions immenses, la société fait appel à toutes les nations civilisées.

Sans se départir en rien de l'impartialité rigoureuse que lui impose, l'obligation d'étendre sa sollicitude et ses secours à tous les prisonniers de guerre sans distinction, la société internationale a le devoir, en raison des circonstances actuelles, d'adresser au public un appel spécial en faveur des prisonniers français.

Leur nombre si considérable, l'état d'épuisement et de dénuement dans lequel ils abordent les rigueurs de l'hiver, ont déterminé parmi eux beaucoup de souffrances et de maladies.

Il faut que de toutes parts la charité se mette à l'œuvre.

Déjà, des délégués de la Société, envoyés en Allemagne, ont commencé à visiter les dépôts de prisonniers, et à distribuer, avec l'agrément des autorités militaires, des vêtements et des chaussures.

De toutes parts, les prisonniers demandent des livres pour tromper les ennuis de la captivité.

Il n'y a pas un moment à perdre. La promptitude des secours doublera leur efficacité.

———

Étoile Belge, 10 *Décembre.*

Voici un extrait d'une lettre adressée par une dame de Soissons, en date du 30 décembre, et qui donne une idée des misères à soulager :

» Rien ne peut vous peindre le lamentable spectacle qui se présente, après les sanglantes journées des environs de Paris.

Il faut voir cet abîme de misères et de douleurs, cet abandon où restent pendant plusieurs jours ces vaillants soldats,.etc . . . . .

. . . .

La charité a beaucoup fait, mais il reste encore tant à faire! Être inépuisable, n'est-ce pas là son privilège, et ne le prouve-t-elle pas chaque jour.

Oui, il est consolant de voir le pieux concours de tous les peuples sans distinction qui viennent à l'envi secourir tant de misères.

La Belgique a une part glorieuse dans cette œuvre de haute philanthropie ; aussi, en vous écrivant, à vous qui êtes témoins des miracles de la bienfaisance de ce noble pays, ai-je l'espoir que vous nous aiderez.

Faites, je vous en conjure au nom de l'humanité, un appel aux cœurs généreux. L'idée seule du bien qu'ils auront fait vous récompensera au centuple. Nous avons l'emplacement de notre ambulance, mais tout nous manque... Aussi attendons-nous dans une vive anxiété un dernier effort de la charité de tous ; sans cela, le dévouement de quelques nobles cœurs restera inutile devant la lourde tâche qu'ils se sont imposée avec bonheur.

4 *Janvier* 1871.

Un artilleur français nous adresse la lettre suivante, au nom de tous ses camarades blessés qui se trouvent à Bruxelles : « A l'occasion du nouvel an, nous nous empressons de venir souhaiter à la Belgique, (pays désormais cher à nos cœurs), une bonne et heureuse année, et de lui renouveler l'assurance de notre sincère reconnaissance de tous les bons soins que nous avons reçus et que nous ne cessons de recevoir, de notre profond attachement et de notre éternel dévouement ; et nous espérons que si malheureusement un jour, la Belgique est forcée de défendre sa nationalité, tous les bons Français, ne seront pas assez ingrats pour oublier leur seconde mère-patrie. »

Indépendance Belge, 9 *Janvier*.

Le Comité bruxellois de l'Association internationale pour secourir les prisonniers de guerre, vient de faire à Magdebourg un envoi d'objets d'habillements d'une valeur d'environ vingt-cinq mille francs. Tous ces objets ont été confectionnés et achetés en Belgique, et l'industrie du pays recueille ainsi un profit assuré de la charité qui s'exerce envers les victimes de la guerre.

Le dépôt de Magdebourg compte plus de vingt mille prisonniers, et il est un de ceux où, malgré les efforts de l'Administration prussienne, secondée par la charité privée, les besoins sont encore les plus grands.

20 *Janvier*.

Nous avons récemment fait connaître quelques-uns des actes de la Société internationale qui s'est fondée à Bruxelles, pour venir en aide aux prisonniers de guerre, en leur procurant des moyens de soulagement matériel et moral. Le Comité poursuit avec activité et dévouement son œuvre dont chaque jour augmente l'importance et les difficultés. Pendant la dernière quinzaine, deux envois considérables d'objets de vêtements sont partis pour l'Allemagne, spécialement à destination de Cologne et Mayence, sous la conduite de M. H. Anet et de M. le comte de Grünne.

L'encombrement des voies de communication rendent le transport des marchandises lent et difficile; le Comité a dû se décider à faire acheter sur place, dans les lieux de dépôt, une partie des effets d'habillements pour les prisonniers, afin qu'ils ne les reçoivent pas tardivement. Des distributions seront faites de cette manière dans les dépôts de Wesel et de Mindon, par les bons soins et sous la direction de M. de Grünne. Des envois d'argent ont été également faits à Juliers et Meineirgen.

Le Comité prépare encore d'autres expéditions. En même temps, il continue à s'occuper activement à faciliter les relations des prisonniers avec leurs familles, et de faire parvenir les fonds que celles-ci leur envoient.

Ce double service à pris une telle extension que le Comité a dû organiser un bureau spécial et louer un local où le public peut s'adresser pour tous les renseignements qu'il désire avoir. Des membres du Comité ont pris à leur charge individuelle les frais qui résultent de l'organisation de ce bureau.

Etoile Belge, 28 *Janvier*.

Le Conseil général de la Ligue de l'Enseignement a organisé, parmi les internés français, — à Anvers, à Diest et à Liège, — des cours élémentaires d'instruction mutuelle. Cette bonne œuvre est le résultat d'une proposition de M. Bischoffsheim, sénateur, qui a offert de pourvoir aux dépenses que nécessiterait cette organisation.

Les ressources du Conseil général de la Ligue de l'Enseignement sont, en effet, limitées; de plus, elles doivent être consacrées, en premier lieu, à l'émancipation intellectuelle de ceux de nos compatriotes, — et l'on sait s'ils sont nombreux, — qui ont été privés d'instruction.

Mais ce n'était pas moins le devoir du Conseil général d'accueillir une proposition généreuse qui rentrait certainement dans le programme de la Ligue de l'Enseignement, alors surtout qu'on lui fournissait sur le champ les moyens de le réaliser,

Grâce au dévouement de ses délégués, MM. Loppens à Anvers, Hicguet à Liège; et le major Squillier à Diest; grâce aussi aux dons spontanés d'habitants de Liège et d'Anvers, qui ont voulu adhérer à l'idée par leurs souscriptions, la Ligue a pu exécuter largement le projet qui lui avait été soumis. Il résulte d'intéressants rapports de ces organisateurs, qu'aujourd'hui tous les hommes illettrés qui ont suivi les cours savent lire et écrire. A ces connaissances primaires, on a même ajouté des notions d'histoire, de géographie et de calcul. Ainsi, par les soins de la Ligue, plus de 700 soldats français rentreront dans leur pays, possédant les connaissances dont ils ne soupçonnaient pas le prix lorsqu'ils mirent le pied sur le sol belge.

Indépendance Belge, 29 *Janvier*.

On nous écrit de Lille, le 29 janvier :

« Le témoignage de sympathie de la nation belge pour nos frères blessés ne pouvait se produire à un moment plus opportun, car aujourd'hui notre malheur est complet : Paris a capitulé.

» Les Sociétés de Bruxelles sont entrées en gare ce matin, à onze heures. Une colonne de gardes nationaux choisis à raison de cent hommes par bataillon, les attendait rangée en bataille autour de la place de la Gare.

» Au centre, la musique des canonniers sédentaires et celle des sapeurs-pompiers ; sur le parvis, l'état-major complet de ces différents corps, présidé par le colonel Saint-Léger.

» Une longue acclamation a salué l'arrivée des citoyens belges ; le colonel Saint-Léger a, dans une courte mais chaude harangue, souhaité la bienvenue au nom de la France en deuil.

» Le cortège s'est alors mis en marche pour gagner l'hôtel-de-ville ou la municipalité toute entière attendait ses hôtes pour leur offrir le vin d'honneur.

» Les Sociétés Mehul et Weber furent introduites dans la galerie où les attendait la municipalité. Le maire de Lille, M. Catel Béghin, s'est excusé de ne leur adresser qu'un bref discours et de ne leur offrir qu'un accueil attristé.

» Soyez, leur dit-il, bien venus parmi nous, dignes et généreux voisins, qui nous apportez votre sympathique concours au milieu des désastres dont notre pauvre France est accablée !

» Quand, oublieux des services reçus la veille, les gouvernements se renferment dans un froid égoïsme, dans une indifférence qui est la honte de notre époque, il est consolant de voir éclater chez les peuples le sentiment sacré de la fraternité.

» Nous trouvons là une haute leçon de moralité politique. Partout où les citoyens seront laissés à leurs propres inspirations et pourront intervenir efficacement dans la direction de leurs affaires, les vieilles haines internationales s'évanouiront, et les luttes impies, suscitées la plupart du temps par l'ambition des princes, deviendront impossibles en présence de la réprobation générale.

» Réunis dans l'amour de la paix et animés de la seule préoccupation du bien public, les habitants des pays civilisés ne connaîtront plus d'autre rivalité que celle du progrès dans les sciences, dans les arts, dans les découvertes d'utilité générale.

» Nobles enfants de la libre Belgique, vous professez largement ces grands principes d'humanité et enseignez aux souverains comment doivent se pratiquer les devoirs d'une neutralité bienveillante.

» Recevez, au nom des habitants de Lille, l'expression d'une reconnaissance vivement sentie, mais qui, par malheur, doit se renfermer aujourd'hui dans de modestes limites en rapport avec le deuil qui couvre notre patrie.

» Buvons, messieurs, à l'union des peuples, à la perpétuité, au maintien des rapports d'amitié et de bon voisinage entre les Belges et les Français !

» Le président de la Société Mehul a pris ensuite la parole au nom des Sociétés Belges. Il a dit que les devoirs de la neutralité lui interdisaient d'entrer dans les considérations politiques, mais que ces obligations n'allaient pas jusqu'à faire oublier à la nation belge, les liens qui l'unissaient à la France; qu'elles ne sauraient aucunement écarter de sa mémoire le souvenir de l'indépendance que la Belgique doit au concours généreux de la France, ni l'arrêter dans l'accomplissement de la mission sainte qui consiste à secourir l'infortune et à soulager la souffrance.

» Ces deux discours, fréquemment interrompus par les bravos, ont été suivis d'une explosion d'enthousiasme où les cris de « vivent les Belges » et de « vive la France », s'entremêlaient fraternellement. Vers une heure, le cortège s'est réuni de nouveau à l'hôtel de ville et s'est mis en marche pour parcourir différents quartiers en quêtant pour nos infortunés compatriotes.

» Il était organisé ainsi : un piquet de cavalerie mobile, les sapeurs et les tambours de la garde nationale, la Société Weber, la musique des sapeurs-pompiers, l'état-major des milices bourgeoises, la Société Méhul, la musique des canonniers, une vaste corbeille tendue de noir, trainée par quatre chevaux en deuil, un piquet de cavalerie mobile. La garde nationale formait la haie, marchant sur les flancs du cortège, autour duquel une nuée de quêteurs et de quêteuses portant au bras les insignes de l'Internationale, parcouraient la foule. J'ai à peine besoin d'ajouter qu'ici encore l'émotion a été grande et les acclamations sympathiques nombreuses.

» C'est ce soir, à huit heures, que le concert a lieu au grand théâtre. Il n'y a plus une place à trouver; des combles au parterre, en y comprenant l'orchestre et les coulisses, tout est loué Cet empressement

dans des temps aussi calamiteux, est une manière discrète, mais éloquente, d'exprimer la gratitude populaire, à ceux et à celles qui ont
tant fait pour les victimes de la guerre. »

Journal de Charleroi, 3 *Février* 1871.

Hier, à dix heures du matin a eu lieu, le service pour les blessés
français, décédés à Charleroi. L'église de la Ville-Haute était comble.
Outre les membres de la colonie française, on remarquait dans l'assistance un grand nombre de notabilités.

La cérémonie funèbre empruntait aux circonstances, un double
caractère de tristesse, car, sur toutes les têtes s'appesantissait la
nouvelle du dernier malheur de la France, la capitulation de Paris.

La foule suivit au cimetière les blessés convalescents qui allaient
déposer des couronnes d'immortelles sur les tombes de leurs frères.
Le cimetière renferme cinq tombes de soldats français, réunies en un
groupe, au milieu duquel s'élève un monument, don de M. Lermu-
siaux, portant l'inscription :

« *A la Mémoire des Blessés français morts à Charleroi.* »

Indépendance Belge, 6 *Février*.

Un convoi de deux cents blessés français, venant de Maubeuge,
s'est arrêté mardi quelque temps à la bifurcation de Cuesmes, pour
reprendre sa route vers Valenciennes.

Des personnes charitables, parmi lesquelles on cite M. le gouver-
neur du Hainaut et Mᵐᵉ la princesse de Caraman Chimay, se sont
rendues à Cuesmes et ont distribué aux malheureux militaires tout ce
que leur ingénieuse charité a pu leur suggérer de délicates attentions.
Les blessés sont partis, en criant : « Vive la Belgique ! »

6 *Mars* 1871.

Une proposition de M. Ducuing, d'adresser des remerciements
aux populations de l'Angleterre et de la Belgique, pour les services
qu'elles ont rendus à la France pendant la guerre, n'a même pas été
mise en discussion, tant elle a soulevé de récriminations. C'est au

moins de l'ingratitude pour ce qui concerne les populations, lesquelles ne peuvent pas être rendues responsables de tous les actes de leurs gouvernements. Il est d'autant plus injuste de ne pas leur savoir gré de leur conduite qu'aujourd'hui encore elles s'imposent des sacrifices pour venir en aide de toutes les façons à leurs voisins malheureux. Mais la passion ne raisonne pas, et il suffit que les faits aient démenti les illusions qu'on avait nourries en France sur les sympathies des neutres pour que la voix de la justice ne soit plus écoutée.

Chronique, 8 *Mars*.

Depuis le commencement de la guerre, on a fait ici, pour les étrangers, de vrais prodiges,

C'est cette fois de nous qu'il s'agit, et ce sont nos propres vies qu'il s'agit de préserver.

Si en nous donnant la peine de détruire ce foyer d'infection des champs de bataille, nous épargnons en même temps à l'Europe entière une horrible calamité, tant mieux...

Mais, ma parole d'honneur, c'est bien le cadet de mes soucis !

Maintenant que j'ai vu l'Assemblée de Bordeaux si généreuse envers la Suisse, refuser impérieusement aux populations belges le vulgaire remerciement auquel leur donnaient droit les soins admirables qu'elles ont eus pour les blessés français, et l'accueil qu'elles ont fait à l'armée de Sedan, au détriment de nos pauvres à nous, — eh bien ! je commence à donner raison au proverbe ; — Chacun pour soi et Dieu pour tous !

Après ça, nous étions bien bêtes aussi d'attendre un peu de reconnaissance.

Indépendance Belge, 11 *Mars*.

On nous écrit d'Anvers, le 9 mars :

Un premier détachement de prisonniers français, au nombre de 500, a été conduit ce matin aux frontières françaises, par des officiers du 6ᵉ et du 2ᵉ de ligne de l'armée belge. Inutile de dire que la joie de ces infortunés fut grande. Ils s'embrassèrent en disant : Enfin nous allons revoir notre patrie.

Un grand nombre d'habitants de notre ville assistèrent au départ, et distribuèrent des cigares et de la bière aux soldats français. Ces derniers remercièrent vivement nos concitoyens, et de chaleureux serrements de mains furent échangés. Des cris de : « Vivent les Belges ! Vive la Belgique ! se firent entendre à différentes reprises. Nous avons remarqué que les prisonniers étaient très bien vêtus et quelques-uns avaient même des habillements de réserve. Ils ne portaient plus de sabots comme à leur arrivée en notre ville, tous étaient chaussés de bons et solides souliers et de bas.

Parmi les 500 hommes, il ne se trouvait qu'un seul malade. Tous les autres étaient très bien portants. Au soldat malade, on avait offert de rester quelques jours à l'hôpital jusqu'à sa complète guérison, mais il n'en voulut pas entendre parler : « Revoir ma chère patrie, disait-il, et embrasser mes parents et mes amis fera plus de bien à ma santé que toute la médecine de l'Europe. » On n'a plus insisté. Au départ, les Français saluèrent nos concitoyens et répétèrent les cris de « Vive la Belgique ! Les assistants étaient très émus

---

Journal de Liége. 12 *Mars.*

Dans son assemblée générale d'avant-hier, la Société agricole de l'Est de la Belgique a décidé, sur la proposition de M. le baron de Tornaco, président, qu'elle interviendrait en faveur des malheureux cultivateurs français auxquels la guerre qui vient de finir a fait une position si cruelle. Il s'agit, au moyen de dons en argent et en nature de permettre aux cultivateurs, ruinés de pouvoir cultiver et ensemencer leurs terres et éviter ainsi d'affreuses calamités.

Immédiatement, une souscription a été ouverte, en tête de laquelle M. le baron de Tornaco s'est incrit pour 500 francs. MM. de Simons, de Favereau, de la Fontaine, Vanderstraten-Waillet, d'Oultremont, F. de Macar, etc., se sont inscrits chacun pour 100 francs.

D'autres souscriptions importantes ont été recueillies, entr'autres celles de MM. de la Rousselière, pour 300 fr., de Sélys, 200 fr. et de Montpellier, évêque de Liége, 200 fr.

Des listes de souscriptions vont être immédiatement ouvertes par les soins de la Société agricole.

Les secours seront distribués en France, par les soins des Comices agricoles, les seules administrations qui aient conservé leur organisation

---

Indépendance Belge, 14 *Mars*.

On nous écrit d'Ostende, 11 mars :

Je vous ai déjà fait part du départ des internés français ; avant de quitter notre ville voici en quels termes, ils remercièrent notre population. C'est une lettre adressée à l'*Echo d'Ostende* :

« Monsieur le Directeur de l'*Echo d'Ostende*,

« Les internés français à Ostende, s'adressent à votre estimable journal, comptant d'avance sur la bonne réception qui sera faite aux lignes suivantes, que je vous transmets au nom de mes camarades.

„ Veuillez, monsieur, par l'intermédiaire de votre publication faire connaître aux bons habitants de votre ville et aux autorités tant militaires que civiles, que nous ne savons comment exprimer la reconnaissance que nous éprouvons envers tous et que nous les remercions chaleureusement d'avoir pris part à nos infortunes pendant le temps qu'à duré notre internement à Ostende.

„ Nous emportons dans notre pays le souvenir ineffaçable de tout ce qu'Ostende a fait pour nous; nous nous rappellerons toujours l'hospitalité bienveillante qui nous a été donnée par le peuple belge, qui a été pour nous un peuple frère et pour laquelle nous réitérons ici nos remerciements du fond du cœur „ Vive la Belgique et vive la France que nous allons revoir. Encore une fois merci, merci à la noble Belgique et à ses habitants.

Au nom des Français internés à Ostende,

„ MAINGONNAT. „

Corps franc de Paris.

15 *Mars*.

Les prisonniers français internés dans notre pays, ont témoigné en partant la plus grande reconnaissance pour l'accueil qu'ils ont reçu et les bons traitements dont ils n'ont cessé d'être l'objet sur notre sol hospitalier.

On nous signale entre autres, les internés de Diest, dont l'aumônier, M. l'abbé Botard, vient d'adresser à ce sujet une lettre des plus touchantes à un de nos compatriotes, M. Louis Geelhand, et qui, contrairement à ce que l'on a dit, prouve combien la plupart des internés ont été sensibles à tout ce que l'on a fait en Belgique pour adoucir leur infortune.

Voici un passage de cette lettre :

„ Merci de nous avoir fait parvenir, avec tant d'empressement des journaux et des jeux de toute espèce ! Merci surtout pour l'excellent violon que vous avez bien voulu y joindre et qui a été pour nos pauvres soldats une ressource précieuse.

„ Grâce au modeste talent d'un des leurs, cet instrument a pu servir à invoquer de chers souvenirs et bien des fois, je vous l'assure, il a consolé nos malheureux captifs en leur rendant les airs et les refrains de la patrie absente.

„ La France apprécie hautement, croyez-le bien, les soins prodigués à ses enfants sur tous les points de votre noble pays; et pour ma part, c'est en bénissant du plus profond de mon cœur ceux qui se sont efforcés de cicatriser nos blessures, que je vous déclare que ma reconnaissance ne finira qu'avec ma vie ".

Chronique, 16 *Mars*.

Au moment de quitter Bruxelles pour retourner en France. les soldats français recueillis et soignés à l'ambulance H (chapelle Sainte Anne), — ont adressé au Comité directeur de cette ambulance la lettre collective dont suit le texte.

Nous la publions à la prière de ces dignes soldats qui sont venus nous en remettre une copie la veille de leur départ.

Messieurs,

« Au moment de quitter la Belgique, terre où les victimes de la guerre ont, après les proscrits, reçu l'accueil le plus sympathique qu'il soit possible d'imaginer, nous avons, messieurs, tenu à cœur de vous remercier pour toutes les bontés, les soins, et le dévouement sans bornes dont nous n'avons cessé d'être l'objet de votre part, pendant notre séjour sur votre sol hospitalier.

» Car, messieurs, qui mieux que nous est à même d'apprécier à leur juste valeur les services rendus par votre Comité, qui a consacré tous ses loisirs au soulagement des souffrances créées par la guerre,

» Ce sont là des choses qui ne s'oublient pas et auxquelles malheureusement nous ne pouvons répondre que par le souvenir reconnaissant qui restera toujours gravé dans nos cœurs.

» Aussi, est-ce avec regret et l'âme oppressée, que nous vous quittons pour regagner notre patrie, si douloureusement éprouvée, où tant de maux nous attendent encore, mais où nous pourrons aller dire avec orgueil combien est grand l'amour de l'humanité dans votre pays : petit par le territoire, mais bien grand par le cœur.

» Nous apprendrons à nos enfants à bénir et à prononcer avec respect le nom de la Belgique, éternellement cher à nos cœurs.

» Puissent, Messieurs, ces lignes rendre témoignage des sentiments que nous, soldats français, tristes victimes de la guerre, qui avons été l'objet de vos soins si dévoués, — nous éprouvons pour tout le peuple belge et en particulier pour votre Comité. »

» C'est le cœur vraiment ému que nous nous écrions :

» Vive la Belgique, sœur de charité, »

« Vive la France, mère patrie. »

Indépendance Belge, 17 *Mars*.

C'est lundi que sont partis les blessés français qui avaient été recueillis à Bruxelles, soit dans les ambulances, soit chez des particuliers.

A la gare du midi, grande foule de monde, et de très beau monde. L'administration communale était représentée par M. l'échevin

Funck; les Comités des ambulances de la rue du Progrès, de la rue des Longs Chariots et de la chapelle Sainte Anne, se trouvaient également à la gare.

Deux délégués de la Croix Rouge ont pris place dans le train, sur lequel flottaient les drapeaux de la Croix Rouge et les drapeaux aux couleurs nationales belges, et qui s'est mis en marche à 11 h. 10 m. du matin. Son départ a été salué par de chaleureuses acclamations auxquelles répondaient du train les cris de : Vive la Belgique!

Le service du train était dirigé par un Comité dont faisait partie M. le docteur Planchon, chirurgien en chef de l'ambulance centrale; Poirier et Sadon, ses aides. Le personnel comprenait en outre, deux infirmiers majors, avec dix-huit infirmiers, deux cuisinières et plusieurs infirmiers belges venus de Paris. Le train a fait halte aux stations de Hal, Ath, Leuze, Tournai, Blandain, Baisieux; à chaque arrêt, les infirmiers portaient dans les voitures du bouillon chaud, des œufs, de la viande, du pain et du vin, selon les désirs des blessés et les médecins veillaient à ce que le service se fît régulièrement et conformément à leurs prescriptions. Pendant le trajet, les officiers et les délégués belges allaient par séries de dix, prendre part à un déjeuner confortable offert par le Comité directeur.

Le délégué principal, M. Alexandre Ellissen, adressa aux délégués Belges de chaleureux remerciements pour la noble et généreuse conduite de la nation belge, et les pria de rapporter ici, combien il avait été ému des manifestations sympathiques qui avaient salué le départ du train d'ambulance.

Le train n'est entré en gare de Lille que vers trois heures et quelques minutes, après, les blessés étaient répartis dans les diverses ambulances où ils étaient attendus.

Etoile Belge, 18 *Mars*.

En souvenir des bienfaits de la Croix rouge et des nombreux services rendus à la France par notre pays pendant la terrible guerre qui vient de finir, un des grands orphelinats de Paris vient de prendre la résolution suivante : " L'institution admettra gratuitement, soit dans sa maison principale de la rue de Charenton, soit dans une de ses succursales de Mantes ou de Bordeaux, douze orphelins belges, âgés de moins de onze ans, qu'elle se chargera de nourrir, d'habiller, d'éduquer et d'établir à leur majorité. »

Les conditions requises sont d'être né en Belgique, de parents qui aient réellement succombé victimes de la lutte franco-allemande.

18 Mars.

Le Comité belge de secours aux laboureurs français, ruinés par la guerre, est sur le point de commencer, dans les arrondissements frontières de Sedan et Montmédy, ses travaux si utiles à la cause de l'humanité. Les secours, consistant en avoine, orge, et surtout pommes de terre, seront distribués dans une zone comprenant les départements limitrophes de la Belgique depuis Longwy jusqu'à Quiévrain. Cette zône embrasse pour la plus grande partie des pays agricoles pauvres, et les réquisitions en nature et en argent faites par les armées en présence dès le commencement d'août dernier, début de la guerre, y ont amené une misère et un dénuement complets, que l'imagination peut à peine se retracer. C'est donc, comme nous l'avons déjà dit, une question de vie ou de mort pour ces populations, parmi lesquelles se trouvent en grand nombre des fermiers belges, des compatriotes, ayant subi la loi de la guerre. Nous ne doutons pas que l'appel pressant fait par le Comité à la charité de nos concitoyens ne produise d'abondants résultats, pour lesquels la première condition d'efficacité est d'arriver en temps utile. La solidarité agricole s'affirme, du reste, d'une manière éclatante, dans cette circonstance, par les travaux et les efforts des sociétés de semailles établies en Angleterre, en Hollande et en Suisse, cherchant d'un commun accord à venir en aide aux diverses parties de la France si complétement ravagées. Des dons importants viennent s'y ajouter des points les plus éloignés de l'Europe. A peine l'appel du Comité belge est-il parvenu en Russie, que la Société française de secours aux victimes de la guerre, établie à St-Pétersbourg, lui a fait remettre par l'entremise de M. le comte Léon Muiszeck, son représentant à Bruxelles, une première somme de sept mille francs. D'autre part,

un généreux propriétaire de Bessarabie, M. Nicolas Casso, de Kischi-
neff, envoyait à la Société centrale d'agriculture, pour être remises
au comité des traites, s'élevant à la somme de cinq mille quatre cent
quarante francs. La Belgique ne voudra pas se laisser dépasser sur
le terrain de la charité internationale dans cette lutte pacifique où
tous rivalisent pour chercher à guérir les maux de la guerre, cette
anomalie de notre époque.

19 *Mars.*

La légion des *Amis de la France* fut un des premiers corps qui
se formèrent dans Paris. Ce fut le seul corps autorisé par le gouvernement. Il s'était équipé et habillé à ses frais. Le ministère de la
guerre lui donna des fusils Snider, qui étaient alors une arme de
luxe fort enviée à Paris. Formé le 18 août, armé le 14 septembre,
ce corps se trouvait, dès le 19 du même mois, à la bataille de Châ-
tillon, sous les ordres du commandant Martinus Kuytenbrouwer,
peintre bien connu à Bruxelles. Le 27 octobre, il assistait avec les
Francs-tireurs de la Presse à la prise du Bourget.

Depuis, le bataillon, commandé par le général Van der Meere, a
pris part à la prise du Petit-Brey, de Villiers et de Champigny, combats qui ont duré du 30 novembre au 2 décembre. C'est là que le
capitaine Zimmer, un Gantois, fut blessé et décoré par le général
Trochu, sur le champ de bataille. La légion, qui avait perdu
121 hommes au Bourget, en perdit 167 dans la presqu'île de Marne.
Notre ancien collaborateur Flor O'Squar y reçut une légère blessure
à la jambe, et fut porté pour la médaille militaire et nommé adjudant-
sous-officier.

Après des pertes aussi graves, la légion dut rentrer dans Paris
pour se reformer. Les recrues arrivèrent en masse, parmi lesquelles
un tout jeune homme de 17 ans, le baron de Woelmont. A peine
reformée à quatre compagnies, la légion se remit en campagne sous
les ordres du général de Bellemare, servant d'éclaireurs au 2ᵉ corps
d'armée.

Ce sont eux qui, le 21 décembre, ont pris la ferme de Groslay,
près de Bondy, et défendu la retraite de tout le corps d'armée avec
un bataillon de zouaves.

Quatre fois, la légion a été mise à l'ordre du jour de l'armée. Quand Paris a capitulé, trois compagnies étaient aux avant-postes de Maisons-Alfort, à 10,000 mètres des avant-postes prussiens.

Ainsi que je l'ai dit déjà, les Belges étaient en majorité dans ce corps d'élite, qui a passé cinq mois aux avant-postes, faisant le coup de feu tous les jours. Il y avait pour eux ce mérite spécial à occuper ces postes, que tous ceux qui ont été faits prisonniers par les Prussiens, ont été fusillés.

Le 10 février, la légion des *Amis de la France* a été licenciée et désarmée. Ils n'étaient plus que 151. Ils avaient été 600!... On peut dire que voilà un corps qui a payé sa dette à l'hospitalité française.

—

Tous les prisonniers français ont à l'heure qu'il est, quitté la Belgique et sont rentrés dans leurs foyers.

Ce n'est pas à nous de nous louer de ce que nous avons fait pour eux dans le but d'adoucir l'amertume de leur captivité, car nous n'avons fait que notre devoir, ce que d'autres peuples feraient pour nous par humanité, si jamais les hasards de la guerre refoulaient quelque jour nos soldats désarmés sur un sol neutre et ami.

Nous sommes du reste assez récompensés par les témoignages de reconnaissance et d'affection que les prisonniers ont adressés à nos populations sur tous les points du pays. La Belgique était méconnue, sinon en France, au moins dans l'armée française, et nous sommes persuadés qu'elle y sera mieux appréciée maintenant que tant d'officiers et soldats l'ont pu voir de près et ont pu ainsi juger des sentiments qui nous animent à l'égard de nos voisins. Dans la situation politique qui nous est faite, nous ne demandons que la paix aux autres et ce n'est certes pas nous qui songerons jamais à porter le trouble chez eux.

Entre tous les services que nous avons eu la bonne fortune de rendre à nos voisins, il en est un surtout qu'ils n'oublieront pas, c'est celui qu'ils doivent à la Ligue de l'enseignement et aux particuliers qui ont pris à charge de donner à ceux d'entre eux qui étaient dépourvus de toute instruction les premiers éléments de la lecture et de l'écriture On a pu constater, à leur arrivée, que parmi les soldats un très grand nombre ne savaient ni lire ni écrire, et que la proportion de l'ignorance était plus considérable dans l'armée française que dans la nôtre. Aussitôt, cette constatation faite, des hommes de dévouement se mirent à l'œuvre, et, encouragés par la bonne volonté des prisonniers, ils ne tardèrent pas à leur apprendre à lire et à écrire suffisamment pour qu'ils pussent prendre eux-mêmes connaissance des lettres qu'ils recevaient de leur pays et pour y répondre.

C'est là un service que les soldats français n'oublieront jamais, car ceux qui ont reçu dans ces conditions les premiers éléments de l'instruction voudront développer les connaissances primaires qu'on leur a inculquées et dans leurs vieux jours ils béniront le sort qui les a jetés sur une terre hospitalière où ils ont trouvé, à côté du pain de chaque jour, celui de l'intelligence.

___

Indépendance Belge, 19 *Mars*.

Les soins dont les blessés français ont été l'objet en Belgique, et particulièrement à Bruxelles, ont inspiré à la Société de secours aux blessés, des sentiments de reconnaissance dont son président, M. le comte de Flavigny, se fait l'interprète, dans les deux lettres suivantes qui viennent de nous être communiquées.

Voici la première de ces lettres adressée au bourgmestre de Bruxelles.

Paris, le 16 mars.

Monsieur le bourgmestre,

« C'est au nom de notre conseil et de notre société tout entière que je viens vous remercier avec toute la vivacité possible, de la sympathie dont vous avez donné tant de preuves à notre pays.

»Nous savons comment, sous votre généreuse impulsion, Bruxelles s'est couvert d'ambulances et quelle efficacité votre autorité bienfaisante a donnée aux efforts de la charité volontaire.

»Aussi, ne saurais-je trop vous dire de quelle gratitude nous sommes animés envers vous, comme envers ceux qui ont répondu à votre généreux appel.

„ Vous ajouteriez encore à notre reconnaissance si vous vouliez bien être auprès d'eux l'interprète de nos sentiments ; remerciez en notre nom, les présidents des Conseils communaux, ainsi que tous les membres de ces Comités, les chirurgiens et les médecins qui ont donné leurs soins à nos soldats, les dames patronnesses qui, par leur dévouement, ont voulu leur faire oublier la famille absente.

„ Veuillez leur dire à tous que rien ne saurait effacer de notre souvenir l'impression de leur généreux concours et agréer, M. le bourgmestre, avec la nouvelle expression de nos remerciements, l'assurance de ma considération la plus distinguée.

„ Le président de la Société de secours aux blessés.

« COMTE DE FLAVIGNY. „

Voici la seconde lettre adressée à M. le ministre des travaux publics.

Paris, le 10 mars 1871.

Monsieur le ministre,

« Les délégués à qui nous avons confié le repatriement de nos blessés nous ont appris quel précieux appui ils avaient rencontré dans votre haute protection. Ils nous ont dit avec quel bienveillant empressement vous aviez donné l'ordre que des trains spéciaux fussent mis à leur service et que toutes choses fussent disposées de manière à ménager à nos soldats le retour le plus facile et le plus sûr.

„ Permettez-moi, M. le ministre, de vous remercier de cette sollicitude; non-seulement au nom de nos blessés et de nos malades, mais encore au nom de notre consul et de notre Société toute entière.

„ Et puisque l'occasion nous y porte, je ne saurais trop vous exprimer, monsieur le ministre, avec quelle vivacité de reconnaissance notre pays a recueilli toutes les marques de générosité et de dévouement par lesquelles la Belgique a témoigné de ses sympathies pour la France.

„ Veuillez agréer, M le ministre, avec la nouvelle expression de mes remerciements, l'assurance de ma haute considération. „

Le président de la Société de secours aux blessés.

Signé : COMTE DE FLAVIGNY.

20 *Mars.*

Le jour même de l'évacuation des blessés français soignés dans les ambulances de la ville, la délégation à Bruxelles, du Conseil central de la Société Française de secours aux blessés militaires, a adressé au président de l'Association belge de secours, la lettre suivante, qui a été reproduite le 11 par le *Moniteur.*

Monsieur le président,

» Au moment où les derniers blessés français recueillis et soignés en Belgique viennent d'être évacués sur la France, la délégation à Bruxelles, du conseil central de la Société française de secours aux blessés militaires, remplit un devoir bien doux en vous adressant, ainsi qu'aux honorables collègues et à toutes les personnes qui vous ont secondé, l'expression de sa légitime reconnaissance.

» Bien que nous ne doutions pas que le gouvernement français n'apprécie à sa juste valeur l'esprit de charité et de fraternité dont vous avez été animés dans la douloureuse épreuve à laquelle vient d'être soumise notre œuvre commune, il ne nous appartient pas d'être ses interprètes : nous tenons seulement à être les premiers à porter témoignage du dévouement constant dont nous avons pu chaque jour constater les effets.

» La gratitude manifestée, en maintes occasions, par les blessés de vos ambulaces parle du reste plus haut que nous ne pouvons le faire ici, et si nous avons cru pouvoir y ajouter l'impression de nos propres sentiments, c'est que nous n'avons pas voulu nous refuser la satisfaction de vous dire, dès à présent, au nom de notre Conseil central, qui ne manquera pas de le faire lui-même, combien cette campagne de la charité resserre encore les liens qui unissaient déjà les deux Sociétés et les deux pays.

» Agréez, Monsieur le président, l'assurance de nos sentiments de la plus haute considération.

» Pour le Comité,
» Le président de la délégation,
» Colonel Heïber Saladin.
» Le Secrétaire de la délégation,
» P. de Laboulaye. »

28 *Mars.*

Un des officiers les plus distingués de l'armée française nous demande l'insertion de la lettre suivante : (1)

Lille, le 22 mars 1871.

Monsieur,

” Permettez-moi de réclamer en faveur des malheureux le concours de votre immense publicité..

” Le douloureux spectacle que nous offre Paris ne doit pas faire oublier le reste de la France. La population honnête et laborieuse des campagnes, qui a supporté aussi une lourde part des charges de la guerre est dans une situation vraiment digne de pitié. Un ennemi aussi implacable qu'inhumain peut seul considérer de sang froid, les souffrances, les misères dont il est l'auteur, les campagnes dévastées, les fermes n'ayant plus de bestiaux, ni denrées, souvent même sans instruments de labour. Déjà l'attention s'éveille et des comités de secours se sont formés en Angleterre, en Belgique, en Hollande, jusqu'en Russie et dans les pays hors d'Europe.

” Grâces soient rendues aux âmes généreuses qui n'ont pas oublié que, dans des temps plus prospères, la France a toujours tendu aux malheureux une main amie. Mais la bonne volonté ne suffit pas ; il y a urgence à secourir les campagnes, car un court délai nous sépare du terme au-delà duquel les travaux de la terre ne seront plus possibles. Tout ce que l'on fera pour les cultivateurs sera doublement fructueux en les aidant d'abord, puis en augmentant le produit d'une récolte dont l'insuffisance est à craindre.

” Les sociétés d'agriculture, les comices agricoles se sont émus de cette situation. Leurs membres sont les intermédiaires naturels à qui les dons peuvent être remis. La société de Lille, représentée par son président et par M. A. Longhaye, pour ce qui concerne les correspondances, étend son action dans les départements de l'Aisne et de la Somme, qui ont beaucoup souffert. Si les ressources dont elle dis-

---

(1). Cette lettre fait appel à la charité publique en faveur des paysans français éprouvés par la guerre. Déjà l'on a fait de généreux efforts pour les aider à reprendre leurs travaux agricoles, mais il reste encore beaucoup à faire.

pose le permettaient, elle chercherait à atteindre ceux des Ardennes, de la Marne, de l'Oise, plus maltraités encore. Mais là, l'intervention des étrangers serait véritablement utile, car trop souvent les secours qu'on ne s'efforce pas de distribuer ont été détournés de leur destination par la rapacité de nos adversaires, comme le savent du reste, les comités formés pour venir en aide aux prisonniers.

» La présence des personnes appartenant aux pays neutres, permettra de faire parvenir des semences, des instruments de culture plus loin que nous le pourrions, elle contribuera à faire connaître l'étendue des dévastations commises et pour cette double raison, je l'appelle de tous mes vœux. »

Veuillez agréer, Monsieur, l'assurance de ma parfaite considération.

« COSSERON DE VILLENOISY, »
Colonel du génie, ancien sous-chef d'état-major
de l'armée du Nord.

COMITÉ DU PAIN

RAPPORT GÉNÉRAL

I

Origine et constitution du Comité du pain.

Un cri de détresse parti du champ de bataille de Sedan donna naissance au Comité du pain. Après la terrible catastrophe, l'immense concentration d'hommes occasionnée par la rencontre des deux armées, l'interruption complète ou la difficulté des communications aussi bien que le désordre apporté dans les services des intendances provoquèrent bientôt sur ce point de la France une disette générale, qui éprouva cruellement les ambulances, les prisonniers et les paysans.

Les premiers blessés étaient arrivés à Bruxelles et avaient été reçus au Waux-Hall. La ville, dans la personne de son Bourgmestre, l'administration de la Croix-Rouge rivalisaient de zèle avec les particuliers pour expédier des secours médicaux aux blessés et en ramener le plus grand nombre possible à Bruxelles, lorsque M. Lemaire, rédacteur de l'*Étoile Belge*, vint annoncer que ce dont on avait besoin, c'était des vivres. Il arrivait du champ de bataille qu'il avait parcouru dans un but de charité. L'impression qu'il ressentit en contemplant ces misères, se traduisit dans une lettre, véritable appel au secours, qui parut dans l'*Étoile* du 11 septembre 1870, et que nous reproduisons ici :

AU SECOURS ! AU SECOURS !

Sedan, 8 septembre.

Au secours ! au secours ! ce cris d'alarme qui a retenti à mes oreilles en parcourant aujourd'hui le champ de bataille. depuis Douzy jusqu'à Sedan, je vous demande l'autorisation, mon cher directeur, de le répéter dans l'*Étoile Belge*. J'aurais voulu qu'une voix plus éloquente que la mienne s'élevât pour demander que la Belgique, qui a déjà tant fait, fasse plus encore en faveur des malheureuses victimes de cette guerre qui désole le monde. Si j'ose m'adresser à mes concitoyens, c'est parce que j'ai vu de près, et que je croirais manquer au plus sacré de mes devoirs en tardant une minute, en ne faisant pas connaître la vérité, même dans ce qu'elle a d'horrible, d'affligeant pour l'humanité.

J'ai visité la plupart des hôpitaux et des ambulances établis dans les villes et villages situés près du théâtre des tueries du 30 au 31 août et du 1er septembre. Eh bien ! partout le nécessaire, l'indispensable font défaut. Dans tous ces villages dévastés, on ne trouve plus, ni paille, ni foin, ni blé, ni farine, ni bétail, ni volaille, rien, rien. Tout doit venir du dehors.

Ce qu'on demande aujourd'hui, ce ne sont ni des douceurs, ni de l'argent, c'est avant tout du pain ! oui, du pain ou du blé, de la farine. Il est de ces malheureux dont le nombre augmentera chaque jour, qui meurent de faim.

J'avais sur moi quelques paquets de chocolat qui m'avaient été envoyés ; je les distribuai à quelques-uns des convalescents : tous me dirent : « Je ne suis pas malade d'estomac ; j'aimerais mieux un morceau de pain ! »

Ce qu'il faut au plus vite, dans la plupart des hôpitaux, ce sont des médicaments ; à Mouzon, par exemple, où l'on a huit cents blessés à soigner, les médicaments manquent. Parmi ces malheureux, il s'en trouvait trois en proie au tétanos. Pour calmer les douleurs que provoque ce mal terrible, les médecins ont recours au chloroforme. Il n'y en avait plus une goutte dans l'hôpital, et ces trois hommes sont morts, après avoir souffert pendant deux jours les douleurs les plus horribles, les plus inouïes.

Un médecin, attaché à l'hôpital, a dû se rendre à Namur, pour se procurer les médicament les plus indispensables.

Lorsque je visitai Montmédy, hier, il n'y avait pas dans l'hôpital des médicaments pour plus de deux jours !

A Sedan, la situation n'est guère meilleure, et elle menace de prendre des proportions épouvantables, si on n'y apporte de prompts et énergiques remèdes.

Dans cette ville, où les Français ont dû capituler, surtout faute de vivres, il se trouve une garnison prussienne de près de 50,000 hommes ; la moitié seulement des Français qui ont été faits prisonniers, ont pu être expédiés en Allemagne, et là, où la population est plus que quintuplée, il y a 8,000 blessés à soigner.

La famine est aux portes de Sedan, et ses habitants fuient en Belgique, pour y trouver à se nourrir. Après avoir longtemps cherché par toute la ville de quoi manger, j'ai enfin trouvé une place à la table d'hôte de la Croix d'Or, réputé le premier hôtel de Sedan. Le menu du dîner se composait d'un plat unique : du bœuf au riz !

Depuis ce matin, le drapeau belge flotte sur le tribunal de Sedan. Une ambulance belge, dirigée par M. le général Pletinckx, s'y trouve installée. Une autre ambulance, venue de Louvain, et à la tête de laquelle est placé M. l'avocat Peemans fils, s'est établie dans le local du Cercle. Celle-ci s'est fusionnée avec la première, afin de faciliter la tâche commune. Déjà elles avaient reçu plus de cent malades.

Même avec de l'argent, on ne pourra bientôt plus se procurer du pain ; non-seulement, la farine et le blé manquent, mais il ne faut pas perdre de vue que, les communications étant interrompues avec la France, on ne peut plus avoir recours à elle, pour secourir ses blessés. C'est cette circonstance, qui place toutes les ambulances françaises dans d'aussi pénibles conditions.

Depuis plusieurs jours, elles n'ont plus rien reçu du Comité central de Paris.

Ce qu'il faut donc envoyer à Sedan, c'est du pain, de la farine, des médicaments, du linge, de la charpie ! Mais ce qu'il faudrait surtout, c'est organiser des moyens de transport pour les blessés. Les quelques chariots disponibles sont mis en réquisition par les Prussiens pour le transport de leurs blessés, et quels chariots !

J'ai rencontré ce matin un convoi de blessés. Tous les chariots étaient découverts, et il pleuvait à verse. La Belgique, qui attend des blessés, ne pourrait-elle pas envoyer à Sedan quelques voitures pour y aller chercher un certain nombre de ces malheureux ? Ces voitures, conduites par chemin de fer jusqu'à Libramont, pourraient transporter des vivres et ramener des blessés.

Je soumets cette idée a qui de droit ; je la crois pratique : et si on était disposé à la réaliser, qu'on n'oublie pas de se munir de fourrages pour les chevaux, car il y a une telle pénurie de fourrages qu'on rencontre, même dans les rues de Sedan, des chevaux errants, abandonnés faute de fourrage.

Toutes les ambulances font des prodiges de dévouement, mais leurs efforts échouent devant l'étendue du désastre. A Bazeilles, où toutes les maisons, sauf trois, ont été brûlées, il y a une ambulance, au milieu de ces ruines, à l'écart, isolée de toute communication. Les blessés eussent été transportés ailleurs, si les moyens de transport n'avaient pas fait défaut.

Les habitants font ce qu'ils peuvent, mais hélas ! ce qu'ils peuvent n'est pas grand'chose. Ainsi, à Mouzon, l'ambulance française est obligée de venir au secours de malheureux habitants, qui mouraient de faim.

G. L.

A cet appel M. le docteur Feigneaux se rendit à Sedan, constata les misères, et le cœur tout ému de tant de souffrances, de concert avec M. Lemaire, il jeta les bases du Comité du pain,

Comité bien modeste à ses débuts, qui avec de faibles moyens chercha à faire plus de bien que de bruit. Porter au plus tôt du pain à Sedan et aux environs, telle fut l'unique préoccupation des fondateurs. Ils s'entourèrent de quelques hommes de bonne volonté, demandèrent à d'autres un appui moral, afin d'encourager les adhésions et les souscriptions et, le 16 septembre, le premier fourgon partait, chargé de vivres pour Carignan et Mouzon, accompagné par MM. Lemaire, Heremans, Bouquié.

A l'idée de porter des secours aux affamés, s'était jointe de bonne heure celle de ramener des blessés dans les fourgons vides; les expéditions furent donc plus spécialement dirigées vers les ambulances, On leur laissait des provisions et on leur offrait de transporter des blessés à Bruxelles pour leur prodiguer les soins que réclamait leur état.

Il fut en conséquence décidé qu'un docteur se joindrait aux membres du Comité qui dirigeraient l'expédition. M. le docteur Van de Velde offrit généreusement ses services et fit partie de la première expédition.

Nous donnerons plus loin des détails sur les différentes expéditions; mais nous avons encore à compléter l'aperçu historique sur la constitution et l'organisation du Comité.

On peut compter deux phases distinctes dans son existence. La première fut celle d'une marche modeste, où le Comité vécut comme une petite république, sans affecter un caractère officiel. Il n'y eut au début ni président, ni bureau. Les fondateurs se partagèrent les différentes fonctions; les membres qui avaient adhéré offrirent leur concours, chacun paya de sa personne et le Comité avait déjà accompli plusieurs expéditions, qu'il n'était encore connu dans le public que comme une société anonyme. Ce fut peut-être là sa force et le secret de sa vitalité. Le Comité avait déjà affirmé son existence par son activité avant de s'être donné une constitution et une administration. Il avait été une réunion d'efforts individuels pour parer aux besoins du moment sans préoccupation des exigences de l'avenir.

Mais bientôt les circonstances devinrent impérieuses et nous forcèrent à nous organiser d'une manière plus complète et plus durable. Cette œuvre dont les débuts modestes avaient été couronnés de succès, trouva dans ce succès même l'occasion et le motif de prendre plus d'extension et de devenir un centre de secours et de dévouement. Ce fut la deuxième phase de son existence.

La guerre se prolongeait et étendait ses ravages. Metz était toujours bloqué. Paris était investi, de nombreux exilés, victimes de la guerre, cherchaient un refuge en Belgique, et dans ce pays neutre même, l'avenir inspirait des craintes serieuses. Le ralentissement des affaires, le marasme de l'industrie l'interruption des relations internationales pouvaient amener des complications inquiétantes et créer des misères de tout genre, que les moyens ordinaires ne suffiraient pas à secourir. D'un autre côté, le rapport que lut M. Lemaire dès la cinquième séance sur la première expédition, en nous prouvant l'utilité du Comité du pain, nous fit comprendre que les nombreux blessés répandus dans les ambulances des environs de Sedan auraient longtemps encore besoin de ses secours.

Le Comité comprit qu'il devait se perpétuer en se constituant définitivement. Les fondateurs s'effacèrent, provoquèrent l'élaboration d'un règlement et la nomination d'un bureau : la présidence fut offerte à M. le comte Louis de Mérode.

M. Anspach, bourgmestre de Bruxelles, voulut bien accepter la présidence d'honneur, et Sa Majesté le Roi nous accorder son patronage.

Le Comité était ainsi constitué sur la base la plus large sous le titre de *Comité du pain, secours aux blessés et aux victimes de la guerre.*

Il songea aux populations éprouvées par les événements, aux paysans ruinés, aux villages incendiés, aux ouvriers privés de travail par le fait de la guerre, aux exilés, aux expulsés, aux victimes de toutes nations que le terrible fléau avait jetés hors de leur sphère d'activité ou de leur milieu de prospérité.

Ce titre indique en même temps la nature des secours apportés par le Comité. Il ne voulut jamais oublier son nom de *Comité du pain*, nom sobre et significatif, comme les femmes savent en découvrir, car il lui fut donné par une femme de cœur, qui ne cessa de prendre un intérêt actif à notre œuvre.

La tâche du Comité, sa mission fut de porter des vivres aux affamés. A ce but, il consacra ses fonds. Mais il ne refusa jamais de porter d'autres dons, quand ils lui étaient confiés. Il s'offrit même de servir d'intermédiaire à d'autres personnes ou à d'autres sociétés pour le transport d'objets étrangers à l'alimentation. Cela était tout naturel. Les moyens de communication étaient difficiles et fort dispendieux. Le Comité qui avait pris ses précautions pour faire ses expéditions dans les meilleures conditions possibles, se chargea avec plaisir, quand l'occasion s'en présenta, de transporter dans ses waggons ou ses chariots, tout ce qu'on voulut bien lui confier, tels que vêtements, linges, médicaments, remèdes, etc.

Pour faciliter la répartition des secours, comme aussi pour alimenter ses ressources, le Comité obéit à la loi de la division du travail et créa dans son sein deux commissions chargées, avec le bureau, comme des rouages distincts, de s'occuper de détails spéciaux. Ce furent :

I. La *Commission de secours*, dont les attributions furent de recueillir les demandes de secours, de prendre des informations, de s'occuper plus particulièrement des victimes de la guerre habitant Bruxelles ou la Belgique, et de leur distribuer des dons en nature, tels que bons de pain, de viande ou de houille. Le Comité a, par ce moyen, secouru un grand nombre de familles réfugiées à Bruxelles ou dans la province, appartenant à des nationalités très-diverses; et dans ce nombre se trouvaient des infortunes très-intéressantes, des personnes ayant occupé une position sociale, honorable et aisée, et réduites par la guerre au plus profond dénuement. Autant que possible dans ces cas là, dans l'intérêt d'une susceptibilité respectable, notre main gauche s'est efforcée d'ignorer ce que faisait notre droite. Plus tard, vers la fin de la guerre, un vote du Comité autorisa la Commission de secours à repatrier ces mêmes familles, et nous avons eu ainsi la satisfaction de fournir à un très-grand nombre de personnes les moyens de retourner dans leur pays ou dans le centre de leurs affaires.

La Commission de secours était composée de MM. DE MERODE, FEIGNEAUX, DE DONCKER, NUYTS, ASTRUC, ROCHEDIEU et DE VADDER.

II. La *Commission des fêtes*, qui eut pour but d'augmenter les ressources du Comité en organisant des représentations théâtrales de bienfaisance, des concerts, des expositions et des tombolas d'objets d'art, était composée de MM. LIMAUGE, LEMAIRE, DE DONCKER, GENIS, TASSON et VAN CUTSEM; elle a su acquérir la collaboration d'artistes de premier ordre et le concours d'amateurs distingués.

Les deux expositions consécutives de l'hôtel Rey, rue Fossé-aux-Loups, ont réuni des toiles fort importantes, généreusement offertes par les propriétaires et ont compté un grand nombre de visiteurs. La tombola qui en a été le complément et la suite, a été enrichie de dons généreux et a produit une recette assez considérable.

Un des premiers soins du Comité fut, comme l'y invitait un article des statuts, de provoquer la création de sections dans les provinces. A cet effet un règlement fut élaboré. Mais si nous pûmes compter sur un concours individuel dans bien des localités, l'organisation des sections rencontra, en général, des obstacles de plus d'un genre; le principal, peut-être, fut le plus légitime, c'est-à-dire le désir pour chacun de marcher à sa guise et de voler de ses propres ailes. Une pareille concurrence, quand elle se produisit, au lieu de nous rendre jaloux, ne put que nous réjouir. Nous avons cependant à remercier de leur généreux concours, le Comité de Louvain et le Comité d'Anvers.

II

Ressources du Comité. — Dons en argent, en nature, etc.

Le Comité du pain, une fois constitué, ne tarda pas à se faire connaître au près et au loin, et bientôt des adhésions et des dons lui arrivèrent de tous côtés. Nous avons déjà parlé de la commission des fêtes. Une liste de souscription fut remise à chacun des membres, et chacun s'efforça de recueillir les offrandes de ses amis.

L'appel suivant fut adressé au public par voie de circulaires et reproduit par les journaux :

Dans les tristes circonstances que nous traversons, la Belgique a montré un admirable élan de charité ! Elle a compris que c'est par ce sublime et noble elan de cœur que les sociétés se sauvent et sont glorieuses aux yeux du genre humain ! Elle s'est unie tout entière pour coopérer par tous les moyens en son pouvoir au soulagement des souffrances de ses frères exposés aux calamités de la guerre.

Mais il n'y a rien de fait tant qu'il reste quelque chose à faire.

Le *Comité du pain* s'était primitivement constitué en vue de ravitailler Sedan et ses environs, de ramener les malheureux blessés à Bruxelles, où ils ont reçu les soins que réclamait leur pénible situation. En présence des sympathies dont le public l'a entouré, des encouragements qu'il a reçus, en Belgique et à l'étranger, le *Comité du pain* ne pouvait, sans faillir, limiter ainsi le cercle de ses attributions.

Venir en aide à toutes les misères que la guerre a fait naître, tel est le but du *Comité du pain*, telle est la pensée de ses membres.

Pensée hardie peut-être ? Mais dans un pays aussi charitable que la nôtre, au milieu d'une population aussi généreuse que celle de la Belgique, nous sommes sûrs d'être compris, nous sommes persuadés que nous ne faisons qu'exprimer un sentiment qui s'est déjà fait jour dans le cœur de chacun de nos concitoyens.

Nous faisons donc appel aux cœurs généreux de tous les pays, à tous ceux qui veulent nous aider dans l'accomplissement de notre tâche.

Des conférences sur les opérations du Comité, sur les besoins des localités visitées produisirent des recettes assez importantes.

Des dons nombreux nous arrivèrent non-seulement de la Belgique, mais de la Hollande, de la France, de l'Angleterre, de la Russie, de l'Amérique. Signalons les dons de S. M. le Roi et de Monseigneur le comte de Flandre, à côté desquels viennent se placer ceux d'illustres exilés, les princes d'Orléans.

Des sociétés de secours comme la nôtre, nous vinrent en aide en nous envoyant soit des vêtements, soit des vivres ou de l'argent ; telles furent :

La Société française de la Croix-rouge de Londres.

La Société française de bienfaisance de Bruxelles.

La Société française de Liége.

Le Comité français de Saint-Pétersbourg, représenté à Bruxelles par M. le Comte Léon Mniszech, membre auxiliaire du Comité du pain.

Le Grand Bazar national français de New-York.

Cette société de bienfaisance, grâce à l'entremise de Madame la comtesse de Montalembert qui s'était mise en rapport avec Mlle Godart de Blossières, française établie à New-York et remplie de zèle pour les malheurs de la France, nous fit parvenir une traite de 92,000 francs, mais avec la condition spéciale de les consacrer au soulagement des *non combattants français en pays français.*

Un certain nombre de dons nous ont été faits ainsi avec une

destination spéciale, et le Comité, fidèle à la volonté des donateurs comme à l'esprit de ses statuts, s'est toujours fait un devoir de distribuer les secours suivant les désirs manifestés.

Lorsque le don du Grand Bazar de New-York nous parvint, les fonds du Comité commençaient à s'épuiser, et cependant les besoins semblaient grandir et se produire de tous côtés. C'était à l'époque de l'expédition de Bapaume, au mois de février. Ce secours nous fut d'autant plus précieux et fut accueilli avec d'autant plus de joie, qu'il nous permettait de venir en aide aux populations françaises éprouvées par la guerre, par le manque de travail, par les maladies, et même nous obligeait de le leur consacrer entièrement. Notre reconnaissance a depuis longtemps franchi l'Océan pour arriver à son adresse auprès de nos généreux collaborateurs du Nouveau-Monde.

Nous croyons devoir faire connaître ici le nom des membres du Comité du Grand Bazar national français de New-York. Il se composait de Madame Victor Place, *Présidente* ; Mesdames De Blossières, Doremus, Van Wart, *vice-présidentes* ; Madame Mouraille, *secrétaire* ; Monsieur A. Charvet, *trésorier* ; Mesdames Rochette, Jumel, Pery, Charles Lasalle, Charvet, Simon, Leclère, Budd, Jarvis, Alker, Aubert, Fisten, Bouillon, Hasler, Lebœuf, Lasare, Allien, Martin, Bigot et Jauch, *présidentes de tables*.

Indépendamment des généreux souscripteurs dont nous donnerons ci-après la liste détaillée, nous avons à signaler quelques personnes qui ont bien voulu donner leur concours à notre œuvre :

M. Charles Lejeune, courtier d'assurances maritimes à Anvers, et M. De Ryckman, vice-consul de France, à Louvain, ont consacré leur temps et leurs efforts à l'organisation de comités sectionnaires.

MM. Van Gend, directeurs des messageries, ont mis à notre disposition un fourgon pour nos expéditions dans les Ardennes.

MM. Waring, frères, nous ont prêté deux chevaux et leur conducteur pour les expéditions à Metz.

M. Rey nous a offert son local, rue Fossé-aux-loups, pour l'exposition.

MM. les aquarellistes de Bruxelles nous ont prêté leur matériel d'exposition.

M. Guyot a gratuitement imprimé nos rapports.

M. le Prince de Ligne a offert son château de Belœil, et M. le Prince de Chimay son hôtel de la rue du Parchemin, pour y recevoir des blessés.

Mais nous considérons comme ayant droit à notre reconnaissance, ceux qui nous ont prêté le concours de leur personne, de leur dévouement, tels que Sœur Pauline, de la maternité de Metz, Mesdames Racine, Astruc, Daniel Cahen et M. Racine, notre correspondant à Metz, MM. les docteurs Van de Velde, Van Erps, Delstanche, fils, Lebel et Semal, fils, de Bruxelles.

M. Delbecque, pharmacien en chef de l'hôpital St-Jean, pour la bonne direction qu'il a donnée à nos achats de pharmacie pour l'expédition à Metz.

Travaux du Comité. — Séances. — Expéditions. — Question des blessés.

L'objet pricipal des délibérations du Comité a été celui des expéditions de vivres. Deux principes ont présidé à ces transports.

Le premier établissait que, tant que les circonstances le permettraient, le Comité enverrait un ou plusieurs de ses membres pour se rendre sur les lieux, accompagner les convois de vivres, examiner et constater la nature des besoins et présider à la distribution des secours.

Le second principe, dont on ne s'est jamais départi, décidait que les membres du Comité voyageraient à leurs propres frais, et que le Comité n'aurait à payer que les frais de transport des secours.

Ce principe établi a été respecté par tous les membres du Comité, qui ont affronté, plus d'une fois, la fatigue et les dangers d'un long voyage, la rigueur du froid et les épidémies, pour venir aux secours de leurs frères.

Quand la distance ou des obstacles particuliers n'ont pas

permis de diriger des expéditions directes, le Comité s'est mis en rapport avec des personnes dignes de confiance pour envoyer des secours en argent destinés à être transformés en nature.

Parlons d'abord des expéditions.

EXPÉDITIONS.

La première expédition du Comité fut dirigée vers Carignan et Mouzon, à l'effet de porter des vivres et des remèdes, du vin, du tabac, des citrons aux ambulances de ces localités qui contenaient de nombreux blessés, comme, du reste, tous les villages environnants, tels que Autrecourt, Douzy, Pouru-Saint-Remy, La Ramorie, Pont-Maugis et Balan.

Dette expédition était accompagnée par MM Lemaire, Heremans, Bouquié, et par M. le docteur Van de Velde, qui prodigua au retour ses soins aux 60 blessés que l'expédition ramenait.

Le rapport que M. Lemaire nous lut à son retour, était très-émouvant, et décida du sort du Comité du pain.

Le voyage n'était facile ni à l'aller ni au retour. On avait toutefois préféré comme plus courte la route par Marbehan à celle par Libramont.

Plus tard, des difficultés nouvelles furent aplanies par l'offre de deux chevaux, faite par M. Genis, au nom de MM. Waring, frères.

La deuxième, la troisième et la quatrième expédition eurent à peu près la même destination que la première.

La deuxième fut dirigée par MM. Limauge, Tasson, Genis et le docteur Van Erps. Cette expédition ramena cinquante-trois Français recueillis à Mouzon, Balan, Autrecourt et Carignan.

La quatrième expédition fut accompagnée par MM. Bouquié, Heremans et le docteur Lebel. Le premier présenta un rapport qui dépeignait les misères des localités visitées : Carignan, Douzy, Pouru-Saint-Remy, Bazeilles, Balan, et annonçait l'arrivée de quarante-deux blessés.

Ce rapport offre un grand intérêt par les détails qu'il donne sur l'état des ambulances à Bazeilles, à Pouru, à Balan, à Douzy, et par la description du lugubre spectacle que présentait ce vaste champ de bataille et ce village en cendres.

La cinquième expédition, dirigée vers Montmédy, fut accompagnée par MM. Lemaire, Heremans, H. Vancutsem et le docteur Semal, fils. M Lemaire présenta son rapport dans la séance du 27 octobre.

La sixième et la septième expéditon furent dirigées sur Metz.

Nous étions arrivés au mois de novembre. Depuis longtemps déjà le Comité avait les yeux tournés du côté de Metz, où des misères de toute nature pouvaient d'un moment à l'autre appeler son intervention. Malgré les bruits contradictoires, des symptômes divers, des informations particulières nous laissaient croire que la lutte touchait à sa fin, que l'armée française, bloquée, serait forcée par la famine de capituler, et que la forteresse ouvrirait ses portes. C'était pour nous le moment d'agir. Nous fîmes en sorte d'être prêts pour arriver à temps. Ce n'était pas chose facile, vu la distance et la difficulté des communications.

Déjà M. Astruc, grand rabbin de Belgique, avait pris les devants, Il était à Arlon, où ses fonctions l'appelaient, et tout en désirant agir comme délégué du Comité du pain, il avait recueilli des souscriptions importantes et s'était fait l'intermédiaire de personnes charitables, préoccupées des tristes éventualités qui se préparaient. A peine Metz était-il ouvert que M. Astruc partit d'Arlon et se dirigea par Longwy, vers le théâtre des événements, suivies d'une grande quantité de voitures chargées de vivres et de médicaments.

De son côté, M. Lemaire s'était transporté dans le chef-lieu du département de la Moselle, et M. De Doncker, notre trésorier, s'était rendu à Arlon pour surveiller le depart du second chargement vers Metz.

Jamais présents ne furent mieux accueillis, jamais amis ne furent davantage les bienvenus. Les besoins dépassaient tout ce qu'on avait pu s'imaginer. Partout la faim dévorait l'armée et la population, partout la maladie exerçait ses ravages. Les abords de la forteresse étaient un désert, les villages étaient incendiés ou abandonnés, la ville de Metz renfermait trente mille blessés, répandus, quelquefois entassés dans de nombreuses ambulances. Les locaux étant devenus insuffisants, des waggons rangés sur la place et formant des rues, ou des tentes dressées en plein air étaient remplis de blessés. On y manquait de tout, du pain, de chloroforme, de médicaments; les malades étaient réduits pour tout aliment à la viande de cheval sans sel Dans la rue les soldats valides tendaient la main, non pour demander de l'argent, mais pour recevoir un morceau de pain La population en était réduite aux dernières privations, et dans le nombre, ceux qui avaient le plus à souffrir, c'étaient les petits employés, les hommes en place, les familles qui avaient joui d'une certaine aisance, et qui avaient vu se tarir la source de leurs revenus.

Nos délégués se multiplièrent et ils furent admirablement secondés par Mmes Astruc, Daniel Cahen et Racine et par l'architecte diocésain de la région de l'Est de la France, M. Racine, dont le dévouement fut au-dessus de tout éloge et qui fut nommé membre du Comité pour Metz et les environs. Ils visitèrent toutes les ambulances, ils distribuèrent chaque jour du pain à tous les affamés en plein air, et le nombre en était si grand, qu'on dût diviser les pains en quatre parts. pour ne laisser personne sans secours. Il faut lire les rapports de MM. Lemaire, Astruc et Racine, pour se faire une idée de ces misères, de ce terrible moment de crise, et de tout ce que peut enfanter de pévouement au milieu des horreurs de la guerre, l'amour de l'humanité dans des cœurs généreux.

Pendant ce temps les Ardennes n'étaient pas abandonnées. Les blessés avaient presque tous été évacués, mais il y avait à songer aux populations si éprouvées et laissées un peu de côté, pendant que des mots plus pressants réclamaient notre assistance dans les ambulances. Bientôt des demandes de secours nous furent adressées par M. Montefiore pour la commune d'Autrecourt, près

Mouzon, ainsi que par M. Pasquier, maire de cette localité, par M. le curé de Moulin (Meuse) pour cette commune éprouvée par le passage incessant des armées. D'un autre côté, M. Léon Robert, de Voncq, ancien maire de cette commune, ancien représentant du peuple en 1848, nous écrivait pour recommander à la sollicitude du Comité, son pauvre village de Voncq ainsi que le village de Falaise, tous deux à demi-incendiés, tous deux situés toin de Sedan. près de Vouziers, à une distance où les circonslances ne nous avaient pas encore permis de porter nos opérations.

Une nouvelle expédition, la huitième, fut décidée. M. Rochedieu qui connaissait ces contrées où il avait autrefois exercé ses fonctions pastorales, s'offrit à la diriger. Il partit vers la fin de novembre, pénétra en France par Marbehan, où il prépara un chargement de vivres, il parcourut tout le département, en suivant l'itinéaire de Carignan, Mouzon, Autrecourt, Le Chêne populeux, Voncq, Falaise, Donchery, Vrigne-aux-Bois, Sedan, et laissant, suivant les besoins, des vivres dans ces différentes localités. Le Comité lui avait, en outre, confié une somme d'argent, laissant à sa discrétion et à son appréciation le soin de la distribuer proportionnellement aux nécessités, pour être convertie en bons de pain.

Depuis son retour, d'autres secours furent consécutivement envoyés par l'intermédiaire de membres correspondants, tels que MM. le baron Evain et Robert, dans d'autres localités du département des Ardennes, parmi lesquelles Vrigne-Meuse, Launoy, Beaurepaire, et surtout Mézières qui, vers le commencement de l'année, ouvrait ses portes à l'armée allemande, et livrait avec la forteresse une ville à moitié ensevelie sous les décombres de ses maisons, abattues par les obus, et sous ces débris, hélas ! nne partie de la population.

La neuvième expédition, dirigée vers Thionville, à l'effet de porter des vivres et des vêtements, fut accompagnée par MM. A. Nieuwenhuys et J. Tasson.

La dixième fut faite dans les Ardennes par M. le comte L. Mniszech, afin d'y attribuer, pour le Comité, des vêtements en même temps que des semences au nom du Comité belge de secours aux laboureurs français.

La onzième fut dirigée vers Laon, Soissons, La Fère et Tergnier, par M. Tasson, à l'effet de porter des vêtements et de distribuer 4,500 francs.

Mais plus nos expéditions se succédaient et épuisaient nos ressources, plus les demandes de secours affluaient. Elles nous arrivèrent bientôt de fort loin, de contrées où nous ne pouvions songer à nous transporter nous-mêmes, soit à cause de la distance, soit parce qu'elles étaient inabordables.

L'héroïque ville de Châteaudun nous fut recommandée. Nous y envoyâmes une assez forte somme d'argent, et eûmes la satisfaction de trouver en M. Victor Forquenod, ingénieur en chef du chemin de fer d'Orléans, un complaisant intermédiaire pour la faire parvenir à sa destination.

Mais la guerre semblait nous jeter un défi et vouloir nous lasser.

Plus nous redoublions d'efforts, plus elle étendait ses ravages et nous entraînait sur ses pas pour tâcher de réparer ses désastres.

Des secours furent expédiés à Orléans, par l'intermédiaire de M. V. Forquenod, grâce à l'obligeant empressement duquel nous pûmes obtenir une réduction considérable sur le prix du transport. M. le comte de Melun voulut bien se charger des secours destinés à Péronne.

La bataille de Bapaume nous offrait un nouveau champ de travail. Déjà MM. Lemaire et Bouquié avaient, dans une première expédition vers ce théâtre de combats sanglants, visité Bapaume et les environs. De leurs renseignements et des demandes qui suivirent leurs visites résulta la décision d'une nouvelle expédition, qui fut confiée à M. Rochedieu. Il accompagna à Bapaume un waggon chargé de 50 sacs de pommes de terre, de 12 sacs de farine, de vêtements, de vin et de linge pour les blessés. Il visita les villages environnants, prit des informations sur les localités situées aux environs d'Amiens, Corbie, Pont-Noyelles, où avaient eu lieu des combats, et acquit la conviction que soit les réquisitions, soit le manque total de travail avait engendré de grandes misères, surtout parmi les populations industrielles des campagnes, où la moitié des ménages se composent de tisseurs en soie, baréges, etc.

D'autres renseignements firent connaître des souffrance analogues à Saint-Quentin et dans les villages environnants, tels que Nauroy, Hargicourt, templeux-le-Guérard, Grougis, etc.

Le Comité, qui venait de s'enrichir de la traite de 92,000 francs envoyée par le Grand Bazar de New-York, prit ces renseignements en considération, et dans sa séance du 22 février, après avoir entendu le rapport de M. Rochedieu sur son voyage à Bapaume, il décida d'envoyer un nouveau délégué dans chacun des deux groupes de Bapaume et de Saint-Quentin, et vota une somme de 10,000 francs à répartir entre ces différentes localités, proportionnellement aux besoins et à la population. On peut consulter le rapport pour avoir des détails précis M. V. Limauge voulut bien se charger d'opérer la distribution de ces 10,000 francs.

Répondant à d'autres demandes, le Comité vota d'autres secours dans ses séances du 1er et du 8, du 11 et du 15 mars, savoir :

Pour Longwy, qui venait de se rendre et qui avait beaucoup souffert du siége, 2,000 francs.

Pour Rouvroy, 400 francs.

Pour Laon et Soissons, 3,000 francs.

Pour Montmédy qui avait également succombé et qui était en proie aux épidémies, 1,000 francs.

Pour Pontoise, 500 francs.

Pour Ecouen, 1,500 francs.

Pour Rouen, sur la demande de Mgr le cardinal de Bonnechose, une somme de 10,000 francs, qui, comme nous l'avons appris plus tard, a été répartie entre 50 communes environnantes.

Pour Bouvencourt, 1,000 francs.

Pour Phalsbourg, 2,000 francs

Mais nous avons à mentionner deux autres centres de misères que notre comité ne voulait pas oublier. Ce sont le département du Doubs et Paris.

Nous apprenions de divers côtés que les besoins étaient immenses du côté de Belfort et de Montbéliard et qu'il était fort difficile d'y faire parvenir des secours. Cependant nous fûmes assez heureux pour trouver un moyen sûr d'y envoyer une somme de 10,000 francs, qui fut votée dans la séance du 18 février, à la demande de Madame la comtesse de Montalembert.

Paris nous effrayait un peu par l'immensité même de ses besoins, quand, d'un autre côté, nous savions que beaucoup d'autres penseraient à cette capitale. Nous crûmes toutefois répondre à un besoin réel, en y envoyant un transport de lait concentré, acheté en Angleterre.

M. Lemaire était déjà arrivé à Paris à travers toutes sortes d'obstacles. Il s'informait des besoins, il se mettait en rapport avec la légion belge et nous envoyait des informations précises sur les secours les plus urgents à apporter.

D'un autre côté, à la nouvelle des souffrances des belges habitant Paris, un comité spécial s'était formé pour leur venir en aide. M, le bourgmestre Anspach partait sur un vaisseau frété *ad hoc* d'Ostende pour le Havre, et portait à Paris, avec les secours du comité pour les belges nécessiteux, ceux qui lui confia le Comité du pain.

S. M. Le roi remboursa aux deux Comités les frais de l'expédion.

Bientôt nous apprîmes que Paris était approvisionné et qu'il avait plus besoin de combustibles que de comestibles.

Nous songeâmes à secourir des localités plus éprouvées encore peut-être. Nous voulons parler des environs de Paris. Nous pensions depuis longtemps que Paris serait le point de mire de tous les secours, et qu'il fallait nous réserver pour les communes qui l'entourent. Les rapports qui nous en arrivaient étaient navrants.

M. le docteur Feigneaux. notre vice-président, voulut bien y faire une expédition, et le Comité lui confia une somme de 10,500 francs, à distribuer comme il le jugerait convenable. M. Cassel voulut bien nous faciliter l'expédition de cette somme.

QUESTION DES BLESSÉS.

Pour achever le compte rendu de nos travaux, il nous reste à parler du transport des blessés.

La Belgique en général, le Comité du pain en particulier avaient offert une cordiale hospitalité aux blessés, c'était sa mission d'humanité. Bruxelles ouvrit ses portes, prépara ses ambulances, et attendit avec une égale sollicitude les blessés des deux armées. Il arriva *un grand nombre de Français et fort peu d'Allemands.* Ce fait n'avait rien que de très compréhensible, et même de très naturel ; car il était tout simple que les Allemands préférasent être soignés dans leur pays. La plupart étaient donc dirigés par Marbehau ou Libramont sur Namur, Liége, Verviers, Aix-la-Chapelle. Les plus faibles seulement restaient en route dans des ambulances improvisées. Quelques-uns à peine arrivèrent à Bruxelles, et ce furent pour la plupart ceux que le Comité du pain y amena.

Quoi qu'il en soit, une opinion injuste fit son chemin, à savoir que les blessés allemands auraient été moins bien soignés ou accueillis moins favorablement que les français.

La cinquième expédition avait reçu l'ordre, pour rétablir en partie l'équilibre, de n'amener que des blessés allemands. Le rapport de M. Lemaire nous apprit que les blessés de cette nation, encore soignés dans les ambulances, étaient peu transportables et que d'ailleurs, ils craignaient d'être internés comme prisonniers de guerre en Belgique.

La ville de Bruxelles, ayant déjà dans ses ambulances de nombreux blessés (en majorité français), écrivit aux municipalités de Gand, de Tournai, de Courtrai, pour leur demander si elles seraient disposés à recevoir de nouveaux blessés qui étaient annoncés.

Le 15 mars, le Comité tenait sa dernière séance générale, laissant au bureau et aux commissions le soin de répartir ce qui restait en caisse, suivant les besoins qui se manifesteraient (1).

(1) Depuis la dissolution du Comité, les Commissions ont eu à distribuer des sommes considérables, reçues plus tard.

La guerre terminée, le Comité n'a plus de raison d'être. Sans doute, il y aurait encore de grandes misères à soulager, et nous serions heureux d'avoir encore les moyens de le faire, mais toute œuvre est condamnée à se limiter. Au moment de se séparer, les membres du Comité éprouvent un sentiment de joie mêlé de tristesse. Ils sont heureux de voir cesser la cause de ces affreuses calamités, ils voient finir avec regret ces relations crées par des circonstances exceptionnelles. Si la guerre divise les peuples qui se combattent, elle rapproche tous les hommes qui sont désintéressés dans le conflit, et qui n'ont d'autre mission que celle d'apporter quelque allégement à des maux inévitables.

Cette mission, le Comité du pain croit l'avoir comprise et l'avoir remplie, autant que ses moyens le lui ont permis. Des hommes de tout culte, de toute nuance politique, de toute position sociale se sont réunis sur le terrain neutre de la charité ; ils ont travaillé ensemble pendant ces longs mois, si féconds en émotions de tout genre. Heureux de cette expérience, ils en emportent une estime réciproque et, en se séparant, ils n'ont qu'un seul vœu à former c'est que la cause qui les a réunis ne les appelle jamais plus à reconstituer leur association. Il restera assez de bien à faire et de misères à secourir pour demander le concours de leurs efforts.

Le Rapporteur,

E. ROCHEDIEU.

Pasteur-Président.

Bruxelles, 12 mai 1871

COMITÉ DU PAIN

ANNEXES

ANNEXE N° 4.

RAPPORT SUR LA PREMIÈRE EXPÉDITION

(M. J. Bouquié).

MESSIEURS,

Avant de rendre compte de la mission dont vous avez bien voulu nous charger, qu'il me soit permis, Messieurs, de vous exprimer toute ma reconnaissance pour l'empressement avec lequel vous avez répondu à l'appel publié par moi, dans l'*Etoile belge* du 10 septembre.

L'idée qui présida à l'organisation de notre Comité répondait si bien aux aspirations du public que celui-ci n'hésita pas à encourager vos premiers efforts. L'accueil que vous fit le public fut tel, que vous avez pu commencer vos opérations presqu'au lendemain de la formation du Comité.

En effet, votre première réunion a eu lieu le 12 de ce mois, et le 16 une première expédition de 750 kilogrammes de pains, de denrées diverses était dirigée sur Mouzon.

MM. le docteur Vandevelde, Bouquié et Heremans, membres du Comité, s'étaient mis à ma disposition pour accompagner, surveiller l'expédition, et en même temps m'aider à ramener des blessés à Bruxelles, où les attendaient des ambulances parfaitement organisées et des soins dévoués.

Ce but de notre voyage, vous le savez déjà, Messieurs, nous l'avons atteint, — je puis le dire, — avec succès.

Partis de Bruxelles, le 16 au matin, nous arrivâmes à Morbehan, avec un retard de plus de deux heures, par suite de l'encombrement des voyageurs. Le fourgon que les messageries Van Gend et Cᵉ avaient mis à notre disposition et qui contenait nos vivres, devait, d'après les assurances données à Bruxelles par l'administration du chemin de fer du Luxembourg, se trouver à destination au moment de notre arrivée, mais n'est parvenu à destination que trois heures plus tard.

C'est donc dans la nuit seulement que nous pûmes continuer notre voyage.

Notre première étape fut Carignan. Là, tandis que M. Bouquié veillait aux nécessités du voyage, M. le docteur Vandevelde et notre collègue M. Heremans visitaient l'ambulance établie dans cette ville.

Sur 367 blessés entrés dans cette ambulance, au lendemain de la bataille de Beaumont, il n'en restait plus que 120, dont 80 Français.

Parmi les blessés, un seul était transportable : le major Falconetti, chef de bataillon du 62ᵉ de ligne, qui avait le médius de la main gauche amputé, deux autres doigts de la même main blessés et deux blessures à la jambe droite.

A Mouzon, il existe trois ambulances : l'ambulance allemande, l'ambulance belge, dirigée par la comtesse de Meeus et l'ambulance française établie dans les locaux de l'hospice de la ville.

400 blessés, environ, étaient soignés à Mouzon.

Le pain et les autres denrées furent partagés entre ces trois ambulances. Ceux qui dirigent ces ambulances reçurent les vivres avec la plus vive reconnaissance, nous chargeant de vous en transmettre l'expression.

Comme à Carignan, les chefs de ces ambulances nous ont priés de leur faire parvenir du lard, du jambon et du vin. Les communications avec l'intérieur de la France etant interrompues, le vin, si nécessaire aux malades et surtout aux convalescents, ne parvient plus aux ambulances.

Pour obtenir le transport de blessés à Bruxelles, il fallait une autorisation du commandant des troupes allemandes en garnison à Mouzon Cette autorisation avait été refusée jusqu'à ce jour, et on m'assura que ma démarche serait vaine.

Je me présentai néanmoins au commandant, qui me remit un mot de recommandation pour le dhevalier de St-Jean, chargé de tout ce qui est relatif aux blessés. Le comte von Marschalk me fit observer, en ce qui concerne les blessés allemands, qu'il préférait ne pas m'en remettre, parce que le service de transport des blessés vers l'Allemagne étant organisé dans les meilleures conditions, les blessés aimaient mieux être renvoyés dans leur patrie, où on parlait leur langue et où ils pouvaient plus facilement recevoir la visite de leurs parents et amis.

Quant aux blessés français, le chevalier de St-Jean m'objecta, qu'en vertu d'une convention avec certaines autorités françaises, les blessés devaient être d'abord dirigés sur Bouillon, pour de là être expédiés à Bruxelles.

Je fis remarquer qu'on faisait ainsi subir aux malheureux blessés un surcroît de fatigue dangereux, peut être, et en tous cas inutile.

Après un échange d'observations sur ce point. M. von Marschalk se rendit et m'autorisa à conduire à Bruxelles 50 blessés français, par la voie que je choisirais.

Outre 50 blessés, sortis de l'ambulance de l'hospice, trois officiers, dont deux soignés à l'ambulance belge, le troisième dans une maison particulière, demandèrent à nous accompagner.

———————

ANNEXE N° 5.

RAPPORT SUR LA QUATRIÈME EXPÉDITION.

(M. J. Bouquié).

MESSIEURS,

Nous sommes restés cinq jours à parcourir les sanglants alentours de Sedan, contemplant tous les désastres, visitant chaque ambulance en interrogeant les blessés et leur partageant les secours du *Comité.* Je vous parlerai donc des misères profondes dont nous avons été les témoins oculaires et auriculaires, et je vous conduirai avec nous, dans les diverses localités que nous avons traversées et qui sont : Carignan, Douzy, Pourru-Saint-Remy, Bazeilles et Balan.

Je ne m'arrêterai pas à de lamentables tableaux ! C'est le cœur plein d'une indéfinissable tristesse que l'on réveille les impressions évoquées par l'aspect de ce pays où, à côté des affreuses plaies des blessés, l'on coudoie des ruines, où l'on fouille des milliers de tombes. Ajoutez l'infection d'hôpital, la faim, les fièvres typhoïdes et la dyssenterie qui, de plus en plus, désolent ces contrées, et vous en aurez la physionomie navrante.

A Carignan, à l'ambulance des Sœurs de Sainte Chrétienne, nous n'arrêtâmes que pour serrez la main du major Falconetti, qui se décida a nous accompagner au retour, distribuer du pain, du vin, du tabac et jeter un coup d'œil dans la salle des blessés. Il y avait là encore une quarantaine de blessés français, dont trois ou quatre râlaient l'agonie et se débattaient dans les tremblements de la mort. Neuf des autres furent jugés capables de subir le transport jusqu'à Bruxelles

Nous fûmes, témoins dans cette ambulance d'un spectacle qui dénote combien longtemps elle resta oubliée par la charité Lors de notre passage, des milliers de mouches assiégeaient les visages décomposés des moribonds, et les pauvres sœurs n'avaient pas même un lambeau de tarlatane ou de tulle pour protéger ces infortunés contre ce surcroit de souffrances.

Nous eûmes, à Mouzon, le plaisir de rencontrer Madame la Comtesse de Meeus, MM. D'Ursel et Snoy, qui nous prêtèrent avec beaucoup d'obligeance le concours de leurs renseignements.

De l'hôpital de Mouzon (où il doit rester aujourd'hui environ cinquante français), on devait précisément évacuer vers Gérouville une trentaine de blessés déjà désignés pour le lendemain. C'étaient les seuls qui fussent transportables.

C'est alors que nous décidâmes de nous diriger vers Sedan, après avoir fait d'abondantes distributions de vivres dans les ambulances des deux camps.

Dans notre parcours, nous traversâmes Douzy, Douzy actuellement peuplé de sept cents typhoïdes et dyssentériques, Douzy, dont les maisons sont défoncées, les murs écaillés, les rues bordées d'amas de chlorure de chaux.

Au sortir de Douzy, tandis que nos fourgons gravissaient la côte, nous suivîmes lentement la route. Les rares maisons ont été assiégées, littéralement enlevées une par une, étage par étage, chambre par chambre. Là, la lutte a été féroce; c'est un véritable ossuaire! Que de tombes creusées dans ces lieux! Que de malheureux cloués aux arbres, mutilés par la baïonnette!

A chaque pas nous devinions des drames inconnus et des misères atroces, des femmes amaigries, des enfants hâves et déguenillés sortaient des masures pour nous demander du pain. C'était pitié à les voir, grelottants de fièvre et joignant leurs mains rougies! Nous pûmes secourir là quelques-unes des plus poignantes infortunes suscitées par la guerre.

Rien qu'à voir les campagnes en ruine, la terre fraîchement remuée, les débris maculés de sang, des shakos et des gibernes, nous pouvions, sans crainte de nous tromper, suivre les traces des combats. Aussi, c'est sous l'empire d'une indicible tristesse que nous entrâmes dans Bazeilles.

Bazeilles! quel spectacle! quelles ruines! quelle désolation! quelle détresse! des décombres partout! deux maisons encore debout, et, au milieu des pans de mur noircis, criblés de balles, troués de boulets et etoilés de mitraille, des vieilles femmes infirmes et des petits enfants qui ont faim. C'est le panorama le plus lugubre que l'on puisse voir. Nous avons vu là des hommes dans la force de l'âge qui pleuraient, un ancien conseiller municipal qui mendiait. Ravitailler et rechercher les blessés n'est pas l'unique mission du *Comité du pain*. Il vient en aide indistinctement à toutes les victimes de la guerre. Or, c'est à

Bazeilles que nous avons trouvé la vraie misère, misère du bourgeois ruiné qui sanglote en tendant la main, misère du travailleur honnête, qui n'a pas un chiffon de pain pour ses enfants qui tombent d'inanition.

Depuis quelques jours, un Comité local s'est constitué à Bazeilles, dans le but de répartir équitablement les secours de la charité entre les habitants de ce malheureux village. Ce Comité supplie qu'on lui adresse au plus tôt des pommes de terre et du vin. Nous avons donné là le pain, le vin et le Liebig dont nous disposions encore.

A Balan, l'infection d'hôpital fait aussi de terribles ravages parmi les blessés. Nous y avons constaté également plusieurs cas de typhus et de dyssenterie; nous avons eu le bonheur d'en ramener trois amputés.

Notre consigne de ne pas nous charger de malades était sévère. Nous l'avons strictement observée, mais n'importe, c'est, le cœur navré, que j'ai dû refuser à Balan, l'accès du fourgon à un jeune soldat typhoïde en convalescence, qui me priait de l'emmener, lui aussi, à Bruxelles.

« Prenez-moi, me disait-il, d'une voix suppliante. Ici, je les vois tous mourir, et le même sort m'attend si je reste. »

Dans l'ambulance de Balan restent encore une vingtaine de blessés, soignés par un praticien très habile, M. le docteur Labbé. Tous ces blessés sont relativement bien couchés et l'ambulance est suffisamment pourvue de vins, médicaments et effets d'habillements.

Quant à celle de Pourru-Saint-Remy, d'où nous avons ramené treize blessés français, elle est aujourd'hui complètement évacuée.

En résumé, à part des envois de vivres dans ce pays désolé, je ne crois pas des expéditions ultérieures, ayant pour but de ramener des blessés, absolument nécessaires dans la contrée que nous venons de traverser et, selon moi, une nouvelle expédition, d'après un itinéraire vers Mezières, Montmédy ou Longwy, par exemple, amènerait à ce dernier point de vue, des résultats beaucoup plus sensibles. Une nouvelle tentative dans les alentours de Sedan pourrait même être dangereuse à un double point de vue, pour les blessés restants qui ne sont, pour ainsi dire, plus transportables, et pour nos populations chez lesquelles ceux-ci rameneraient certainement des germes d'épidémie.

Je ne veux pas finir ce rapport hâtif, sans exprimer au nom de la quatrième expédition, des remercîments sincères à M. le docteur Lebel, qui a rempli sa tâche avec un dévouement au-dessus de tout éloge. Jamais il n'a quitté ses chers blessés.

Parmi ceux-ci il s'en trouvait dont les blessures n'avaient pas été pansées depuis 10 ou 12 jours. Un hâvre-sac pour oreiller, sur la paille des ambulances, il leur a prodigué, sans trève, ses soins intelligents et zélés.

JULES BOUQUIÉ.

Bruxelles, 10 octobre 1870.

ANNEXE No 6.

RAPPORT SUR LES
AMBULANCES DE CARIGNAN, DOUZY ET BALAN

(M. le Dr Lebel.)

Nous partîmes de Bruxelles, le dimanche 20 octobre. L'expédition était composée de MM. G. Heremans, (Alexandre) Bouquié, membres du Comité et de moi que le Comité avait adjoint à ces messieurs. Après une station forcée de 24 heures à Florenville, par suite du retard dans l'arrivée de nos provisions, nous partîmes pour Carignan où nous arrivâmes le 3, à midi L'ambulance de Carignon est située dans un couvent desservi par les sœurs de Sainte-Chrétienne, et qui d'habitude sert d'école. Deux salles seulement étaient encore occupées ; elles sont grandes, spacieuses ; la ventilation et l'aération y sont faites dans de fort bonnes conditions. Le couvent a été rempli de blessés ; beaucoup n'ont eu que de la paille pour se coucher ; la dyssenterie a fait ici de grands ravages ; la fièvre typhoïde s'y est montrée et d'une manière fort grave ; quelques cas de variole sont aussi venus augmenter le nombre de décès. Au reste, il devait en être ainsi Quelques précautions que l'on ait prises pour assurer l'hygiène de ce lazaret, l'encombrement a été tel que l'infection miasmatique de l'air n'a pu être évitée, et l'état d'anémie profond dans lequel se trouve la majorité des blessés, prouve assez quelle influence a été exercée par cette constitution médicale. En somme, l'ambulance de Carignan m'a semblé la meilleure de celles que j'ai vues.

A Mouzon, outre un grand nombre de maisons particulières, sur lesquelles flotte le drapeau blanc à croix rouge, il existe trois ambulances. L'ambulance belge se trouve dans une grande maison qui, je crois, était une école. Ce bâtiment est assez vaste ; le rez-de-chaussée et le premier étage sont assez bien aérés ; mais le deuxième étage, qui est le grenier, forme deux salles détestables. Il est bas, quelques lucarnes viennent donner un peu d'air, encore moins de lumière ; les malades y sont empoisonnés par une atmosphère complétement viciée.

Cependant, d'après ce que l'on m'a dit, les résultats obtenus n'ont pas été aussi défavorables qu'on aurait pu le croire. Madame la comtesse de Meeus, au développement et au zèle de laquelle on ne saurait assez rendre justice, est à la tête de cette ambulance. Comme médecin en chef, secondant dignement Mme de Meeus par son talent et son expé- rience, j'y ai trouvé M. le Dr Eenens, ancien élève et interne des hôpitaux de Bruxelles. L'ambulance française, établie au couvent des sœurs de Saint-Vincent de Paul, me paraît être celle qui se trouve dans les meilleures conditions hygiéniques Il y reste peu de blessés ; mais ce local a été occupé par 600 hommes. De plus, grand nombre de cadavres ont été enterrés dans le jardin ; les sœurs m'ont dit qu'il y en avait bien au delà de cent ; ce sont là naturellement de bien fâcheuses conditions ; aussi le nombre des dyssentériques et des typhisés a t-il été fort grand et les décès en proportion. Le jour de notre arrivée, ces deux ambulances expédièrent un convoi de trente blessés français pour le Luxembourg belge.

Après être restés deux heures à Douzy, nous nous rendîmes à Balan, qui n'est en quelque sorte qu'un faubourg de Sedan. Pour y arriver il faut traverser Bazeilles, bourg autrefois riche, gai, florissant : monceau de ruines aujourd'hui ; les habitants couchent en plein air, sur les débris calcinés de leurs maisons, la misère y est affreuse ; vienne l'hiver, avec son cortége de pluies, de froids, de neige, et la maladie aura beau jeu au milieu de cette population ruinée et affamée Balan est une ambulance française, les blessés sont dans des maisons parti- culières : trois seulement étaient transportables ; le reste se débattait pour la plupart contre les ravages de la résorption purulente, qui a fait ici énormément de victimes ; M. le Dr Labbé, qui dirige cette ambulance, m'a dit que la grande majorité de ses blessés succombait à cette grave complication. De Balan nous allâmes à Sedan, où nous ne restâmes que peu de temps ; nous n'eûmes point le temps de nous informer des blessés qui s'y trouvaient ; de plus, nous craignions que les moyens de transport ne nous fissent défaut. Après avoir envoyé à Beaumont un voiturier avec une charrette de vivres, avec mission de ramener des blessés, s'il s'en trouvait de transportables, nous nous séparâmes ; M. Bouquié resta à Balan, d'où il devait se rendre le lendemain à Pourru-Saint-Remy ; MM. Heremans, Alexandre et moi, nous repartîmes pour Mouzon.

Dr LEBEL.

Bruxelles, 20 octobre 1870.

ANNEXE N° 7.

RAPPORT SUR LA CINQUIÈME EXPÉDITION

(*M. Lemaire.*)

Le Comité qui a pris pour règle d'observer strictement les devoirs que lui imposent la neutralité de la Belgique, a été frappé de l'écart considérable qui existe entre le nombre des blessés français et le nombre des blessés allemands soignés à Bruxelles.

En ce moment, 800 blessés français reçoivent dans la capitale les soins que réclame leur état, tandis qu'il ne s'y trouve que 50 allemands

RAPPORT SUR LA SIXIÈME EXPÉDITION

(M. Lemaire.)

METZ

Le *Comité du pain* s'étant préoccupé de la malheureuse situation dans laquelle se trouvait Metz et les villages environnants, avait décidé dans sa séance du 15 octobre, que des mesures seraient prises à l'effet de ravitailler les habitants du département de la Moselle, dès que les circonstances le permettraient.

Pressentant, comme tout le monde, que la fin approchait et que l'occasion se présenterait bientôt de porter quelques secours à Metz, le Comité organisa une première expédition que dirigea M. Astruc.

Dès le 26 octobre, M. Astruc se rendit à Arlon pour y prendre les dispositions nécessaires, et le jour même où arriva la nouvelle de la capitulation, M. Astruc put se mettre en route vers Metz, accompagnant un convoi de vivres composé de dix chariots, transportant :

400	kilogr.	de sucre.
200	id	de café.
100	id	de chicorée.
2,500	id.	de sel.
600	id.	de pois secs.
600	id.	de haricots.
2,000	id.	de viande salée, graisse, lard, jambons.
5,000	id.	de farine.
10,000	id.	de pommes de terre.

25 kilogr. de chocolat.

2,000   id.   de produits pharmaceutiques.

1,000 bouteilles de vin.

Deux caisses et un panier de charpie et bandos.

En même temps que la nouvelle de la capitulation de Metz, le Comité apprit que la ville renfermait 20,000 malades et blessés !

Voler au secours de ces malheureux, telle fut la première pensée des membres du Comité.

Mais désireux de distribuer, d'une façon rationnelle et équitable, les dons qui lui sont confiés, le Comité, avant de décider quelle serait la nature de son intervention ultérieure, voulut se rendre compte par lui-même de la véritable situation de Metz et de ses environs.

Cette décision était d'autant plus légitime que les renseignements relatifs à cette situation étaient des plus contradictoires. Selon les uns, Metz et ses environs ne manquaient de rien, tandis que, d'après d'autres, la misère la plus grande y régnait.

M. Lemaire, qui avait habité Metz, voulut bien se rendre dans cette ville, afin de renseigner et d'éclairer le Comité sur la situation réelle de Metz et de ses environs, sur la nature des besoins, sur la manière dont notre concours pouvait être le plus efficace.

Nous croyons devoir mettre sous les yeux du public quelques extraits du rapport que notre collègue nous a adressé à son retour. Ceux qui les liront jugeront peut-être que le *Comité du pain* peut encore soulager bien des souffrances, et ils voudront, sans doute, concourir à l'aider dans la tâche qu'il s'est imposée :

« Dans Metz même, chez ceux qui possèdent assez pour acheter tout, a n'importe quel taux, chez les commerçants qui ont su profiter du blocus pour tout vendre à des prix exorbitants, il n'existe certainement aucune gêne ; mais lorsqu'on pénètre dans l'intérieur des petits employés et surtout dans celui de l'ouvrier on se trouve en présence d'immenses douleurs, de terribles privations. Pendant tout le temps qu'a duré le blocus, ceux des ouvriers mariés, qui n'étaient pas enrôlés dans la mobile, se sont trouvés sans ouvrage. On comprend, du reste, que les habitants ne songeaient guère à faire exécuter d'autres travaux que ceux qui étaient strictement nécessaires, ceux dont ils ne pouvaient se passer.

» La présence des Prussiens dans la ville n'a pas amélioré cet état de choses, bien au contraire.

» La plupart des employés des administrations publiques se trouvent sans emploi ; les ouvriers menuisiers, maçons, peintres, tapissiers, en général, tous ceux qui n'exercent pas un métier se rattachant à la consommation régulière, indispensable, continuent à ne pas trouver d'ouvrage et, par suite, il existe dans Metz un nombre, malheureusement très grand, de familles qui, — leur chef ayant le cœur trop haut placé pour se plaindre, pour tendre la main, — souffrent en silence.

» Un des premiers soins de M. Astruc, en arrivant à Metz, a été de se mettre en rapport avec les personnes en position de le renseigner sur ces malheureux, et j'ai pu constater avec bonheur que plusieurs d'entre eux avaient déjà reçu, à mon arrivée, des secours de notre Comité.

» A côté de ces misères, il est, dans l'intérieur de la ville, des souffrances plus grandes, plus étendues, plus profondes encore. J'entends parler de celles dont souffrent les militaires, blessés et malades.

» A la date du 29 août — quinze jours après les batailles de Borny, de Gravelotte, de Rezonville, de Saint-Privat, etc. — Metz renfermait quarante-sept ambulances, où plus de 30,000 blessés et malades recevaient des soins.

» En outre, un nombre considérable de blessés étaient soignés chez les habitants. Ce nombre était tel que beaucoup de ces malheureux durent être recueillis par les familles pauvres. Le général Coffinières par une ordonnance en date du 21 août, décida qu'il serait accordé à ces familles une indemnité de deux francs par jour « pour soins et aliments donnés aux soldats recueillis dans leurs maisons. »

« Aujourd'hui, dix sept de ces ambulances ont été évacuées. Il en existe donc encore trente dont j'en ai pu visiter quatorze, — les principales, — à savoir :

La manufacture de tabacs	1,411	malades et blessés.
Le quartier d'artillerie (fort Moselle)	1,502	id.
L'hôpital militaire	1,543	id.
La caserne de la Chambière	2,026	id.
La caserne du génie	2,238	id.
L'école régimentaire d'artillerie	108	id.
Le Lycée	151	id.
Le jardin Bouffers	259	id.
Le Séminaire	80	id.
L'école d'application	1,120	id.
Le couvent de Sainte-Chrétienne	910	id.
La caserne Coislin	1,436	id.
Le polygone d'artillerie	1,500	id.
L'esplanade	1,069	id.
Total	15,434	malades et blessés.

» Parmi ces ambulances, il en est deux qui ont particulièrement frappé mon attention : celle du *Polygone d'artillerie* et celle de l'*Esplanade :* cette dernière, à raison de son originalité Située sur une vaste et belle place, elle est composée uniquement de voitures servant au transport des marchandises par chemin de fer.

» Plus de deux cents de ces voitures sont rangées sur dix lignes. L'espace resté libre entre chacune de ces lignes forme une rue. Chaque rue est désignée par une lettre alphabétique : 'depuis la lettre A jusqu'à la lettre J. Une voiture renferme quatre lits. Ceux-ci sont placés dans le sens de la largeur, c'est-à-dire perpendiculairement aux parois les plus longues. L'état sanitaire ly a toujours été et y est encore excellent. Cependant les nuits devenant très-froides, et comme il n'est pas possible de chauffer ces voitures, on sera bientôt forcé d'évacuer cette ambulance.

» L'autre ambulance, dont je désire vous entretenir plus spécialement, est celle dite du *polygone d'artillerie*, établie sur les terrains des fortifications, hors la porte Chambière, Elle occupe un espace d'un hectare et est construite d'après le système américain, par baraquements. Les malades et blessés sont répartis dans trente baraques, séparées à une forte distance les unes des autres. Chacun des services propres à l'ambulance a une baraque spéciale.

» Toutes ces salles sont parfaitement aérées , partout l'air circule avec abondance, nulle part on ne perçoit la moindre odeur. A son début, l'ambulance renfermait 2,300 blessés et malades. Et ce qui prouve une fois de plus, l'excellence des baraquements, c'est que, jusqu'à ce jour, on n'a constaté à l'ambulance du *Polygone* qu'un seul cas de typhus et un seul cas de pourriture d'hôpital. Par contre, dans une ambulance établie dans l'intérieur de la ville, sur 200 malades, 19 ont succombé à cette horrible maladie, dite pourriture d'hôpital. Celui qui a échappé seul comme par miracle, à ce terrible fléau, est un officier qui se trouve en ce moment à Bruxelles.

» Cette ambulance a été construite et administrée aux frais de la ville ; mais depuis l'occupation de celle-ci par les Prussiens, la municipalité étant dissoute, l'ambulance se trouve sans ressources ; aussi avons-nous eu soin d'y envoyer quelques secours qui, eu égard au nombre considérable de blessés et de malades, n'était pas de grande importance , mais n'ont pas moins été reçus avec une reconnaissance à laquelle tous les administrateurs et employés de l'ambulance se sont associés.

» C'est une chose triste à dire, mais , dans le plupart des ambulances, le nécessaire, l'indispensable manque. Depuis plusieurs semaines déjà les malheureux recevaient, comme nourriture, des aliments qui ne pouvaient qu'entraver leur guérison et même, pour certains d'entre eux, aggraver leur situation. Le pain frais, les légumes, le sel étaient depuis longtemps chose inconnue dans ces ambulances; depuis plusieurs semaines on n'y distribuait plus que de la viande de cheval.

» Ce qui fait encore défaut à presque tous ces malades, ce sont les habillements. Les habitants de Metz se sont dévoués pour alléger les souffrances de tous et suppléer à tous les besoins. Au milieu des horreurs qui ont ensanglanté ce pays, le dévouement de la population messine ne sera pas l'un des côtés les moins saillants qui auront signalé la guerre de 1870. Les femmes surtout se sont montrées admirables de charité et d'abnégation. Toutes ont travaillé au soulagement des blessés Leur héroïsme a été à la hauteur de la situation. Mais on se rappelle que Metz a été bloqué pendant neuf semaines, et qu'à un moment, le nombre des blessés et des malades dans cette ville bloquée s'est élevé à 30,000. L'on peut donc facilement se convaincre que les ressources étaient épuisées.

» Ce que je puis affirmer, c'est que, depuis la capitulation, la situation des ambulances n'a fait qu'empirer. La majorité des personnes qui se dévouaient aux ambulances, distraites par la gravité de cet événement, les ont oubliés; beaucoup de familles riches, celles qui avaient jusqu'alors assisté les ambulances, quittent la ville; les médecins militaires français qui soignaient les malades et les blessés, eux aussi partent, laissant aux médecins civils, trop peu nombreux pour une tâche aussi difficile, et aux médecins prussiens le soin de les remplacer.

» Aussi, en parcourant les rues de Metz, rencontre-t-on fréquemment de pauvres soldats, exténués, démoralisés par les souffrances, les privations et la faim, tendant la main, implorant la charité.

» Dès le vendredi, M. et Mᵐᵉ Astruc avaient distribué du pain à ces malheureux Cette distribution reprit le samedi et le dimanche; mais le nombre des affamés qui se présentaient était tel qu'il fallut, pour les satisfaire tous, partager les pains en quatre parts égales, et en donner une à chacun d eux.

« C'était, Messieurs, un spectacle navrant! Ces soldats, nous les avions vus, entrant dans Metz, musique en tête, bannières déployées, chantant des hymnes patriotiques, pleins de courage et d'ardeur, et nous les revoyions se traînant péniblement, pâles, amaigris, les traits dévastés par la souffrance et par la faim.

» Oui, c'est bien la faim qui poussait ces malheureux à tendre la main, car, à diverses reprises, nous avons tenté de donner de l'argent à plusieurs d'entre eux : sauf quelques rares exceptions, tous répondaient qu'ils préféraient du pain... et du sel. Plus de cinq cents cornets remplis de sel ont été distribués pendant la journée de samedi par les soins de Mmes Astruc et Cahen.

» Aux environs de Metz, le spectacle est tout aussi triste, aussi affligeant Les misères y sont accumulées d'une manière effroyable! Que de villages complétement détruits par les flammes! Les habitants des villages que le feu a épargnés sont, pour la plupart, dans une misère profonde. Pendant les neuf semaines qu'a duré le blocus, ils ont dépensé, mangé tout ce qu'ils avaient, et leurs terres ravagées, saccagées par les belligérants, n'ont pu être cultivées et ne pourront rien produire l'année prochaine.

» Les secours arrivent de toutes parts; mais que sont-ils en présence de l'immensité des besoins! Les marchés étaient, ces jours derniers, abondamment pourvus par des spéculateurs aux abois, mais tout y est hors de prix pour les malheureux. Un sac de pommes de terre se vendait 30 à 40 francs; j'ai vu payer 60 centimes un kilog. de carottes! Et cette situation ne pourra qu'empirer! Aux environs de Metz, il n'existe plus rien, rien!

» L'approvisionnement de Metz ne peut donc se faire qu'au moyen de vivres venant de très loin; les transports sont fort coûteux, très difficiles. Que sera-ce, si l'hiver est rigoureux, si les routes sont couvertes de neige? Question effroyable dont la solution fait frémir.

» Le *Comité du pain* est arrivé le premier avec des secours dans la ville de Metz. Depuis le 2 novembre, le drapeau belge flotte dans la rue de l'Évêché et dans celle de la Chapellerie, où sont établis les dépôts du Comité. Déjà celui-ci y est connu et a reçu les bénédictions des malheureux qu'il a pu secourir. Mais, hélas! nos provisions seront bientôt épuisées!

» Le *Comité du pain* pourra-t-il les renouveler?

» Le *Comité du pain*, dans sa séance du 7 novembre, a décidé qu'une nouvelle expédition de vivres serait faite vers Metz. Elle a eu lieu anjourd'hui même.

» Que ceux qui veulent avec lui concourir au soulagement de cette grande infortune, lui adressent leurs offrandes! »

GUSTAVE LEMAIRE.

Bruxelles, le 9 novembre 1870.

ANNEXE No 9.

RAPPORT SUR LA
SEPTIÈME ET LA HUITIÈME EXPÉDITION

(M. Astruc.)

METZ

MESSIEURS,

Vous connaissez déjà, par un premier rapport, les résultats sommaires de l'expédition décidée par vous pour contribuer au ravitaillement de Metz et de ses environs; vous avez une idée des souffrances terribles que notre Comité s'est imposé la mission de soulager; il reste aujourd'hui à vous apporter quelques renseignements complémentaires.

I. — Nos distributions ont marché avec assez d'activité; à la fin de la semaine dernière, la plus grande partie de nos denrées et de nos médicaments étaient répartis entre les malheureux et les administrations d'assistance, Voici comment cette répartition a été opérée : d'une part, des distributions se sont faites en détail aux soldats et aux familles pauvres, soit directement, aux magasins du Comité, soit indirectement, par l'intermédiaire des personnes notables de la ville; d'autre part, des dons par quantités importantes ont été remis aux ambulances et aux institutions de charité.

Il serait impossible de déterminer d'une façon bien exacte ce qui s'est donné en détail dans les distributions individuelles; les pauvres nous ont été envoyés par des personnes connues ou par le Bureau de bienfaisance; nous leur avons donné un assortiment de pain, de viande, de denrées, selon le nombre des membres de leur famille;

pour les misères qui se cachaient, nous avons eu recours à quelques personnes que leur position mettait en mesure de les bien connaître et de les secourir sans retard. C'est ainsi que nous avons pu leur faire part dans nos secours, grâce à quelques dames dévouées de la ville, grâce à sœur Pauline, de la Maternité, dont l'activité a été vraiment infatigable, et aussi à MM. Cuvier, pasteur, Lippman, grand rabbin, et Vacca, directeur de l'ambulance maçonnique.

Mais, comme vous l'a déjà dit le rapport de notre excellent collègue, M. Lemaire, c'est surtout dans les ambulances organisées que nos plus grandes distributions ont été faites; dès le lendemain de l'arrivée de notre convoi, Mmes Racine, de 'Metz, Cahen et Astruc, et MM. Lemaire et Alexandre avaient parcouru presque toutes les ambulances et, pendant que notre organisation matérielle se terminait dans nos magasins, avaient donné avis de la quantité et de la nature des vivres et des médicaments que nous apportions; tout manquait partout et surtout dans les ambulances. On n'avait ni viande, ni vin: le pain donné par l'autorité était du pain noir; on faisait des cataplasmes avec de la sciure de bois. Aussi, de tout côté, est-on venu avec empressement réclamer notre concours.

Au nombre des ambulances auxquelles nous avons donné nos secours, nous devons mentionner celle de M. Éloin, notre compatriote; cette ambulance ne ressemble en rien aux autres; elle consiste en un énorme fourgon, surmonté d'une bâche fort élevée; on y place jusqu'à 28 malades et blessés, qui sont transportés soit du champ de bataille aux ambulances fixes, soit des ambulances fixes aux stations desquelles ils doivent partir pour l'intérieur de la France ou de l'Allemagne. M. Éloin rend d'immenses services. Nous avons été heureux de mettre à sa disposition une bonne quantité de jambon, de pain et de vin.

Quant à nos envois à l'extérieur de Metz, ils n'ont pu, jusqu'à présent être ni fort nombreux, ni très importants. Avant d'arriver en ville, nous avons rencontré dans le village de Saint-Remy, qui est entièrement détruit, quelques soldats blessés et de malheureuses femmes bien misérables; nous avons pu leur faire une légère distribution de vin et de pain. Pendant les premiers jours, occupés par les besoins de la ville, nous n'avons pas sérieusement songé à la campagne; mais dès jeudi, Mme Cahen se rendait avec des provisions et des médicaments à Boulay, à une dizaine de kilomètres de Metz, et les remettait à l'autorité municipale; à son retour, samedi, une deuxième expédition de cette nature était dirigée sur le même village pour l'hôpital; vendredi, sœur Pauline, de la Maternité, qui nous avait déjà beaucoup aidés pour les pauvres honteux, s'en allait avec un chargement et nos drapeaux au delà de Peltres à Cheny, village très maltraité et épuisé par l'occupation. Ces envois ont dû continuer cette semaine en même temps que les distributions a l'intérieur de la ville. Il est important qu'ils ne soient pas interrompus. D'après les rapports personnels de Mme Cahen et de sœur Pauline, la misère est encore immense autour de la ville, dans les communes ruinées par les opérations militaires. A Metz, même, nous avons visité des familles d'ouvriers et de petits commerçants; celles qui ont des jeunes enfants souffrent beaucoup; le lait, qui est une nécessité indispensable, manque absolument, et il est à craindre que la mortalité qui a sévi sur les enfants pendant le siége, ne continue dans d'effrayantes proportions; il paraît impossible, faute de bétail, qu'on puisse avoir du lait, à des prix accessibles, avant plusieurs mois. Notre Comité devra donc en envoyer.

Ce sont enfin les malades et les blessés qui ont besoin de nos secours ; la nourriture fournie par l'intendance est peu abondante et convient à peine aux hommes valides ; les soldats français ne sont pas d'ailleurs habitués au pain de farine et de son mêlés ; les convalescents aiment mieux souffrir la faim que de s'en nourrir ; aussi avons-nous organisé pour eux, dans notre magasin, une distribution journalière de 200 kilog de pain par morceaux de 250 grammes environ. Un jour un pauvre zouave, arrivé trop tard, nous a demandé la permission de ramasser les miettes tombées pendant le partage ; preuve navrante que notre action répondait à une urgente nécessité.

En somme, pendant l'espace de huit jours, presque toute notre pharmacie, presque tout notre sucre et notre sel, tous les légumes secs, le riz et le café, la moitié de notre viande, 800 bouteilles de vin, 75 sacs de pommes de terre et 2,500 kil. de pain avaient été distribués ; il ne nous restait guère que de la viande et 3,000 kil. de pain.

Toutefois, nos ressources sont loin d'être épuisées. Nous avons encore à notre disposition du riz en grande quantité, des biscuits, du sucre, du café et 144 boîtes de lait qui seront d'une immense utilité à l'heure actuelle Ces diverses denrées ont été envoyées par M. Montefiore, à Luxembourg, et des mesures sont prises pour les faire expédier à Metz à notre magasin ; d'autre part, un Comité, qui s'est constitué à Liége, a envoyé à Arlon, à l'adresse de notre Comité, des dons importants.

Ces dons consistent en une grande caisse contenant différentes pièces d'habillement et de chemises neuves, plus cinq paniers de vin, sept ballots de riz et de café; M. Émile Chartin, trésorier du Comité français à Liège, écrit pour savoir quels sont les besoins et offre de s'employer pour réunir les fonds destinés à notre œuvre. Nous accepterons ce concours, et nous espérons que les autres villes du royaume, imitant le bon exemple de Liège, nous enverront aussi de larges subventions destinées à satisfaire d'immenses besoins.

II. — Pour faire administrer ces ressources, pour en diriger l'expédition et la distribution, nous avons dû réclamer le concours de bien des volontés. A Bruxelles, M. Debeck, pharmacien en chef de l'hôpital Saint-Jean, s'est chargé de diriger la commande et l'expédition de notre envoi de médicaments. Il y a mis beaucoup d'activité et d'intelligence. Le Comité lui doit des remercîments A Arlon, M. Fribourg, père, et surtout M. Arthur Fribourg, fils, nous ont donné le concours le plus dévoué; ce sont eux qui ont bien voulu se charger, non seulement des denrées, qu'ils ont obtenues aux prix marchands, mais encore de la surveillance des quantités et de la qualité, du choix des voituriers, des conditions du transport, du chargement, etc. Pendant six jours, ces messieurs n'ont été littéralement pas occupés d'autre chose. Le Comité, en leur exprimant sa vive reconnaissance, ne fera donc qu'un acte de justice.

Pour la distribution de nos secours à Metz, nous avons trouvé en M. et Mme Racine une coopération empressée. M. Racine, architecte diocésain de la région de l'Est de la France, habitué à parcourir les environs de Metz, était parfaitement posé pour nous donner un concours utile et fructueux: il nous l'a bien largement accordé, et Mme Racine nous a secondé avec le même dévouement; déjà avant notre arrivée. M. Racine nous avait procuré un hangar, que M. Cahen, un de ses amis, a mis gratuitement à notre disposition; pendant notre séjour à Metz, il a pris journellement une bonne part du service de la distribution et des visites aux ambulances; il a même bien voulu accepter, dans le cas où aucun des membres du Comité ne se trouverait à Metz, de surveiller l'emploi de nos ressources. Pour régulariser son action, il lui a été remis une déclaration constatant qu'il représente le *Comité du pain*, et l'autorisant, en l'absence des membres, à agir en notre nom. Le Comité voudra bien ratifier cet acte et en même temps témoigner à M. et Mme Racine ses remercîments pour le bon concours qu'ils nous ont prêté jusqu'à ce jour.

Enfin, Messieurs, nous devons une mention toute particulière à Mme Daniel Cahen, de Paris, qui s'est complétement consacrée à notre œuvre. Non-seulement Mme Daniel Cahen a réuni pour nous quelques ressources pécuniaires, mais elle a tenu à faire partie de notre expédition et n'a quitté notre magasin que pour se rendre à Boulay, où elle a su encore se rendre utile, et en ce moment même elle est restée à Metz à la tête de notre distribution, jusqu'à l'arrivée d'un membre du Comité pour la remplacer.

Telle était, Messieurs, l'état de notre œuvre à la fin de la semaine dernière; espérons que, soutenue par la faveur publique, elle grandira de plus en plus. La charité de la Belgique saura certainement s'élever à la hauteur des infortunes qu'il faut soulager.

E. A ASTRUC,
Grand Rabbin de Belgique.

Depuis cette première expédition et outre des secours confiés au *Comité du pain* par M. Montefiore, par M. Émile Chartin, du Comité français de Liège, et dont il est fait mention plus haut, le Comité a encore expédié à Metz :

1o 80 kil. de chocolat, 25 kil. de tabac, 450 bouteilles St-Émilion, 300 kil. de sel, une caisse de citrons, 5,000 kil. de farine;

2o 10,000 kil. de pommes de terre et 250 bouteilles de vin, offerts par Doumont; 100 chemises en laine, 100 gilets en laine, 100 caleçons en laine, 100 paires de chaussettes, offerts par le Comité anglais; 200 kil. de biscuits et deux grandes caisses de linge. trois caisses de charpie, une caisse de Liebig, deux caisses de chemises et linge, deux paniers de bandes, linge, charpie et chemises, offerts par M. Sinsevin, secrétaire du Comité central international de secours pour les blessés; 40 boîtes de 100 cigares de B. Bischoffsheim, de Paris, par l'entremise de M. Éloin, une caisse contenant des effets d'habillements offerte par Mme Minaut.

POUR LE COMITÉ :

Le Secrétaire,	*Le Président,*
GUSTAVE LEMAIRE.	Cte LOUIS DE MÉRODE.

Bruxelles, le 17 novembre 1870.

ANNEXE N° 10.

RAPPORT
COMPLÉMENTAIRE SUR L'EXPÉDITION A METZ

(M. Racine.)

Monsieur le Président,

M. Astruc ayant déjà rendu compte de l'emploi du premier convoi de vivres, dirigé sur Metz par le Comité du pain, je crois devoir me borner aujourd'hui à vous parler de la répartition des vivres composant le second convoi.

Cette répartition a été faite entre trois catégories distinctes, savoir : 1° Les ambulances; 2° les personnes nécessiteuses de la ville; 3° les habitants des villages détruits ou maltraités.

Ambulances.

Depuis le jour où M. Astruc a quitté Metz, les ambulances ont été considérablement réduites par suite de l'évacuation successive des malades et des blessés, dont les uns ont été dirigés sur l'Allemagne et les autres renvoyés dans leurs foyers. Au moment où nous avons recommencé nos distributions, tous les restes des ambulances non entièrement supprimées, avaient été versés à l'ambulance Coislin, à celle de la Caserne du génie et à celle du Quartier d'artillerie. Ces ambulances, ainsi réduites à trois, étaient desservies, comme par le passé, par des infirmiers placés sous les ordres de médecins français, auxquels venaient en aide, avec un dévouement au-dessus de tout éloge, un certain nombre de personnes de la ville. C'est sur les demandes, soit de ces personnes, soit de MM. les médecins, que nous avons distribué en dernier lieu et jusqu'à ce jour :

1073 kilog. de pain.

3 sacs de sel.

31 kilog. de café.

36 paquets de chicorée.

5 kilog. de riz.

497 bouteilles de vin.

18 kilog. de chocolat.

3 caisses de biscuits.

2 pots de Liebig.

3 kilog. de lard.

35 citrons et divers médicaments.

Le pain, comme on le voit, a toujours été très recherché par la double raison que beaucoup de blessés ont conservé un appétit complètement en désaccord avec le règlement, qui ne leur accorde qu'une demi-ration, et aussi, que le pain blanc du Comité, d'une qualité très supérieure à celle du pain noir des ambulances, est très précieux pour les malades comme étant non seulement plus agréable au goût, mais encore d'une digestion plus facile.

Quant aux distributions de pain, faites aux magasins, aux militaires qui, pour un motif quelconque, n'avaient point encore quitté la ville, elles ont complètement cessé, les seuls malades qui restent aujourd'hui en ville n'ayant plus la faculté de sortir des ambulances. D'après les renseignements qui nous sont parvenus, la complète évacuation des malades et blessés qui sont encore à Metz, aura lieu d'ici à quelques jours et, à moins de nouveaux événements, les ambulances se trouveront ainsi entièrement supprimées.

Familles nécessiteuses de la ville.

Dès le commencement de la distribution des secours envoyés par le Comité du pain, un certain nombre de familles nécessiteuses avaient été comprises dans cette distribution. Tant que ces familles ont été peu nombreuses, nous avons cru devoir continuer ce qui avait été fait jusqu'alors. Mais peu de temps après l'arrivée du deuxième convoi, le bruit de nos distributions s'étant répandu, nous fûmes littéralement débordés par le nombre, et nous reconnûmes qu'en continuant dans cette voie, nous nous exposions à voir nos ressources promptement absorbées par cette seule catégorie de malheureux, et de plus, à ne point remplir le but qu'avait dû se proposer le Comité du pain.

En effet, si le Comité n'avait eu d'autre pensée que de secourir simplement l'indigence, il eût trouvé, sans aucun doute, à Bruxelles comme à Metz, des pauvres trop heureux de recevoir ses dons.

Ainsi, après nous être entendus à ce sujet avec M. Alexandre, nous prîmes pour règle de ne plus accorder de secours qu'aux familles qui pouvaient être considérées, au moins jusqu'à un certain point, comme victimes de la guerre.

Je citerai comme exemples : — un malheureux sergent-major, employé jusqu'ici au penitentier et se trouvant tout à coup sans position et sans ressources, avec une femme malade et sept enfants, dont l'aîné n'a pas quinze ans et dont le plus jeune a trois mois. — Un employé des douanes, également père d'une nombreuse famille et aujourd'hui sans aucune ressource. — Une malheureuse femme employée à laver le linge des ambulances et qui a perdu l'usage d'une main par suite d'une piqûre qui s'est envenimée et a nécessité l'amputation d'un doigt. — La plupart des autres personnes secourues en dernier lieu sont dans des conditions analogues. — Nous leur avons distribué jusqu'à ce jour :

979 kilog. de pain.
15 — de sel.
10 — de riz.
12 — de café.
18 paquets de chicorée.
2 bouteilles de vin (à un docteur prussien).
1 pot de Liebig.
2 caisses de biscuits.
5 couvertures.
5 draps.
17 chemises. — Vêtements divers.

Villages détruits ou dévastés.

Les villages auxquels nous avons pu envoyer jusqu'ici des secours du Comité du pain, sont : Peltre, La Maxe, villages entièrement brûlés, Noisseville, Moutois, Lauvallière, détruits en partie seulement, Noully et Chesny, non détruits. mais dévastés.

A l'exception du village de Chesny, dans lequel les distributions on été faites par sœur Pauline, de la Maternité, dont M. Astruc a fait mention dans son premier rapport, j'ai été visiter moi-même les autres communes, afin de m'assurer de leurs besoins. J'ai vu également Servigny, qui a donné son nom à l'un de nos combats; mais, bien que onze maisons aient été la proie des flammes, les habitants de ce village ont encore une aisance relative, en raison de laquelle j'ai cru devoir faire passer en première ligne d'autres communes plus malheureuses. La situation de Peltre et celle de La Maxe sont navrantes. Ces deux villages étaient habités par une population aisée, presque riche, et qui se trouve réduite aujourd'hui à la dernière misère. A La Maxe on est venu de nuit incendier le village. Les habitants surpris ont dû gagner, pieds nus et à peine vêtus, le village voisin, sans avoir le temps de sauver quoi que ce soit de leur avoir.

Aussi les secours envoyés par le Comité du pain ont-ils été reçus avec la reconnaissance la plus vive et dont je suis heureux d'être près de vous l'interprète!

Nous avons donné nos premières distributions :

1,495 kilogrammes de pain.
11 sacs de sel.
160 kilogrammes de riz.
175 " de pois
40 " de café.
31 paquets de chicorée.
36 bouteilles de vin (pour les malades seulement).
7 kilogrammes de chocolat (pour les malades seulement)
4 " de figues " "
24 citrons " "
1 litre de sirop simple " "
4 " d'huile d'olive " "
1 " d'alcool simple " "
3 pots de Liebig.
18 couvertures.
13 paires de draps.
50 chemises.

Caleçons, gilets et vêtements divers.

Ces secours, distribués aux plus nécessiteux seulement, et ceux qui nous restent à leur donner, ont aidé et aideront ces malheureux à vivre pendant quelques jours, mais ne sont point, hélas! de nature à les tirer de l'affreuse position dans laquelle ils se trouveront tout au moins jusqu'après la saison d'hiver.

Après tout ce qu'a fait le Comité du pain pour notre malheureux pays, je n'ose, Monsieur le Président, ni espérer l'envoi de nouveaux secours, ni insister sur leur opportunité .. Je crois devoir me borner à vous signaler la situation, en vous exprimant de nouveau, au nom de tous les malheureux que vous avez bien voulu secourir, et en mon nom personnel comme Messin et comme Français, notre profonde et inaltérable reconnaissance pour la généreuse Nation Belge, personnifiée pour nous dans le Comité du pain !

Les ressources qui nous restent en ce moment et qui seront affectées à peu près toutes aux villages, comprennent :

Pain, 1,453 kilogrammes.

Sel, 1 sac et demi.

Café, un sac.

Vin, environ 200 bouteilles.

Une certaine quantité de médicaments, de charpie, de linge de pansement et de corps.

Nous n'avons plus ni riz ni légumes d'aucune sorte.

Je n'ai point parlé dans ce rapport des quelques secours distribués aux ambulances allemandes.

Avant de terminer, permettez-moi, Monsieur le Président, de vous faire connaître que dans la répartition des secours que le Comité du pain a bien voulu mettre à notre disposition, nous avons été, M. Alexandre et moi, secondés avec beaucoup de zèle par M. Léon Bultinguaire, premier commis à la direction des douanes, qui nous a prêté son concours le plus actif et nous a été d'un grand secours.

Pardonnez-moi, Monsieur le Président, ce rapport un peu long peut-être; veuillez, je vous prie, être près de Messieurs les membres du Comité, l'interprète de mes sentiments de profonde estime, et veuillez agréer vous-même l'expression des sentiments respectueux et dévoués de votre très-humble serviteur,

E. RACINE,
Correspondant du *Comité du pain*,

Metz, 9 décembre 1870.

ANNEXE No 11.

RAPPORT
COMPLÉMENTAIRE SUR LES EXPÉDITIONS A METZ

(*M. Racine.*)

MONSIEUR LE PRÉSIDENT,

Par une lettre de M. Astruc, en date du 26 décembre, j'ai été prévenu de la décision prise par le Comité du pain, concernant la fermeture du magasin de Metz. Je me suis immédiatement occupé de faire entièrement vider les locaux occupés par nous, et pour éviter des frais inutiles, j'ai fait transporter chez moi les sacs et caisses vides, pour chercher à en tirer le meilleur profit ou à les renvoyer à Bruxelles, dès que les transports pourront être effectués plus facilement qu'aujourd'hui.

Lors du dernier rapport que j'ai eu l'honneur de vous adresser, il nous restait en magasin une certaine quantité de vivres qui ont été distribués comme par le passé, aux ambulances, aux villages des environs de Metz et à un certain nombre de familles réduites à la misère par les conséquences de la guerre.

Les secours distribués depuis lors entre ces trois catégories, se résument ainsi qu'il suit :

Ambulances françaises.

218 kilogrammes de pain.
180 bouteilles de vin.
  5   „   de rhum.
  1   „   sirop de groseille (2 kil. 500.)
  4 kilogrammes de chocolat
  1 kilogr. 500 gr. de café.
  4 paquets de chicorée.

1 caisse de biscuits.

40 citrons.

2 kilogrammes de figues.

1 boîte de cigares. — Tabac à fumer.

Charpie et linge à pansements,

Villages incendiés ou dévastés.

(Noiseville, Nouilly, Mey, Moutois, Peltre, La Maxe, Saint-Remy.

735 kilogrammes de pain.

160 bouteilles de vin.

8 kilogrammes de chocolat.

10   „   de sirop de groseille.

55 citrons,

6 kilogrammes de café.

11 paquets de chicorée.

3 pots de Liebig.

5 paquets de tapioca, vermicelle et macaroni.

13 kilogrammes de riz.

1 sac de sel.

2 couvertures.

Chemises et linges divers.

4 boîtes de lait concentré.

Familles pauvres.

(Parmi lesquelles un assez grand nombre de familles du village de Saint-Remy, qui ont reçu des secours individuels, sur la recommandation du maire ou du curé.)

344 kilogrammes de pain.

12 bouteilles de vin.

1 caisse de biscuits.

4 boîtes de lait.

1 pot de beurre salé.

6 kilogrammes de chocolat

18 kilogr. 500 gr. de café

32 paquets de chicorée.

1 kilogramme de macaroni.

2 pots de Liebig.

4 paquets de tapioca

6 kilogr. 500 gr. de sel.

1 kilogramme de figues

6 citrons.

Les Sœurs de la Maternité s'occupent spécialement des femmes en couches et des jeunes enfants; nous avons cru devoir leur donner, pour être distribuées par leurs soins, la plus grande partie des boîtes de lait

Il nous reste aussi en magasin une certaine quantité de produits pharmaceutiques, qui ne nous avaient été demandés par aucune ambulance et que nous avons donnés, après nous être entendus à ce sujet avec M. Alexandre, à l'hôpital civil de Bon-Secours, dont la pharmacie se trouvait très-dégarnie à la suite des derniers évenements. Les objets remis à cet hopital comprennent :

Une tourie d'eau de goudron.

Une   ″   d'huile d'amandes douces.

Une   ″   d'huile d'olive (entamée).

Un paquet d'onguent de la mère.

Un   ″   (diachillum).

Un   ″   d'amidon en poudre.

Un   ″   de poudre de charbon.

Un sac de sulfate de fer.

Sept bocaux et une boîte de produits divers.

Le reste d'une caisse de citrons.

Le reste du linge à pansement et de la charpie.

Enfin, parmi le fonds de magasin que j'ai fait transporter chez moi, il reste un panier et quelques bouteilles de vin, quelques boîtes de lait et quelques livres de chocolat que je réserverai, si vous voulez bien m'y autoriser, pour les cas combinés de maladie et d'extrême misère qui ne manqueront pas de se produire d'ici à la fin de l'hiver.

La première partie des dépenses concernant le magasin et les transports ayant été faite par M. Astruc, je lui adresse directement le compte des dépenses faites par moi, sur la somme qui m'a été laissée à cet effet, afin qu'il puisse rédiger et vous présenter le compte général de la dépense.

Après ce resumé, il ne me reste, Monsieur le Président, qu'à vous exprimer de nouveau, en vous priant de vouloir les transmettre à Messieurs les membres du Comité, mes remerciments les plus sincères pour le bien considérable fait par le Comité du pain dans notre malheureux pays, et aussi pour avoir bien voulu m'associer, au moins momentanément, à votre œuvre que je me vois forcé d'abandonner avec le plus vif regret.

Veuillez, Monsieur le Président, agréer l'assurance de la haute et respectueuse considération avec laquelle j'ai l'honneur d'être votre très-humble et tout dévoué serviteur.

E. RACINE,
Correspondant du *Comité du pain*.

Metz, ce 4 janvier 1871.

ANNEXE No 12.

RAPPORT DE M. RACINE

METZ

Metz, le 15 mars 1871.

MON CHER AMI,

Je regrette bien vivement de n'avoir pu vous envoyer encore les renseignements que vous m'avez demandés relativement aux familles du département de la Moselle, victimes de l'affreuse guerre qui vient de finir. Mais comme je vous l'ai écrit une première fois en grande hâte, je partais quelques heures après l'arrivée de votre lettre, pour aller chercher *en France* un nouveau gîte pour ma famille et pour moi Je reviens seulement, et je me hâte de vous transmettre les renseignements qui m'ont été donnés

Les familles, qui ont assez souffert des désastres de la guerre pour avoir besoin d'être secourues, sont au nombre d'environ 2,000. Toutefois, en éliminant celles qui ont été le moins atteintes et dont par conséquent les besoins sont moins urgents, ils en reste 1.177 réparties ainsi qu'il suit :

ARRONDISSEMENT DE METZ.

Commune de Chesny.		.	.	.	.	20 familles.
"	*La Maxe*	.	.	.	.	25 "
"	Montoy	.	.	.	.	29 "
"	*Noiseville*		.	.	.	20 "
"	*Peltre* .	.	,	.		20 "
"	*Saint-Remy*		.	.		20 "
"	*Bellevue*	.	.	.		10 "

Déjà secourues lors des premiers envois du Comité du pain.

Commune de Mauvillers.	.	.	.	30 familles
"	Ars Laquenexy	.	15	"
"	Augny . . .	.	10	"
"	Comey . . .	.	23	"
"	Glatigny . .	.	25	"
"	*Gravelotte* . .		40	"
"	Jury		25	"
"	Laquenexy (Villers)	.	38	"
"	Mézières-lez-Metz.	.	20	"
"	Molroy. . . .		25	"
"	Morly		48	"
"	Marsilly . .		20	"
"	Mars-la Tour . .	.	18	"
"	Micleuves . . .	.	25	"
"	Mercy-lez-Metz	.	5	"
"	Ogypuche . . .	.	20	"
"	Pouilly. . . .		20	"
"	Pretonfey . .	.	35	"
"	*Prezonville*. .	.	25	"
"	Sainte-Barbe . .	.	20	"
"	Saulny. . . .		20	"
"	Servigny-lez-St.-B.	.	20	"
"	Vionville . . .	.	25	"
"	Verneville. . .	.	25	"
"	Vremy . .	.	23	"
	Total. . .	.	777	"

ARRONDISSEMFNT DE BRIEY.

Saint-Privat-la-Montagne	. .	35	familles.
Roucourt	.	32	"
Montois-la-Montagne	. . .	30	"
Botilly	.	10	"
Zouaville	.	15	"
Saint-Ail	.	8	"

Bruville . .   . .   .   . 10 familles.

Doucourt.   12   „

Hannonville   15   „

                        Total. . . . 167   „

ARRONDISSEMENT DE SARREGUEMINES.

La ville de Bitche et ses environs . . . 15 familles.

ARRONDISSEMENT DE THIONVILLE.

Commune de Yutz-Haute . .   . . . .   15 familles.

    „   Yutz Basse   12   „

    „   Garsche. , ... 8   „

    „   Hettauge-Grande .   . , . . . 10   „

    „   Manom . . , ... 8   „

    „   Ham. 10   „

    „   Kœnisgmaeker 15   „

    „   Outrange 15   „

    „   Hayauge   30   „

    „   Hauge 20   „

    „   Volckrouge 15   „

    „   Imeldauge. 20   „

    „   Weymerauge   .   .   15   „

                     Total. . . . 193   „

RÉSUMÉ

Arrondissement de Metz . . . . .   . 777 familles.

    „   Briey 167   „

    „   Sarreguemines 40   „

    „   Thionvîlle 183   „

                  Total. . . . 1,177   „

Il serait trop long, et je ne possède point du reste des renseignements assez précis pour appuyer cette nomenclature de détails circon‑stanciés sur chaque commune. J'ai dû me contenter de souligner les noms de celles qui ont le plus souffert des dévastations de l'ennemi.

J'ai hâte du reste de vous faire parvenir le plus promptement possible ces renseignements que j'ai déjà trop tardé, bien malgré moi, à vous envoyer.

Veuillez, je vous prie, vous faire notre avocat près du Comité du pain, et veuillez agréer avec tous ses membres l'expression anticipée de notre profonde reconnaissance.

E. RACINE,
Correspondant du *Comité du pain*.

ANNEXE N° 13.

RAPPORT SUR LA NEUVIÈME EXPÉDITION

(*M. Rochedieu.*)

Bruxelles, le 15 décembre 1870.

Grâce aux sympathies qui lui arrivent de toutes parts, de la Belgique comme de l'étranger, le *Comité du pain* a pu continuer efficacement l'œuvre qu'il a entreprise.

Malheureusement, les misères qu'il a pris à tâche de soulager prennent chaque jour une étendue nouvelle, et si la confiance que le Comité a su inspirer grandit chaque jour, chaque jour aussi, il voit s'accroître les souffrances, les douleurs devenir plus poignantes, plus profondes, les voix qui s'adressent à lui et implorent des secours, devenir plus nombreuses, plus pressantes.

Le bruit des quelques bienfaits que le Comité avait pu accomplir s'étant promptement répandu dans les pays éprouvés, les demandes de secours arrivèrent bientôt en grand nombre, particulièrement du département des Ardennes, théâtre des épisodes les plus sanglants de cette guerre qui désole l'humanité.

M. le baron Evain, ancien membre de l'Assemblée législative et du Conseil général des Ardennes, membre correspondant du *Comité du pain*, à Sedan, lui fit parvenir, à la date du 20 novembre, les exposés suivants :

Département des Ardennes. — Commune de Donchéry, arrondissement de Sedan. — Ferme du Manil.

—

Les cultivateurs ont encore plus à souffrir de l'occupation des troupes allemandes que les autres habitants du département des Ardennes.

Dans l'arrondissement de Sedan, les fermiers qui étaient tous dans l'aisance avant la guerre, sont, aujourd'hui, plus ou moins près de la misère, et pour quelques-uns l'occupation prussienne a amené une ruine complète.

Parmi ces derniers, on peut citer la famille Deckers, qui exploite la ferme du Manil, dans la commune de Donchéry, arrondissement de Sedan.

Le sieur Théodore Deckers, sujet belge, quitta, au mois de février 1870, la province de Luxembourg pour venir exploiter, en France, la ferme du Manil. Il amenait avec lui sa femme, six enfants, un matériel agricole considérable et un nombreux bétail.

Le 31 août 1870, les Allemands envahirent la ferme du Manil et ses dépendances, et y établirent un poste de cent vingt hommes qui fut, quelques jours après, réduit à soixante et qui, jusqu'au 25 octobre, vécut aux dépens de la famille Deckers.

Les objets pris ou consommés dans la ferme ont été évalués à la somme de 13,680 francs. La liste de ces objets, transcrite ci-dessous, est déposée à la mairie de Donchery.

Deux taureaux de race Durnham, à 350 fr. . . . .fr.	700
Six vaches Durnham hollandaises, à 450 fr. . . .	2,700
Quatre-vingt-dix poules à 2 fr.	180
Vingt poulets et poulettes à 1 fr.	20
Vingt canards à 3 fr. , ...	60
Quatre oies à cinq fr.	20
Trois mille gerbes d'avoine, à 75 centimes	2,250
Neuf mille kilog. de trèfle, à 160 fr. le mille . .	1,440
Douze mille kilog. de foin, à 160 fr. le mille. . .	1.820
Six mille kilog. de paille de blé, à 100 fr. le mille .	600
Six voitures de bois de chauffage, à 45 fr.	270

Bois de charronnage . . . . .fr.   250
Soixante sacs de pommes de terre, à 7 fr.   430
Lard, bière, liqueurs, beurre, etc.   908
Mobilier et habillements détruits ou enlevés. . . . 1,800
Harnais de chevaux   70
                                                   ———
                              Total. . . fr. 13,600

La ruine de la famille Deckers est complète, et depuis six semaines la fièvre typhoïde, qui a éclaté au Manil, est venue rendre encore plus lamentable la situation de ces malheureux cultivateurs. — La mère, la fille et les deux garçons ont été successivement attaqués par cette cruelle maladie. La fille seule est guérie ; les autres sont encore alités et leur état inspire les plus vives inquiétudes.

La crainte qu'inspire le typhus dans nos campagnes est poussée si loin qu'elle y éteint tout sentiment d'humanité. Personne autre que le médecin n'a consenti à venir donner des soins à la famille Deckers, qui a été obligée de se suffire à elle-même. Cette famille belge qui, à peine arrivée en France, y a été assaillie par des calamités de toute nature, est digne du plus grand intérêt.

Commune de Vrigne-aux-Bois. — Écart de Maraucourt, arrondissement de Sedan.

Le hameau de Maraucourt, qui compte une vingtaine d'habitants tous adonnés à la culture du sol, a eu beaucoup à souffrir de l'invasion. Il a été occupé, dès le 2 septembre, par un escadron de hussards qui chassèrent les habitants de leurs maisons, les bestiaux de leurs étables et s'y établirent avec leurs chevaux. L'occupation ne cessa que le 11.

Pendant ces neuf jours, les hussards consommèrent pour eux et pour leurs chevaux toutes les provisions que les cultivateurs de Maraucourt avaient mises en réserve pour l'hiver : les grains, pailles et fourrages.

L'avoine étant venue à manquer, ils firent battre le blé qui était resté en gerbes dans les granges et donnèrent les grains à manger à leurs chevaux.

Quantité de têtes de bétail furent abattues pour nourrir non-seulement les hussards qui occupaient Maraucourt, mais encore le reste de leur régiment qui était cantonné à Vrigne-aux-Bois.

Lorsqu'après le départ des Prussiens les habitants de Maraucourt rentrèrent dans leurs maisons dont ils avaient été chassés, ils trouvèrent leurs armoires ouvertes, leur mobilier en partie brisé et le linge enlevé.

Les cultivateurs de Maraucourt qui ont eu le plus à souffrir, sont les familles Crépin (belge), Poulain, Henon, Mozet (français).

La liste ci-dessous des objets enlevés à la famille Crépin par les Prussiens a été déposée à la mairie de Vrigne-aux-Bois, et l'évaluation des objets dépasse 8,500 francs.

Les officiers prussiens ont laissé aux époux Crépin une reconnaissance constatant qu'ils leur avaient pris 7 vaches et 20 moutons qu'ils évaluent ensemble 1,800 francs, mais sans indiquer quand et par qui cette somme devra être payée.

Objets enlevés.

Quatorze bêtes à cornes, à 200 fr. . . . . fr.	2.800
Quarante-six moutons, à 20 fr.	920
Deux porcs, à 100 fr. . . ·	200
Quatre-vingts volailles, à fr. 1-50.	120
Une jument et son poulain	540
Six mille kilog. de foin et de trèfle	960
Mille gerbes de seigle	700
Cinq cents gerbes de blé	500
Huit sacs de blé, à 30 fr.	240
Douze sacs de seigle, à 20 fr.	240
Linge, habillements, vaisselle, outils, bois de chauffage.	1,100
400 gerbes de Dravière et de féveroles	215

Total. . . fr. 8,535

Un membre du Comité, M. Rochedieu, président du Consistoire évangélique à Bruxelles, reçut la lettre suivante :

MON CHER PASTEUR,

Vous connaissez le village de Voncq, arrondissement de Vouziers, département des Ardennes. Plusieurs fois j'ai eu le plaisir de vous y recevoir dans ma maison, qui est en partie brûlée et à peu près livrée au pillage.

Je n'appelle pas pour moi la charité, mais je la réclame en faveur des pauvres habitants qui manquent absolument de pain, de bois, de nourriture.

Plus de 600 personnes sont sans abri, entassées dans des écuries, dans les caves; une centaine de nos habitations sont devenues la proie des flammes; 40 à 50 maisons restent debout, mais elles ont été livrées au pillage : en sorte que les hommes, les femmes et les enfants n'ont aucun vêtement de rechange pour se mettre à l'abri des rigueurs de l'hiver.

J'arrive ajourd'hui de ce pauvre pays, aussi misérable que Bazeilles et plus encore, puisqu'éloigné des villes, personne ne vient à son secours. Nous avons distribué aux plus pauvres nos vêtements et notre linge corporel, mais cela n'est qu'un faible soulagement à la misère.

Veuillez donc, mon cher Monsieur Rochedieu, solliciter des secours auprès du charitable *Comité du pain* dont vous faites partie, et recevez à l'avance les remercîments du soussigné, ancien maire de Voncq, ancien représentant du département des Ardennes.

(Signé) Léon Robert.

26 novembre 1870.

M. Lataud, attaché à la Société de secours aux blessés à Tours, adressa à M. le Président du Comité la lettre ci-dessous :

Monsieur le Comte,

Chargé par M. le vicomte de Flavigny, président de la Société de secours aux blessés, de recueillir en Belgique des dons pour les malheureux incendiés de Châteaudun, je me permets d'intercéder auprès de vous en faveur de ces pauvres victimes si dignes de pitié. Ci-joint j'ai l'honneur de vous remettre un extrait du *Journal d'Indre-et-Loir*, qui relate en quelques lignes les faits si douloureux qui se sont accomplis dans cette pauvre cité :

« Sur une population de 6,800 habitants, 231 maisons ont été complètement détruites de la manière suivante : 9 ont été incendiées par les obus, 193 par le feu mis à la main soit par l'ennemi, soit, chose horrible, par l'habitant lui-même contraint, le pistolet sur la gorge, à incendier sa propre maison, 260 familles se trouvent dans le plus complet dénûment, réduites à la charité publique. Sur ces 260 familles, 190, à qui il ne reste absolument rien et qui comptent parmi elles des membres du Conseil général, du Conseil communal, etc., se trouvaient, avant leur malheur, dans une position prospère soit par leur fortune personnelle, soit par leur commerce, puisque les dommages causés par l'incendie des maisons et des marchandises s'élèvent à 6,000,000 de francs. La rue de Chartres, qui était la plus commerçante, est complétement détruite. »

Je m'adresse à vous pour tâcher, en votre qualité de membre du *Comité du pain*, d'obtenir quelques secours. Les habitants de Châteaudun sont plus malheureux que les Messins; si vous daignez compâtir à leur affreuse misère, ils vous en auront une éternelle reconnaissance.

Veuillez agréer, etc.

(Signé) A. LATAUD.

Le Comité fut, en outre, saisi de demandes de secours en faveur des habitants d'Autrecourt par M. Edmond Pasquier, maire de ce village, et par le curé de Moulins s/M. pour les malheureux habitants si cruellement éprouvés.

Le Comité fut assez heureux de pouvoir répondre à ces appels, et M. Rochedieu, qui avait habité les Ardennes, voulut bien se charger de surveiller l'expédition des secours et d'en assurer l'équitable distribution. A son retour, M. Rochedieu nous adressa le rapport suivant :

RAPPORT SUR L'EXPÉDITION
DANS LE DÉPARTEMENT DES ARDENNES

(M. Rochedieu)

CARIGNAN, MOULINS S/M., AUTRECOURT, VONCQ, FALAISE, DONCHERY,
VRIGNE-AUX-BOIS, SEDAN.

MESSIEURS,

Je viens vous rendre compte de la mission que vous m'avez confiée et de la répartition des secours que vous m'avez chargé de distribuer dans le département des Ardennes.

Parti de Marbehan le 28 novembre au matin, je passai par Tintigny, où j'eus le plaisir de faire la connaissance de M. le curé, qui a mis une grande intelligence et un grand dévouement au service des blessés. Il me recommanda vivement les sœurs de Florenville, ainsi que M. le doyen de cette localité. Je leur fis une visite en passant. Le doyen s'est dépouillé et a souffert, disait-il, comme un Français ; les braves sœurs se sont ruinées pour secourir les blessés et les malades recueillis au passage dans leur demeure. La maison-mère du Pecq, à Metz, ayant été incendiée, les sœurs ne peuvent attendre de secours de ce côté. Elles se montrèrent cependant bien modestes ; je crus bien faire en leur laissant du riz, du café, du sucre et du vin ; je remis également du café à M. le doyen.

J'arrivai à Carignan vers dix heures du soir. Les sœurs de Carignan sont dans un grand dénûment. Elles ont prodigué aux blessés tout ce qu'elles possédaient, et leur nombreux pensionnat n'a plus une seule élève. La supérieure mit beaucoup de réserve à accepter quelques denrées, craignant d'en priver de plus malheureux qu'elle. Je lui laissai du vin, du riz, du café et du sucre.

Le mardi 20, je partis pour Mouzon. Là, Messieurs, un incident tout à fait imprévu devait changer le plan de mon voyage.

J'avais écrit à un ami de Sedan de venir me rejoindre à Mouzon. A ma grande surprise, j'y rencontrai les sœurs de mon collègue de Sedan, lesquelles, apprenant mon passage, venaient me supplier de les accompagner pour venir présider aux funérailles d'un jeune docteur nègre qu'on ne définit pas suffisamment en l'appelant un homme de bien. Le pasteur était absent : il collectait en Angleterre pour les malheureuses victimes de la guerre. Il s'agissait d'un deuil général auquel toute la ville devait prendre part Je crus de mon devoir de me rendre à l'invitation qui m'était faite. J'ordonnai à mon voiturier de continuer sa route en passant par Autrecourt, où il devait déposer une balle de riz, du sucre, du vin, une demi-balle de café chez le maire, M Pasquier. Je laissai, à Mouzon, en bonnes mains, une balle de riz pour le maire de Moulins s/M., et je partis pour Sedan.

Je n'eus pas à me repentir de ma résolution, à cause de ce que je devais voir et entendre. Il est, Messieurs, des spectacles de dévouement et d'affection qui consolent des maux qu'entraîne le fléau de la guerre.

Le docteur Davis, le bon docteur noir, comme on l'appelait, avait quitté les Antilles anglaises pour consacrer ses talents et sa fortune aux blessés et aux malheureux. Il n'avait que vingt-huit ans, et il était respecté comme un docteur modèle et comme la Providence du pays. Il dirigeait et entretenait à ses frais la nombreuse ambulance de Pont-Maugis, remplie de soldats allemands. Il dépensait des sommes énormes pour les pauvres et avait, par exemple, institué des bouillons à Balan pour 800 personnes de Bazeilles, Lamoncelle, etc, Les sœurs du pasteur, qui le secondaient dans ces soins, auront encore, grâce à sa générosité, la possibilité de distribuer des soupes jusqu'au mois d'avril, à raison de 60 francs par jour. Pendant mon séjour à Sedan, à mon retour, j'ai vu établir un nouveau bouillon à Givonne, avec le concours de M. Bullok, représentant du *Daily-News*.

Je n'oublierai jamais ce cortège de toute une ville, accompagnant le jeune docteur nègre au champ du repos, en tête, la municipalité, qui avait réclamé l'honneur de tenir les cordons du poêle, cette multitude attentive, les yeux pleins de larmes, éclatant souvent en sanglots! Je ne saurais vous dire avec quelle émotion je devais porter la parole dans de pareilles circonstances, après treize années écoulées depuis que j'avais quitté le pays.

Vous me pardonnerez, Messieurs, d'entrer dans ces détails ; mais il me semble que je reste fidèle à ma mission en vous parlant de bienfaits que nous essayons d'imiter.

Le mercredi 30 novembre, je partis pour Voncq, je rejoignis mon voiturier au Chêne. Il avait passé la nuit à Chemery, à Voncq, j'ai trouvé une commission excellente toute constituée : M. le curé, un ancien notaire et un ancien commandant des cent-gardes. Nous n'avons qu'à nous louer de leur zèle, de leur jugement, de leur amour pour les pauvres. Je leur remis : quatre balles de riz, deux balle de café. un panier de vin, quelques pains de sucre, un ballot de couvertures et chemises, plus deux cents francs à convertir en bons de pain : idée qui leur a beaucoup souri.

Voncq offre un aspect désolant; il se détache sur une hauteur comme une immense ruine qui domine la vallée de l'Aisne. La moitié du village est brûlé : 140 ménages, plus de 600 personnes entassées dans des trous ou chez leurs voisins.

M. Bullok, correspoudant du *Dailly News* et directeur d'un Comité établi à Londres, m'avait précédé et avait envoyé des vêtements, de sorte que nos deux expéditions se complétaient parfaitement. J'ai eu le plaisir de faire à Sedan la connaissance de M. Bullok, qui a le don de se multiplier en parcourant le pays.

Je me rendis à Falaise le lendemain. J'y trouvai un maire fort intelligent, qui a dressé un état des pertes que vous pourrez consulter, et un vénérable curé, qui a été pendant vingt ans missionnaire en Chine. Je passai là quelques heures qui laissent des souvenirs. L'idée des bons de pain fut considérée comme la meilleure manière de venir en aide aux malheureux incendiés. Je leur laissai pour cet objet 200 francs. Falaise est sous Vouziers et la moitié du village est brûlée. M. le curé me montra les vêtements qu'il venait de recevoir de M. Bullok, qui là aussi m'avait précédé.

Le vendredi je partis pour Vrigne-aux-Bois. Je visitai, en passant, l'ambulance de Donchery et remis à M. Amour, le maire, un panier de vin à prendre à Sedan, où j'avais apporté trois paniers pour les malades et les blessés. J'en ai remis deux au Comité des dames qui s'occupent des pauvres et des malades, et qui les ont accueillis avec joie pour les nombreux malades du typhus et de la dyssenterie.

A la ferme du Manil, la famille Deckers m'inspira le plus vif intérêt et la plus grande compassion. Ils ont douze enfants Plusieurs relèvent du typhus, deux ou trois sont encore malades, la mère encore très faible, digne et excellente femme. Leurs bêtes, du moins celles qui leur restent, sont malades de la gourme. Les pauvres gens n'ont pas eu beaucoup de bonheur. Depuis leur arrivée au mois de mai, ils n'ont eu que des revers. Ils sont cependant très dignes et pleins de courage; bonne famille et très unie. Ils ont reçus, les larmes aux yeux, les 200 francs du Comité. Du reste, je n'ai pas besoin de vous dire qu'on a chanté vos louanges tout le long de ma route.

A Miraucourt il n'y a que cinq maisons, dont deux fermiers de Mme Evain, de Vrigne-aux-Bois. J'ai vu la famille Crépin, belge comme les Deckers. Ils ont moins souffert, n'ayant pas eu de malades. Mais ils ont été rançonnés et pillés. J'ai trouvé ces personnes fort dignes d'intérêt et particulièrement pour notre pays, en leur qualité de Belges. Cependant je dois faire remarquer que leur infortune est celle de milliers de familles et de centaines de villages du pays, qui ont été soumis à des réquisitions incessantes et souvent au pillage.

C'est l'observation que je fis à Mme Evain que je vis quelques instants après à Vrigne-aux-Bois. Avec son approbation et parce que j'avais appris qu'il y a beaucoup de Belges à Vrigne-aux-Bois, je partageai la somme de 300 francs, savoir :

80 francs pour la famille Crépin,

120 francs pour les autres habitants de Maraucourt,

et 100 francs au maire et au curé de Vrigne-aux-Bois, pour être convertis en bons de pain.

Du reste, je ne doute pas que Mme Evain, qui a fait beaucoup de bien à la commune et qui a employé son immense fortune à construire une église, une salle d'asile à Vrigne-aux-Bois, ne fasse aussi quelque sacrifice pour ses fermiers. Elle me fit visiter son ambulance où se trouvaient encore quelques blessés.

A Sedan, je remis 500 francs au Comité qui procure des secours en nature aux pauvres gens des villages environnants qui se sont vu tout enlever, jusqu'aux objets les plus insignifiants. J'ai pensé qu'il serait bon que notre Comité constatât son existence, en donnant sa part dans le soulagement de ces infortunes.

Pendant mon séjour de deux ou trois jours à Sedan, j'ai eu l'occasion de voir un grand nombre de familles des environs. J'ai assisté à la distribution des soupes et des vêtements confiés aux dames par M. Bullok. J'ai rencontré parmi ces malheureux beaucoup de vieilles connaissances La plupart des incendiés sont entassés chez leurs compatriotes ou parents des environs. Quelques-uns, poussés par l'amour du domicile, cherchent, pour y habiter, dans les débris de leurs demeures un fournil, une étable, un trou pour s'y caser. Outre les distributions de vivres et d'aliments, on essaie de procurer du travail. Les dames Gulden ont entrepris la chose sur une assez grande échelle et sont parvenues, avec les secours qu'elles ont reçus d'Angleterre, à faire travailler un grand nombre de femmes de Balan, de Bazeilles, de Givonne, Lamoncelle, Illy, etc, en leur faisant confectionner des jupes de flanelle qu'elles distribuent.

M. Gulden est revenu d'Angleterre avec une bonne collecte et des vêtements, couvertures, etc. Miss Cross, belle-sœur de M. Bullok, s'est mise à la tête du bouillon de Givonne. Quelques fabricants font travailler les ouvriers pendant quelques heures de la journée, tant qu'ils ont du charbon et de l'argent. Le charbon coûtait 65 francs le mille ; nous mourrions de froid.

Je conclus par quelques réflexions : Ce qui me paraît à craindre, c'est moins le présent que l'avenir, alors que le travail manquera et que peut-être les secours diminueront. En ce moment le pain n'est pas très-cher, la viande encore moins : ce qu'on explique par la hâte avec laquelle les paysans vendent leurs bêtes à cornes, par crainte des réquisitions. Mais plus tard !... Dans l'intérieur du département, on a heureusement encore des pommes de terre.

2° Beaucoup de villages non incendiés et non pillés ont souffert beaucoup du passage continuel des troupes des deux nations, parce qu'ils sont sur leur route.

3° Si le Comité était appelé de nouveau à porter des secours dans les Ardennes, je crois qu'il ne serait plus nécessaire d'envoyer de chariots, ce qui nécessite des frais considérables. On pourrait, soit faire donner des bons de pain, soit acheter sur place du riz, dont le prix n'est pas assez élevé pour balancer les frais de voyage. D'un autre côté, M. le maire d'Autrecourt a offert d'envoyer sa voiture en Belgique, pour chercher ce qu'on enverrait pour son village ou pour les environs. Il m'a demandé du Malaga et des biscuits pour deux officiers blessés. Les dames Gulden m'ont promis de lui faire une visite et de porter ce vin et ces biscuits.

Du reste, je pense, Messieurs, que les divers comités qui fonctionnent avec ordre et avec zèle pourvoiront au plus pressé, et il nous sera facile de nous mettre en relation avec eux pour nous servir, au besoin, de leur intermédiaire ou pour éviter un double emploi.

En somme, les besoins sont grands dans les Ardennes. L'état sanitaire y est peu satisfaisant. Le typhus fait des ravages dans les campagnes. Certains villages, comme les Grandes-Armoises, en sont infectés; la petite vérole et la dyssenterie sévissent également, principalement à Sedan et dans ses environs. Si l'air n'était pas si pur, la peste y régnerait depuis longtemps. Je crains que les ressources du Comité n'arrêtent son zèle ou que d'autres localités plus éprouvées ne réclament ses soins. Quoi qu'il en soit, notre œuvre n'aura pas été vaine, et si j'en crois ce que j'ai vu, nous n'aurons pas obligé des ingrats. J'ai pu, sans souffrir dans ma modestie, entendre l'éloge de la Belgique, puisque j'étais le mieux placé pour être le premier reconnaissant au nom de mon malheureux pays. Je n'ai jamais si bien compris l'utilité du *Comité du pain*, et je n'ai qu'un vœu à former, c'est que les moyens lui arrivent toujours plus considérables pour soulager tant de misères.

ROCHEDIEU.

M. Rochedieu a donc distribué, dans les villes et villages qu'il a visités, en nature :

Six balles de riz ;
Trois balles de café ;
Douze pains de sucre ;

Trois cents bouteilles Saint-Émilion ;

Vingt jambons ;

Cent quarante-quatre kilogrammes de lard ;

Quinze kilogrammes de tabac.

En argent, pour être converti en bons de pain :

A la famille Deckers, à Vrigne-aux-Bois. . . . . fr. 200

A Falaise 200

A Voncq 200

A la famille Crépin, à Maraucourt. 80

Aux autres familles de Maraucourt 120

A Vrigne-aux Bois 100

Pour Sedan et ses environs 500

Postérieurement au départ de M. Rochedieu, le Comité a reçu de M. le baron Evain un exposé de la situation du village de Vrigne-sur-Meuse, arrondissement de Mézières. Cette commune, située à la limite de l'arrondissement de Mézières contre celui de Sedan, a une population de 172 habitants, tous cultivateurs. La superficie cultivée dans cette commune est de 505 hectares.

Vrigne-sur-Meuse a été occupée dès le 31 août par les troupes allemandes qui, au nombre de 1,000 fantassins et de 500 carabiniers, y ont vécu aux dépens des habitants jusqu'au 12 septembre.

Cette occupation de treize jours a occasionné une perte de plus de 100,000 francs, constatée par le maire de la commune à la suite d'une enquête qu'il a ouverte et au moyen de laquelle il a établi la liste des objets disparus. La valeur de chaque objet a été évaluée par M. Peltier-Noiyet, maire de la commune. Pendant la durée de l'occupation, tout travail a été interrompu. En outre, la commune de Vrigne-sur-Meuse a été frappée d'une contribution de guerre de 600 francs. Enfin, rien ne peut faire prévoir quand les habitants seront affranchis de l'occupation, car le 13 et le 14 de ce mois, ils ont encore été contraints de loger et de nourrir 250 hommes d'infanterie et 5 chevaux d'officiers.

Le Comité a également été saisi d'une demande de secours en faveur de la commune du Chesne-Populeux, département des Ardennes. Cette demande est conçue dans ces termes :

« A Monsieur le Pasteur Rochedieu.

» J'ai appris, Monsieur que vous aviez distribué des secours en vêtements, argent, etc., dans notre malheureux département que vous avez habité autrefois.

» C'est du fond du cœur que je vous adresse. comme à MM. les membres du Comité, les sincères remercîments à l'égard de tant de services déjà rendus, et c'est avec confiance que je viens vous offrir l'occasion d'en rendre de nouveaux.

» Le village bien connu du Chesne-Populeux est situé dans le département des Ardennes, sur un des défilés de l'Argenne.

» La misère y est à son comble, car sa position géographique en a fait fatalement le passage des armées jusqu'alors.

» Avant la bataille de Sedan l'armée française traversa ce village et y campa.

» Elle avait à peine franchi les limites de son étroit territoire, que l'armée allemande nous envahissait.

» Après le désastre de Sedan, cette dernière, revenant sur ses pas, occupait de nouveau la malheureuse commune.

» Pendant la durée d'au moins deux mois, le Chesne-Populeux, traversé sans relâche par des armées entières, dut subir les réquitions énormes que nécessite l'entretien de *cinq ou six cent mille hommes !*

» Dernièrement encore, après la reddition de Metz, vingt-cinq à trente mille hommes de l'armée allemande y faisaient de nouveau irruption.

» Il n'est pas possible d'apprécier la valeur des réquisitions de toute nature que ce pauvre pays eut à supporter ; la plus grande partie des chevaux fut enlevée par l'armée allemande, et la presque totalité des bêtes à cornes est devenue la proie du typhus que cette armée traînait après elle.

» Je laisse à votre excellent cœur le soin d'apprécier l'extrême pénurie dans laquelle peut se trouver un village qui ne compte que *quinze cents habitants*, et qui a eu à supporter successivement le passage de quatre grandes armées.

» J'ai bien là une usine qui occupait un certain nombre d'ouvriers, mais j'ai été contraint, par la force des choses, d'en arrêter le travail que je ne puis reprendre en temps de guerre, à cause de la combustibilité des produits que je fabrique.

» Par toutes les causes déduites et par cette dernière, le village du Chesne-Populeux se trouve être actuellement épuisé par les réquisitons énormes qui y ont été faites en nature et en argent.

» Il est sans ressources, sans travail et, de plus, exposé par la suite à de nouveaux et durs sacrifices que sa position géographique rend inévitables.

» Je vais frapper à toutes les portes, essayer de réunir quelques sommes, les grouper à celles que je verserai moi-même, pour envoyer le tout à mes concitoyens et essayer de leur éviter les horreurs d'une faim imminente.

» Aussi, Monsieur le Pasteur, viens-je plein de confiance vous supplier d'être mon interprète auprès du Comité, pour qu'il vienne en aide aux malheureux de mon village.

» Recevez, Monsieur le Pasteur, en mon nom et au nom de mes concitoyens, l'assurance de la vive reconnaissance avec laquelle nous accueillerons le don que le Comité voudra bien nous faire.

» (Signé) HUBERT, FILS
« du Chesne-Populeux. »

La lettre suivante, que nous croyons devoir reproduire, accuse réception des dons remis à Carignan par M. Rochedieu.

« MONSIEUR LE PRÉSIDENT,

» Nous avons eu l'avantage. il y a quelque temps, de voir un membre du *Comité du pain*, dont j'ignore le nom. Ce monsieur était chargé de nous remettre de votre part quelques secours en nature. Nous les avons acceptés avec la plus vive reconnaissance, et je me fais un devoir, Monsieur le Président, de vous l'exprimer du fond de mon cœur. Si notre position ne devait pas s'améliorer d'ici à longtemps, nous userions sans crainte de votre charité ; mais si la bonne Providence permet que nos élèves reviennent bientôt, nous nous ferons une obligation de distribuer vos dons aux plus nécessiteux : il y en a tant autour de nous! Quand donc, Monsieur le Président, verrons-nous cette affreuse guerre finir? Quand aurons-nous le bonheur de voir enfin la paix nous revenir et nous rendre l'espérance de pouvoir au moins reprendre le travail nécessaire à l'existence?..... Mais combien notre malheureuse patrie doit de reconnaissance à la bonne et si charitable Belgique! Combien surtout notre ambulance en doit particulièrement au *Comité du pain ?* Permettez-moi donc ici, Monsieur, le Président, de vous remercier encore, ainsi que ces Messieurs, de tout ce que vous avez fait pour ces pauvres blessés. Nous en garderons toujours le meilleur souvenir.

» Je suis avec respect, Monsieur le Président.

» Votre très humble servante,
» (Signé) Sœur CAMILLE, supérieure.

« Carignan, couvent de Sainte-Chrétienne, 12 décembre. »

ANNEXE 13BIS.

La princesse Eugène de Caraman-Chimay a fait parvenir au Comité, au nom du canton de Beaumont :

     456 chemises.
      20 douzaines de bandes de poitrine.
      43 draps vieux.
      52 draps neufs.
      32 couvertures.
      21 chemises de blessés.
      19 caleçons de blessés.
      12 essuie-mains.
       8 plastrons de flanelle.
       4 paires de chaussettes de laine.
       2 pantalons de toile grise.
      12 mouchoirs.
       3 caisses de charpie.
       1 caisse de charpie en bottes.
     500 compresses pénétrées.
       1 caisse de compresses.
   1,300 bandes de 3 à 6 mètres.

Ces dons ont été expédiés, par les soins du Comité, à Bordeaux, à M. Dubois, chef du dépôt des locomotives du chemin de fer à la gare de Nantes (Loire-Inférieure), pour être distribués, selon le désir de la donatrice, aux blessés de l'armée de la Loire.

Cette distribution a été confiée aux soins de M. le comte de Galembert, président du Comité de secours de Tours.

Le Comité a remis à M. le docteur Pireyre, de passage à Bruxelles, pour se rendre à Orléans, 158 bouteilles de vin, deux balles de riz, une balle de café, cinq caisses de cigares, six chemises de flanelle, douze ceintures, six gilets, deux douzaines de chaussettes, du thé, du chocolat et de la charpie. Il a envoyé au préfet du département du Nord, pour les ambulances, 220 chemises, 200 caleçons, 1,500 bandes de corps, 13,200 compresses, 60 essuie-mains, 48 mouchoirs, 50 kilogr. de charpie.

Un premier secours d'une somme de cent francs a été voté en faveur des habitants de Vrigne-sur-Meuse.

Une somme de 750 francs a été votée en faveur des malheureux de Châteaudun ; mais, malgré toutes les démarches faites par le Comité, il n'a pas encore trouvé une voie sûre par laquelle il pourrait faire parvenir cette somme à sa destination.

POUR LE COMITÉ :

Le Secrétaire,
GUSTAVE LEMAIRE.

Le Président,
Cte LOUIS DE MÉRODE.

ANNEXE N° 14.

RAPPORT SUR LES ARDENNES

(M. le baron Evain.)

Mézières, 10 janvier 1871.

Le Département des Ardennes, déjà si cruellement éprouvé depuis le commencement de la guerre actuelle, vient de subir un nouveau désastre au moins égal, si ce n'est supérieur à celui de Bazeilles.

La ville de Mézières, le chef-lieu du Département, n'existe plus ! J'en ai parcouru hier les ruines fumantes, j'ai vu les habitants pleurer sur leurs familles décimées et leurs maisons détruites, et c'est après m'être rendu un compte exact de cette lamentable situation, que je viens supplier le Comité du pain d'apporter quelque soulagement aux malheureux survivants de ce sanglant épisode de la guerre que les troupes allemandes font depuis près de cinq mois dans les Ardennes.

Mézières comptait à peine cinq mille habitants, et ce n'était que comme place de guerre que la ville avait de l'importance. Les divers siéges qu'elle eut à soutenir dès le commencement du xvie siècle, lui avaient même donné une certaine notoriété.

Les Prussiens avaient tenté plusieurs fois depuis la bataille de Sedan de s'emparer de Mézières, mais leurs tentatives avaient échoué devant la vigilance de la garnison. Ils avaient même été forcés d'abandonner les travaux d'approche commencés et de se replier dans les villages à huit ou dix kilomètres de la place, où ils avaient formé un corps d'observation dont le centre occupait Boulzicourt. Les engagements presque journaliers que ce corps avait avec les troupes régulières et irrégulières qui formaient la garnison de la place, et surtout le désir de s'emparer du chemin de fer qui relie les Ardennes à la Belgique et qui passe sous le canon de la citadelle de Mézières, décidèrent les Prussiens à tenter un suprême effort et à employer contre cette petite place les puissants moyens de destruction dont ils avaient fait usage contre nos grandes forteresses de l'Est, qui sont tombées aujourd'hui en leur pouvoir.

Un corps de dix mille hommes vint dans les premiers jours de décembre renforcer les troupes allemandes qui occupaient les environs de Mézières. Une formidable artillerie amenée de Strasbourg et de Montmédy fut mise en batterie autour de la place, dont l'investissement fut complet dès le 30 décembre. — Le même pour un parlementaire prussien se présenta aux portes de Mézières, et vint en sommer le commandant d'avoir à rendre la ville, sous menace de bombardement. Le commandant de place refusa, et le lendemain 31 décembre, à huit heures du matin, quatre-vingt six pièces de gros calibre commencèrent le feu et le continuèrent sans interruption pendant vingt-sept heures.

Les artilleurs prussiens avaient pris le clocher pour point de mire de leur feu convergent; tous leurs projectiles tombaient à l'entour avec une précision mathématique, répandant l'incendie et la mort dans les paisibles demeures qui s'étaient groupées autour de la basilique. Le presbytère, la maison des Sœurs de Sainte-Chrétienne, les écoles communales tenues par les Frères, les pensionnats, etc., furent les premiers atteints.

Vers cinq heures de l'après-midi, plusieurs incendies étant allumés au divers points de la ville et la place ne répondant plus que faiblement sur feu de l'ennemi, le maire de Mézières, convaincu de l'impuissance de la défense, et voyant que sa prolongation ne pouvait avoir pour effet que la destruction totale de la ville et le massacre de ses habitants, vint demander au commandant de place de capituler. Mais celui-ci ajourna toute décision à ce sujet après la réunion du Conseil de défense, qui n'était convoqué que pour le lendemain à six heures du matin

Les batteries allemandes continuèrent leur feu, qui redoubla d'intensité pendant la nuit, à ce point que vingt-quatre bombes ou obus étaient projetés à chaque minute dans l'enceinte de la ville. Ces projectiles, du poids de soixante-quinze à quatre-vingts kilogrammes, faisaient d'affreux ravages et semaient partout l'épouvante, l'incendie et la mort.

Le dimanche 1er janvier, à huit heures du matin, le Conseil de défense se décida à capituler et le drapeau blanc fut hissé sur le clocher de l'Élgise; mais les Prussiens ne purent ou ne voulurent pas le voir et continuèrent leur feu qui ne cessa que vers onze heures, lorsque des parlementaires sortis de la place purent après mille dangers, arriver jusqu'aux batteries ennemies.

La capitulation fut signée à deux heures, et le lendemain 2 janvier, à midi, les troupes allemandes firent leur entrée triomphale dans ce qui fut Mézières.

Les fortifications et la citadelle étaient intactes, la garnison n'avait perdu que quatre hommes, mais les trois quarts des maisons de la ville étaient détruites et la population civile avait eu seule à supporter, dans ses personnes et dans ses biens, les affreuses conséquences du bombardement.

La fièvre du triomphe fut telle parmi les Allemands que huit officiers se trouvèrent impuissants à réprimer les odieux excès qui signalèrent l'entrée des troupes. Les caves furent pillées, les décombres des maisons fouillées pour y dérober les quelques objets échappés à l'incendie, et c'est au milieu de soldats prussiens ivres que le clergé dut procéder à l'enlèvement des premiers cadavres qui furent retirés des maisons écroulées.

Dès le commencement du bombardement, le commandant de place avait offert aux habitants de les abriter dans les casemates, mais très-peu profitèrent de cette offre. Ils préférèrent ne pas quitter leurs maisons et se retirer dans leurs caves qu'ils savaient avoir résisté aux efforts du bombardement que Mézières eut à subir à la fin du premier Empire. Ils ne connaissaient pas, hélas! la puissance de destruction des projectiles incendiaires de l'artillerie prussienne.

Les maisons, détruites de fond en comble, s'affaissaient sur les voûtes des caves qu'elles effondraient en écrasant les malheureux qui s'y étaient réfugiés, ou en les asphyxiant par l'amoncellement des décombres qui obstruaient toutes les issues des retraites qu'ils s'étaient choisies. D'une seule cave on a retiré vingt-sept cadavres, d'une autre douze, d'une troisième sept, etc., etc. On est arrivé ainsi au chiffre de cent vingt, et le déblaiement est loin d'être terminé·

L'hôpital n'a pas même été épargné par les projectiles prussiens qui l'ont incendié, et les malades ont dû être transportés dans les casemates sous une pluie d'obus.

De cinq cents maisons que comptait Mézières, trois cent quarante sont complètement détruites, et il en reste à peine quelques vestiges. Sur les cent soixante qui sont encore debout, il n'y en a pas vingt qui soient intactes ; toutes les autres ont subi des détériorations plus ou moins considérables, et quinze cents habitants se trouvent sans asile !

Mézières n'étant habitée que par l'administration départementale dont elle était le centre, et par une garnison importante, n'avait aucune industrie. Sa population, réservée dans l'enceinte fortifiée de la place, se livrait toute entière au petit commerce de détail. Chaque habitant était ou marchand, ou propriétaire d'une maison, dont il se réservait seulement un étage et louait les autres à des fonctionnaires ou à des officiers. La destruction des maisons est donc la ruine totale de cette population.

13

Le maire de Mézières, M. le comte de Béthune, qui m'a entretenu hier de la situation désastreuse faite à ses administrés par les événements de guerre que je viens de relater, estime que les secours les plus urgents devraient consister en literie et en argent. — La literie, les couvertures surtout, sont d'une absolue nécessité pour les malheureux, dont les maisons sont détruites et qui sont refugiés dans les casemates. — L'argent est indispensable pour fournir, à ceux des habitants qui sont en état de travailler, les moyens de quitter la ville et d'aller, dans des contrées moins ravagées, chercher des moyens d'existence.

Baron EVAIN.

Ancien membre de l'Assemblée législative et du Conseil général des Ardennes.

(Correspondant du *Comité du pain*).

ANNEXE N° 15.

___

RAPPORT SUR LA DIXIÈME EXPÉDITION

(*M. G. Lemaire.*)

MESSIEURS,

L'effroyable guerre qui, depuis six mois, a fait couler des flots de sang et fait naître d'incommensurables misères, ne semble pas près de finir : chaque jour elle étend ses ravages.

Une grande partie de la France, celle qui longe notre frontière du Midi et qui jusqu'ici avait échappé à ce terrible fléau, vient, à son tour, de lui payer un douloureux tribut.

Le département du Nord, les départements de l'Aisne, du Pas-de-Calais, de la Somme, ont été récemment le theâtre de luttes sanglantes et souffrent aujourd'hui de tous les maux que la guerre entraîne après elle. A la suite de ces combats, un grand nombre de blessés avaient été transportés dans le département du Nord. Le Comité qui disposait d'une quantité assez importante d'objets pouvant contribuer au soulagement des souffrances de ces malheureux, décida de les faire parvenir au préfet du Nord.

L'envoi comprenait 220 chemises, 200 caleçons, 1,500 bandes de corps, 13,200 compresses, 60 essuie-mains, 48 mouchoirs, 50 kilog. de charpie.

M. Pierre Legrand, préfet du Nord, nous accusa réception de cet envoi par une lettre en date du 7 janvier, conçue dans les termes suivants :

« Lille, 7 janvier 1871.

PRÉFECTURE DU NORD.

—

Cabinet du Préfet.

» MONSIEUR LE TRÉSORIER,

» J'ai l'honneur de vous accuser réception des neuf colis dont vous avez bien voulu m'annoncer l'envoi par votre lettre du 28 décembre.

» Je suis profondément touché d'un témoignage aussi marqué de sympathie pour nos malheureux blessés, et je vous serai très-obligé d'être, auprès de votre charitable Société, l'interprète de mes sentiments de reconnaissance et de ma vive gratitude.

» Les objets que vous m'envoyez arrivent à point, car nous attendons en ce moment, à Lille, de nombreux militaires blessés dans les combats qui viennent d'avoir lieu aux environs de Bapaume (Pas-de-Calais). En leur nom aussi je vous remercie de tout cœur.

» Agréez, Monsieur le Trésorier, l'assurance de ma considération la plus distinguée.

» *Le Préfet du Nord,*

» (Signé) : PIERRE LEGRAND. »

Postérieurement à cette expédition, des événements plus graves s'étaient produits dans les départements précités Des renseignements parvenus à divers membres du Comité, il résultait que les misères étaient grandes. Pour leur venir efficacement en aide, il n'y avait pas de temps à perdre Votre bureau, réuni d'urgence, vota un crédit de 4,000 francs pour une expédition dans le Nord dont il voulut bien me charger. Afin de ne pas créer des frais inutiles de transport, il fut résolu que je n'emporterais d'abord que des vêtements, désignés comme étant les plus urgents et, qu'après m'être rendu sur les lieux, le bureau ferait diriger les secours vers les endroits où ils seraient utiles.

Avant de me mettre en route, je crus prudent, dans l'état actuel des choses, de me munir d'une recommandation du Ministre de France à Bruxelles et, à la suite d'une démarche que M. Feigneaux, notre vice-président, eut l'obligeance de faire auprès de lui, M. Tachard me fit parvenir la pièce dont voici le texte :

LEGATION DE FRANCE
EN BELGIQUE.
—

» Le Ministre de France recommande aux autorités civiles et militaires de la République française, M. Lemaire, secrétaire du *Comité du pain*, de Bruxelles, se rendant en France pour porter secours aux blessés des différentes ambulances établies sur le territoire français. Il les prie de lui donner toutes facilités nécessaires à l'accomplissement de sa charitable mission.

« Bruxelles, le 9 janvier 1871.

» *Le Ministre de France,*
» (Signé) A. TACHARD. »

Grâce à cette lettre, grâce aussi au bien que le Comité a pu faire, je reçus des autorités lilloises le meilleur accueil. Elles s'empressèrent de mettre à ma disposition tous les renseignements qui pouvaient faciliter ma tâche.

Dans le département du Nord, le nombre des blessés à secourir est considérable, mais le dévouement des habitants suffit amplement pour faire face à tous les besoins. M. le préfet du Nord m'engagea vivement à m'enquérir des besoins de Bapaume et des villages voisins de cette ville. Les Allemands, après avoir, pendant 17 jours, occupé Bapaume et les villages environnants, en furent chassés par les Français à la suite de trois journées de combats acharnés.

Arriver à Bapaume n'était pas chose facile, toutes les communications régulières étaient interrompues. Une première fois, nous dûmes rebrousser chemin. Tous les chevaux, tous les chariots, toutes les voitures avaient été mis en réquisition par les autorités. Enfin, grâce à la rencontre que nous fîmes d'une dame qui recherchait son fils, lieutenant dans la mobile, et qui, plus heureuse que nous, avait trouvé une voiture, nous pûmes arriver à Bapaume, mais nous fûmes forcés de laisser provisoirement nos ballots à Arras.

Les habitants de Bapaume étaient encore en proie à l'émotion qu'ils avaient éprouvée par suite des horribles scènes dont ils avaient été les témoins, et dont les traces étaient visibles de quelque côté que se tournât le regard.

Le 3 janvier, jour où se livra la bataille décisive, 1,500 blessés avaient été transportés dans Bapaume; mais, depuis lors, presque tous avaient été évacués. Le jour de notre arrivée il n'en restait plus que 200, dont 60 étaient soignés à l'hôpital de la ville; 140, — 80 Prussiens et 60 Français. — à la caserne. Cette dernière ambulance, desservie par les Sœurs de la Pitié, avait été improvisée et tout y faisait défaut.

Bapaume avait eu beaucoup à souffrir de l'occupation allemande. Les Allemands avaient visité les caves, les greniers et enlevé tout ce qu'ils y avaient trouvé. L'ensemble des réquisitions, en nature, a été officiellement évalué à 600,000 francs. Ils n'avaient pas fait de réquisitions d'argent, car sur les 3,000 habitants que compte Bapaume, il en est 1,200 qui sont inscrits sur les registres des pauvres. C'est assez vous dire quelle est la situation de cette ville.

La situation des villages avoisinants, Behagnies, Sapignies, Favreuil, Biefvillers, Fremicourt, est plus triste, plus désastreuse encore. Tous ces villages, que traverse la grande route, ont été disputés et enlevés aux Allemands. Ceux-ci s'étaient réfugiés dans les habitations qu'ils avaient crénelées, pour mieux se défendre. De toutes ces maisons il n'en est pas une seule qui soit encore habitable.

Quant aux habitants, ce qu'ils ont eu à souffrir, les désastres auxquels nous avons déjà assisté permettent de s'en faire aisément une idée.

Les vêtements, les pommes de terre, la farine, le café, le riz étaient demandés, implorés.

Nous décidâmes de rentrer d'abord à Bruxelles, pour réclamer le complément du subside voté en nature et faire ainsi une distribution plus efficace, plus complète dans la contrée que nous venions de visiter, et poursuivre ensuite nos explorations.

Après m'être entendu avec notre trésorier, celui-ci s'empressa d'expédier les denrées que je lui signalais Je repartis, accompagné de notre collègue, M. Henri Van Cutsem.

Mon expédition comprenait :

50 paires de draps de lit.
24 couvertures en laine.
6 1/2 douzaines de chemises en flanelle.
4 douzaines de caleçons.
4 douzaines de gilets.
6 douzaines d'essuie-mains.
1 douzaine de chemises en toile.
254 paires de chaussettes en laine.
4 balles de café.
2 balles de riz.
100 paquets de chocolat.
25 kilogrammes de chicorée.
60 kilogrammes de sucre en pain.
10 sacs de pommes de terre.
10 sacs de farine.

A l'exception des vêtements expédiés antérieurement, les colis ne parvinrent à Lille que le lendemain de notre arrivée.

Ce retard, d'ailleurs fort excusable en présence du désordre qui règne en ce moment sur toutes les lignes françaises, ne nous permit pas d'accomplir notre projet; car, pendant la journée que nous venions de perdre, de graves événements s'étaient accomplis. Bapaume avait été réoccupée par les Allemands, et on se battait aux environs de cette ville.

Le préfet du Nord avait informé son collègue d'Arras de notre arrivée et l'avait prié de réquisitionner une voiture pour nous transporter, nous et nos colis. Le préfet d'Arras nous fit l'accueil le plus bienveillant, le plus empressé, mais il nous fit voir le danger qu'il y aurait, non-seulement pour nous, mais pour nos secours, à nous diriger sur Bapaume ; il nous conseilla vivement de nous rendre à Cambrai, de là à Saint-Quentin et à Péronne. Les raisons que nous donnait M. le préfet nous parurent tellement plausibles que nous nous y rendîmes. et nous nous mîmes en route pour Cambrai, après avoir reçu du préfet une réquisition pour le transport gratuit de nos colis.

Avant notre départ d'Arras, nous eûmes l'occasion de nous assurer, que rien ne manquait dans les ambulances de cette ville. Ces ambulances, au nombre de huit, renferment environ 1,200 blessés. Nous eûmes la joie de constater qu'à Arras la Belgique était déjà représentée d'une façon qui a valu à notre pays les bénédictions d'un nombre considérable de malheureux ainsi que de tous les habitants d'Arras. Vous n'êtes pas sans avoir entendu parler de l'ambulance anversoise. Nous l'avons visitée et je n'hésite pas à le dire, cette ambulance est sans contredit la mieux organisée de celles que j'aie pu voir. Elle ne laisse rien à désirer sous aucun rapport. Organisation, hygiène, service médical, tout y est parfait. Etablie dans le local du séminaire, elle est divisée en quatre salles où actuellement il se trouve encore 130 blessés, dont 9 allemands.

Le service médical, placé sous la direction de M. Smet van Aeltert, de Bruxelles, est desservi par dix médecins, dont quatre Belges, quatre Français et deux Norwégiens.

Les professeurs et les élèves du séminaire assistent les médecins, en remplissant les fonctions d'internes et d'infirmiers.

A la tête de l'Economat se trouve placé un Anversois, M. Cuperus.

Les blessés qui se trouvent dans cette ambulance, ont été relevés sur le champ de bataille par les médecins attachés à l'ambulance. Dans la nuit du 2 au 5 janvier, ils en ont relevé et transporté 400, à l'aide de trois ambulances volantes.

Tout le matériel a été fourni par des souscriptions recueillies à Anvers. Ce sont ces souscriptions qui continuent à subvenir aux frais de l'entretien de l'ambulance. J'ai voulu entrer dans ces détails, pour vous montrer, Messieurs, combien l'œuvre de nos compatriotes est méritoire et digne de nos sympathies.

Le sous-préfet de Cambrai, prévenu par M. le maire d'Arras, nous attendait et nous reçut le plus cordialement. Il se mit à notre disposition. A Cambrai même, 1,200 blessés avaient été recueillis, mais les besoins étaient de peu d'importance. Il n'en était malheureusement pas de même de deux villes voisines : de Péronne et de Saint-Quuentin. La première, dont on a déjà beaucoup parlé, est dans la situation la plus affreuse, plus affreuse, peut-être, qu'aucune de celles qui ont eu à souffrir de la guerre. Cette petite ville a été bombardée; 75 maisons ont été détruites et leurs habitants forcés de se réfugier dans les caves. Dans ces caves la variole a éclaté et faisait d'épouvantables, d'horribles ravages.

Les loueurs nous ayant absolument refusé de nous donner des voitures pour uous rendre à Péronne, attendu que les chevaux et voitures qu'ils y avaient précédemment envoyés n'en étaient plus revenus, force nous fut de remettre notre voyage à Péronne au lendemain.

Le sous-préfet de Cambrai avait adressé à son collègue de Saint-Quentin et à un colonel de mobilisés un télégramme pour leur demander si nous pouvions, sans nous compromettre, nous diriger sur cette ville. Mais dans ce moment une grande bataille se livrait; la réponse à la dépêche n'arrivait pas. Dans la journée M. Isouard nous adressa la lettre que voici.

« Cambrai, le 19 janvier

» MONSIEUR,

» J'attends toujours la réponse à la dépêche que j'ai adressée à Saint-Quentin, au secrétaire général de la Préfecture et au colonel d'une colonne mobile pour obtenir des renseignements. Je regrette beaucoup ce retard, qui paralyse momentanément votre bonne entreprise.

» Je ne puis que vous répéter ce que j'ai eu l'honneur de vous dire ce matin : c'est à Saint-Quentin que se trouve en ce moment une bonne partie de l'armée du Nord; c'est probablement dans cette direction que vont avoir lieu des evénements : j'ajoute que la population de Saint-Quentin a eu beaucoup à souffrir de l'occupation prussienne.

» Agréez, Monsieur, l'assurance de ma considération très distinguée.

» *Le Sous-Préfet,*
» (Signé) ISOUARD. »

Dans l'après-midi, M. Isouard vint nous faire une visite à l'hôtel, nous apprit que la bataille durait toujours et il nous supplia de rester. Demain, dit-il, votre concours nous sera bien précieux. Nous décidâmes donc d'attendre encore. A trois heure du matin, un messager vint nous remettre, de la part du sous-préfet, ces quelques mots :

« 19 janvier, 2 h. 30 du matin.

» MONSIEUR,

» Il y a en ce moment à Bohain un nombre considérable de blessés.

» Ils vont être évacués sur Cambrai. Dans quelques heures nous aurons donc à notre gare une foule de malheureux patients.

» J'ose compter sur votre concours.

» Agréez, etc.

« Le Sous-Préfet,
» (Signé) ISOUARD. »

M. Van Cutsem et moi nous nous rendîmes immédiatement à la gare.

En rentrant en ville, à 6 heures du matin, nous fûmes témoins des tristes circonstances dans lesquelles s'était accomplie la retraite de l'armée du Nord.

Dans la journée, une voiture nous fût enfin confiée et nous nous mîmes en route pour Saint-Quentin. Mais le canon allemand nous obligea bientôt à rebrousser chemin. A notre entrée à Cambrai, deux obus venaient de tomber sur les remparts et le canon continuait à se rapprocher de plus en plus. Nous ne crûmes pas devoir prolonger notre séjour et nous exposer à être enfermés dans une ville investie, aux chances très aléatoires d'un bombardement. Nous remîmes nos secours au sous-préfet, en le priant de les distribuer là où ils étaient le plus nécessaires, convaincus, par ce qui s'était passé sous nos yeux, que cette distribution ne se sera pas fait attendre et serait équitablement faite.

GUSTAVE LEMAIRE.

Bruxelles, le 20 janvier 1871.

ANNEXE No 16.

RAPPORT SUR LA SECONDE EXPÉDITION A BAPAUME
DU 13 FÉVRIER 1871.

(M. Rochedieu)

MESSIEURS,

Vous aviez décidé d'envoyer un wagon de vivres à Bapaume, pour répondre à l'appel du maire de cette ville, et vous m'aviez chargé d'accompagner le convoi et de prendre des informations sur l'état et les besoins de ce pays depuis la dernière bataille. J'ai à vous rendre compte des résultats de cette double mission.

Notre trésorier avait dirigé sur Lille un wagon contenant 50 sacs de pommes de terre, 12 sacs de farine, 2 paniers de vin, un ballot de linge, charpie et vêtements J'arrivai a Lille le dimanche 12 février au soir. Le lendemain, lundi, je m'occupai de retirer le wagon de la gare de Lille, et je rencontrai des difficultés qui me firent perdre la matinée en démarches auprès de la douane ou de l'administration du chemin de fer, soit pour dégager les denrées, soit pour obtenir les réductions et les avantages que l'on accorde à la Croix Rouge et qui diminuent sensiblement les frais de transport.

J'obtins remise complète des frais de douane et réduction des 3/4 du tarif du transport. Je partis à 2 heures pour Achiet, station qui dessert Bapaume, avec mon collègue de Lille, M. le pasteur Ollier, qui connaissait la contrée où il avait déjà fait des expéditions de vêtements, et qui me facilita les voies. Un omnibus conduit d'Achiet à Bapaume en une heure. Nous y arrivâmes vers six heures du soir.

Le maire, M. Pajol, reçut avec une vive satisfaction notre envoi et nous fit le plus cordial accueil. Je fus touché de sa modération et de sa délicatesse, car il eut la franchise de me dire que ce dernier don, joint aux précédents, lui permettait à renoncer de faire de nouvelles demandes. Ils avaient fait dans la commune une collecte et ils tâcheraient de se tirer d'affaire. Et cependant les besoins étaient bien grands. Sur une population de 5,000 habitants, il y a, à Bapaume, 1,500 pauvres. La ville a subi trois occupations successives des Prussiens, chacune de plus de 15 jours ; les réquisitions ont épuisé les habitants, et la nuit qui a suivi la bataille leur a surtout été funeste, car toute l'armée prussienne s'était réfugiée dans la ville et, pour camper dans les rues, elle avait exigé qu'on lui jetât par les fenêtres toutes les literies. Pendant ce temps les habitants veillaient et préparaient du café et des victuailles. « Mais, me dit le maire, il en est de plus malheureux que nous, vos secours leur seront plus utiles. » Il nous indiqua, entre autres, le village du Transloye, à deux lieues plus au sud, sur la route de Péronne.

Le lendemain matin, je louai une voiture et je me rendis dans cette localité, accompagné de mes collègues de Lille et de Roubaix, ce dernier aumônier de l'armée du Nord. Le Transloye est un village mi-partie agricole, mi-partie industriel. On y voit de belles grandes fermes, qui ont l'aspect imposant et plantureux des exploitations du Nord Mais les greniers sont très-dégarnis et les étables peu peuplées par suite des réquisitions. Cependant, malgré toutes les souffrances du moment, malgré les pertes de tout genre, on peut dire, en général, que les cultivateurs sont moins à plaindre que les ouvriers Le paysan est sobre, il lui reste un peu de lard, quelques pommes de terre, il lui reste la propriété; mais l'ouvrier tisseur, en perdant son travail, a tout perdu. Or, depuis le commencement de la guerre, il ne travaille plus du tout, ce que l'on comprend d'autant plus facilement qu'il fabrique des tissus de soieries, produits de luxe fabriqués pour Paris et Lyon. Au Transloye, sur 1,600 habitants, il y a 800 ouvriers sans travail. Ils n'ont pas de provisions, ils vivent au jour le jour; la plupart ont une nombreuse famille privée de vêtements et de moyens de subsistance. M. le cure nous donna des renseignements, et M. le maire Capon, que nous vîmes un peu plus tard à Bapaume au Conseil de révision, nous fournit des détails circonstanciés bien constatés, car sa qualité de médecin lui permet de voir les choses de près.

M. Ollier remit à M. le Dr Capon 200 francs, et je promis, de mon côté, de recommander sa commune à notre Comité.

Je me suis informé du prix des denrées. Le pain n'est pas très-cher, à peu près le prix normal de nos contrées. Il en est de même pour les pommes de terre; elles sont rares et de qualité médiocre à Bapaume : on en trouve de bonnes à Arras. Il n'est donc pas nécessaire d'envoyer ces denrées de la Belgique : en achetant sur place, on évite des frais et des embarras.

J'ai pris des informations sur les besoins des localités environnantes. Je les transcris dans un tableau ci-après. Je n'ai pas eu assez de temps pour aller partout ; j'ai regretté surtout de ne pouvoir pousser jusqu'à Péronne, ville particulièrement éprouvée. J'aurais voulu suivre jusqu'au bout ce chemin des combats que m'indiquaient les maisons à droite et à gauche de la chaussée, et qui sont presque toutes percées de meurtrières sur les toits ou dans les murs, ou effondrées par les bombes.

Mais les renseignements que j'ai recueillis me paraissant dignes de foi, ayant été contrôlés par des sources diverses. Les informations les plus précises m'ont été fournies par un de mes compagnons de voyage, M. le pasteur Lebrat, de Roubaix, aumônier de l'armée du Nord, qui a été plus d'une fois sur les lieux, qui a vu et interrogé.

Je joins à ce tableau une autre liste d'informations qui m'a été fournie dans une lettre de MM. Seydons, manufacturier du Câteau, et Quiévreux, aumônier de l'armée du Nord, et qui se rapporte à Saint-Quentin et aux localités environnantes.

E ROCHEDIEU,
Pasteur-Président.

Localités principalement éprouvées par la guerre et l'occupation prussienne.

A. — ENVIRONS D'ARRAS.

1. *Corbie.* — 3,600 habitants. Beaucoup de tissus : ouvriers sans travail ; près de 2,000 réduits à l'indigence.

Ville imposée de 25 francs par habitant : 600 seulement sont en état de payer la contribution

Besoins : vivres, vêtements, tabac, surtout tabac à priser. Le maire de Corbie est M. Cressin, président de l'ambulance.

2 *Péronne.* — 4,000 habitants Grands besoins de toute nature.

3. *Albert.* — Sur 4,500 habitants, environ 2,000 nécessiteux, par suite des réquisitions ou du manque de travail.

4. *Villers-Bretonneux.* — Ville de 5 à 6,000 habitants. Industrie des tissus paralysée par la guerre et les contributions prussiennes.

Théâtre d'un combat

5 *Pont-Noyelles.* et villages environnants, très-pauvres et très-éprouvés par les combats et les occupations successives.

6. *Beugny.* — Recommandé au Comité par une autre voie.

7. *Le Transloy*, près Bapaume. — 800 pauvres sur 1,600 habitants, ouvriers tisseurs sans travail depuis la guerre (M. le maire est le docteur Capon.)

Les renseignements sur ces localités des environs d'Arras ont été en partie recueillis par moi, quand j'ai visité ces contrées avec mes collègues de Lille et de Roubaix ; en partie par ces derniers, dans un voyage subséquent à Corbie et aux environs, et, en particulier, par M. le pasteur Lebrat, de Roubaix, aumônier de l'armée du Nord.

B. — ENVIRONS DE SAINT-QUENTIN.

1. *Saint-Quentin.* — Épuisé par les occupations prussiennes. Environ 2,000 blessés après la dernière bataille. Manque de travail. 30 ou 40,000 habitants.

2. *Nauroy.* — 12 à 1,500 habitants. Village très pauvre, très éprouvé par les réquisitions prussiennes. Tissage à la main, interrompu.

3. *Hargicourt.* — Plus de 2,000 habitants, en partie agricole, en partie industriel. Moins pauvre que Nauroy, mais éprouvé

4. *Templeux-le-Guérard.* — Voisin du précédent et dans les mêmes conditions.

5. *Grougies.* — Environ 1,500 habitants. Tissus de barége, beaucoup d'ouvriers sans travail.

6. *Lemé,* près *Saint-Richaumont.* — Possède un asile d'orphelins de 66 enfants, qui sont restés sans secours.

Et d'autres villages qui ont un peu moins souffert.

Ces renseignements ont eté fournis par l'intermédiaire de MM. le pasteur Quiévreux et Seydous, du Câteau, dans une lettre adressée par M. Quiévreux, aumônier de l'armée du Nord, qui vient de visiter ces localités. On peut s'adresser à ce pasteur au Câteau, ainsi qu'à M. Seydous, grand manufacturier du Câteau, qui occupe 10 à 12,000 ouvriers, et qui a réussi à ne pas interrompre son travail, quoique le Câteau ait été imposé de 400,000 francs. Ces Messieurs pourront donner d'excellents renseignements.

A Saint-Quention, on peut consulter la municipalité et M. le pasteur Monnier, qui est à la tête d'une ambulance.

Dans les autres localités, on obtiendra en outre des renseignements et des directions de la part des maires, de MM. les curés et pasteurs, ces localités étant à peu près toutes mixtes, quant au culte. Je peux recommander, comme les connaissant particulièrement MM. Larcher, à Hargicourt, Fosse, à Templeux, De Linotte, à Grougies, Cochet, à Nauroy, Petit, à Lemé. Je ne puis parler que de ce que je connais, mais je ne doute qu'il ne fût facile de former une commission mixte, pourvue de l'autorité et de la confiance nécessaires pour centraliser et répartir les secours.

Bruxelles, le 26 février 1871.

E. ROCHEDIEU
Pasteur-Président,
Membre du Comité du pain.

ANNEXE No 17.

RAPPORT SUR L'EXPÉDITION A PARIS

(*M. Gustave Lemaire.*)

MESSIEURS,

Le 29 janvier parvint à Bruxelles la nouvelle officielle de la convention conclue entre M. de Bismark et M. Jules Favre. Paris, à son tour, avait été obligé d'entrer en négociation avec son ennemi. Après cent trente-cinq jours de siége, Paris avait été obligé de cesser sa résistance : il avait été réduit à traiter, à demander un armistice, parce qu'il n'avait plus de vivres.

Lorsque l'armistice fut signé, les habitants de Paris n'avaient plus que pour dix jours de pain.

Le jour même où cette grave nouvelle fut connue, le Comité se réunit d'urgence.

Venir en aide d'une façon efficace à cette immense infortune, le *Comité du pain* ne pouvait hélas! y prétendre. Mais il voulait contribuer, dans la mesure de ses forces et de ses moyens, au soulagement des misères parisiennes, et porter une partie de secours, aussi large que possible, à ceux qui souffraient.

Plusieurs moyens furent proposés et débattus. Le Comité décida d'agir en cette circonstance ainsi qu'il avait agi plusieurs fois déjà. Il décida d'attendre, pour prendre une décision définitive, jusqu'à ce que celui de ses membres se rendant à Paris lui eût adressé un rapport sur la situation et les besoins de cette ville.

Le Comité a bien voulu se référer à moi pour cette mission.

Dès le 30, au matin, je me mis en route, sans trop savoir comment je pourrais arriver. Des voies étaient indiquées comme étant ouvertes à la circulation, mais je pus me convaincre que l'annonce de libre circulation de ces voies avait été faite prématurément.

Heureusement que le hasard me fit faire la rencontre de M. Gobienski, chef de la traction du chemin de fer du Nord, chargé de rétablir la circulation, afin de permettre aux trains de ravitaillement d'arriver à Paris. M. Bornot, à ce moment secrétaire du préfet du Nord et qui, à diverses reprises, s'était dévoué avec le plus louable empressement pour me faciliter l'accomplissement de mes expéditions dans le Nord, me recommanda à M. Gobienski, qui consentit à me prendre avec lui.

Grâce à cette circonstance, j'arrivai à Paris le 2 février, au soir. Le voyage de Lille à Paris avait duré quarante-huit heures.

En traversant Amiens nous fîmes la rencontre d'un employé du chemin de fer du Nord, envoyé à la rencontre de M. Gobienski. Il nous fit le tableau le plus désolant de la situation de Paris, nous montra un morceau de l'horrible pain noir que la population était réduite à manger, et nous engagea à prendre avec nous autant de pain frais que possible. Tout le pain frais trouvable à Amiens et dans les autres localités que nous traversâmes, fut acheté. Nous y ajoutâmes du beurre, des œufs, de la volaille, des jambons et d'autres comestibles.

Cette circonstance me permit de faire bien des heureux, de venir en aide à quelques misères, de sauver des femmes, des enfants, malades des plus cruelles privations.

Mais en même temps j'eus la douleur de constater combien a été cruelle l'épreuve que la population parisienne venait de traverser, combien ont été terribles les privations et les souffrances que cette population à dû supporter.

Je n'essaierai pas de retracer ici le tableau de tout ce que Paris a souffert pendant ce long siége. D'autres que moi, témoins de cette effroyable crise, en ont décrit toutes les phases, toutes les douleurs.

Après m'être renseigné aux meilleures sources sur la situation, après m'être rendu compte par moi-même des besoins, j'examinai de quelle manière le *Comité du pain* pouvait efficacement participer au soulagement des misères qui accablaient une partie de la population de Paris.

Le combustible faisait surtout défaut, mais le transport du charbon et autres matières pondéreuses était soumis à de si nombreuses entraves qu'il fallait renoncer à l'idée d'en faire arriver à Paris.

Un membre du *Comité du pain* avait émis l'idée de nous borner à secourir les ambulances de Paris. J'ai visité toutes les ambulances publiques. Elles étaient amplement pourvues de tout. Les autorités veillaient avec sollicitude au bien-être des blessés.

Plusieurs d'entre vous, Messieurs, avaient émis l'avis que le Comité devait se borner à secourir les Belges habitant Paris, qui avaient souffert du siége, réalisant ainsi la pensée qui présida à la fondation du Comité et d'après laquelle un quart de nos ressources devait être attribué aux Belges, victimes de la guerre.

Paris compte dans sa population un nombre considérable de Belges appartenant à la classe ouvrière. Cette classe est celle qui, pendant le siége, a le plus souffert par suite du chômage de l'industrie et du commerce.

Il était du devoir du *Comité du pain* de participer au soulagement des souffrances de nos malheureux compatriotes. Un Comité s'était constitué à Bruxelles, dans le but spécial de recueillir des souscriptions en faveur des Belges malheureux habitant Paris. Notre président d'honneur, M. Anspach, avait accepté la mission de diriger vers Paris une quantité considérable de vivres.

Certes, c'étaient là de précieuses ressources qui ont contribué pour une large part au soulagement des misères de nos compatriotes ; mais ces misères étaient si profondes, les plaies à panser étaient si vivaces, si nombreuses qu'il restait au *Comité du pain* une grande somme bien à faire.

Comment le Comité devait-il intervenir ?

La modeste distribution des vivres que j'avais eu l'occasion de faire à mon arrivée à Paris, me démontra que la répartition de vivres sur une large échelle rencontrerait des difficultés de tout genre qui rendraient une intervention en nature, sinon inefficace, tout au moins défectueuse. Un fait qui se produisit peu de jours après mon arrivée, me confirma dans cette opinion.

Vous savez, Messieurs, que trois convois de subsistances, rassemblés à l'aide de souscriptions volontaires avaient été expédiés de Londres pour être offerts à la population parisienne. Ces convois entraient en gare dans les premiers jours de février. Il y restèrent près de trois semaines. Une note du *Journal officiel* fournit une explication de ce retard. « Il faut, disait l'organe du Gouvernement, que le public se rende compte de la difficulté principale que rencontrent les distributions de cette espèce : le problème consiste à composer deux millons de rations avec des denrées de nature extrêmement diverse, de quantités très-inégales. C'est pourquoi le plus grand nombre de maires a cru devoir attendre pour la répartition l'arrivée de la totalité des offrandes. »

Le problème que l'administration parisienne avait à résoudre était, en effet, d'une solution très-difficile. Aussi, lorsque la distribution put enfin avoir lieu, vit-on ceux qui désiraient obtenir leur part du cadeau accourir si nombreux, qu'après avoir fait queue à la porte de la Mairie, pendant plusieurs heures, ils s'en revenaient maugréants, désappointés de n'avoir reçu qu'un ou deux biscuits, une tranche de jambon ou un morceau de fromage.

D'autres circonstances encore me donnèrent la conviction que des secours en argent seraient plus utiles et accueillis avec beaucoup plus de reconnaissance. Au reste, les marchés de Paris, grâce à la spéculation et aux mesures prises par le Gouvernement, furent promptement approvisionnés et, au bout de très-peu de jours, les habitants pouvaient y acquérir le nécessaire à des prix normaux.

En distribuant de l'argent, ceux qui le recevaient pouvaient acheter telles subsistances qui leur semblaient nécessaires ou tels autres objets, indispensables à l'existence.

Pour ces motifs, je crois devoir vous proposer, Messieurs, de voter une somme en faveur des Belges malheureux habitant Paris. Cette proposition vous l'avez adoptée et vous avez bien voulu me confier la mission de distribuer ces secours.

Je m'étais informé auprès de quelques amis et à l'ambassade belge, pour connaître ceux de nos compatriotes qui pourraient se trouver dans le cas de devoir être secourus. M de Bounder, conseiller de la légation belge, qui, pendant mon séjour à Paris, n'a cessé de me donner des preuves d'une obligeance à laquelle je suis heureux de pouvoir rendre hommage, m'adressa immédiatement quelques personnes dignes du plus grand intérêt. Le bruit du peu de bien que j'avais pu faire se répandit avec une rapidité telle que bientôt je vis l'hôtel, où j'étais descendu, assailli par des solliciteurs. En moins de huit jours, je reçus près de cinq cents personnes. Sur ce nombre 262 étaient munies de recommandations et de papiers suffisants pour recevoir des secours.

Le nombre des solliciteurs continuait à s'accroître dans des proportions telles et leur empressement à être accueillis était si vif, que le propriétaire de l'hôtel dût recourir à l'intervention de la garde nationale, pour faire cesser des désordres graves qui s'étaient produits aux abords de l'hôtel.

En présence de ces faits, j'informai nos compatriotes que je cessais toute distribution de pain chez moi ; que ceux qui croyaient avoir droit à des secours auraient à m'en faire la demande par écrit.

Je reçus plus de mille lettres. Je choisis dans le nombre celles dont les auteurs me paraissaient les plus dignes d'intérêt, celles qui me semblaient nécessiter une intervention immédiate, et j'allait visiter les solliciteurs à domicile.

Vous dire les misères dont je fus le témoin est chose impossible. Après chaque tournée je rentrais chez moi le cœur brisé, l'âme navrée. Il me fut impossible d'accomplir jusqu'au bout la tâche que je m'étais imposée. Trois belges, MM. Jourdain, Lamal et Van Wilder, qui se trouvaient à Paris, voulurent bien l'achever. Plus de cinq cents familles belges furent ainsi visitées.

Le *Comité du pain* est donc venu en aide à plus de huit cents familles belges, soit en leur distribuant de l'argent, soit en leur distribuant les vivres apportés par moi à Paris ainsi que ceux apportés par M. Boucquié.

Je me trouvais en présence de 250 demandes auxquelles je ne pouvais faire droit. Les ressources dont je disposais étaient épuisées.

Je me disposais à m'adresser encore à vous, Messieurs, pour demander de venir en aide à ceux dont l'appel n'avait pas été entendu, mais de nouveaux événements qui rendaient impossible la réalisation de mon projet, venaient de s'accomplir. Paris, au lendemain et encore sous le coup de tant de désastres, devait subir un désastre nouveau et plus poignant. L'horrible guerre civile s'était déchaînée : la guerre civile qui, comme le dit Pascal, est le plus grand crime qu'on puisse commettre contre la charité.

GUSTAVE LEMAIRE.

Paris, 20 Mars 1871

ANNEXE N° 18.

RAPPORT SUR
L'EXPÉDITION AUX ENVIRONS DE PARIS

(M. le docteur Feigneaux.)

Messieurs les Président et Membres du Comité du pain

MESSIEURS,

A la suite des rapports navrants qui nous étaient parvenus, vous aviez décidé d'envoyer des secours aux communes des environs de Paris.

Dans notre séance du 18 mars dernier, vous m'aviez chargé de me rendre dans celles qui avaient été le plus éprouvées, laissant à ma discrétion et à mon appréciation la distribution d'une somme de 10,500 francs.

Je viens vous rendre compte de ma mission et de la répartition de cette somme.

Parti le 21 mars, à 9 heures du matin, je n'arrivai à Paris que fort tard dans la soirée. L'encombrement de la voie, les formalités en douane, le grand nombre de voyageurs, avaient retardé la marche du convoi.

La journée du lendemain fut consacrée à prendre toutes mes dispositions pour assurer le résultat favorable à l'expédition, et à m'enquérir de tout ce qui, dans ce moment d'agitation des esprits, pourrait m'entourer de sécurité.

N'ayant pu recueillir, à l'Hôtel de ville de Paris, aucune indication spéciale sur les communes des environs de Paris qui avaient souffert de la guerre, et les renseignements s'étant bornés à savoir que, parmi elles, les unes avaient subi les conséquences de l'occupation prolongée de troupes allemandes ou françaises, et que les autres avaient été le théâtre de combats, je dirigeai mon expédition, à mes risques et périls, vers l'Ouest de Paris,

Le 25 mars, je louai une voiture et je me fis conduire à Saint-Cloud, Boulogne, Billancourt, Meudon, Clamart, Vanves et Issy, réservant l'expédition de Champigny et de Joinville-le-Pont pour la fin de mon voyage.

Je ne vous retracerai pas ici le spectacle des désastres dont j'ai été le témoin, et je ne vous affligerai pas par le récit des poignantes douleurs, des profonds désespoirs auxquels j'ai assisté.

Mais je vous dirai qu'il est bon de voir pleurer, mais pleurer de bonheur, et je voudrais vous faire partager l'agréable sensation que j'ai ressentie au touchant et bienheureux spectacle de la reconnaissance qui ne s'effacera de longtemps de mon esprit.

Partout je me suis rendu dans les mairies, où j'ai rencontré, soit le maire, soit le secrétaire municipal.

Tous m'ont fait l'accueil le plus cordial et m'ont prêté le concours le plus bienveillant : je les en remercie.

J'avais cru, d'abord, distribuer la somme que vous m'aviez confiée, en prenant pour base de répartition trois francs par tête de victime.

Mais je reconnus bientôt le côté vicieux de cette distribution ; je me décidai donc à abandonner aux maires le soin d'appliquer, chacun dans sa commune, la somme qui serait mise à leur disposition, étant mieux qu'aucun autre à même de connaître les besoins de leurs administrés.

Telle fut aussi leur opinion, et ils s'engagèrent spontanément à nous adresser un état de l'emploi des fonds qui leur seraient confiés.

Nous prîmes, toutefois, pour base générale de répartition, le chiffre de la population, comparée à la population indigente, avant et depuis la guerre, sauf dans quelques localités industrielles ou agricoles, où nous dûmes tenir, particulièrement, compte des pertes matérielles en vêtements, literies, outillage d'agriculture ou de métiers.

C'est dans cet ordre d'idées que j'ai procédé à la répartition comme suit :

Saint-Cloud, où tout n'est que ruines amoncelées : les monuments auxquels se rattachaient tant de souvenirs historiques, les habitations qui rappelaient tant de souvenirs de la vie de famille, tout a été détruit par le bombardement du Mont-Valérien, sauf quatorze maisons qui ont échappé à l'incendie

La population, qui vivait dans l'aisance et la répandait autour d'elle, s'élevait avant la guerre, à 3,000 âmes. Elle a émigré. 1,500 habitants n'ont pas quitté Saint-Cloud, faute de ressources suffisantes, 900 sont secourus par la bienfaisance publique dont les ressources sont restreintes : 600 autres sont dans le dénûment.

Je remis à M. le secrétaire municipal 1,000 francs.

Besoins : Vivres et vêtements.

Boulogne (département de la Seine) a été bombardé et a subi de grandes pertes matérielles. Sa population, composée en majeure partie de blanchisseurs employés aux séchoirs, s'élève à 15,449 habitants, dont 350 étaient indigents avant la guerre ; ce chiffre, qui s'est élevé à 4,000 depuis le bombardement, s'accroît chaque jour par l'émigration de la population de Saint-Cloud.

A cette triste situation ajoutez celle faite par une épidémie de fièvre typhoïde, et vous aurez l'étendue des malheurs qui accablent Boulogne.

Besoins : Vivres, vêtements, literies.

Billancourt, (id.) petit village de 2,500 habitants, pauvre, sans revenu et sans industrie. La même administration gère ses intérêts, en même temps que ceux de Boulogne ; comme lui il a subi le bombardement. Ses besoins sont aussi les mêmes.

Ici, les dernières ressources du Comité de charité étaient épuisées ; de nombreux malades y réclamaient des secours, et le Conseil municipal était à bout de ressources.

Je remis à M. le secrétaire 1,500 francs, pour être répartis entre ces deux communes.

Cette somme n'était certainement pas en rapport avec l'étendue des nécessités ; mais elle permit de pourvoir aux plus pressants besoins et d'attendre l'arrivée, qui était prochaine, de 19,000 francs promis par la Société des amis (Quakers).

Le Conseil municipal de Boulogne ne tarda pas à nous adresser des remerciments, dans les termes les plus touchants de sa reconnaissance.

Le 24 mars, je reçus la lettre suivante :

» Boulogne, le 21 mars 1871

» A *Monsieur le docteur Feigneaux, Vice-président du Comité du pain.*

» MONSIEUR,

» Je viens, au nom de l'administration municipale de Boulogne, profondément touchée des témoignages de sympathie et d'intérêt du *Comité du pain*, pour les habitants de cette commune victime de la guerre, vous remercier bien sincèrement de l'offrande mise à notre disposition.

» Ainsi que cela a été convenu entre nous, le montant du secours dont il s'agit sera employé, partie à l'acquisition de viande de boucherie, à distribuer aux malades et aux indigents dont la santé a été compromise pendant le siége de Paris, partie à l'acquisition d'effets ou d'objets mobiliers de première nécessité, pour ceux d'entre ces derniers qui ont été le plus cruellement éprouvés.

» Quant aux secours qui, grâce à vos bons soins, pourraient nous être alloués par le Comité de Saint-Pétersbourg, et dont vous seriez les dispensateurs, l'administration municipale de Boulogne, en présence des misères de toute nature qu'elle a à secourir, serait heureuse de recevoir, de préférence aux semences offertes, de la nourriture, des vêtements ou de l'argent, par cette raison que la culture est ici d'un intérêt bien secondaire, que le territoire est presque entièrement couvert de séchoirs pour le blanchissage, et qu'il importe surtout de pourvoir aux besoins de la nombreuse population ouvrière, employée à cette industrie.

» Cette dernière apprécie et admire les sentiments nobles et dignes qui ont dicté cette bonne œuvre au *Comité du pain*, et je suis heureux de me faire ici son interprète, en vous priant, Monsieur, de recevoir et de transmettre à vos collègues l'expression de toute sa reconnaissance.

» Veuillez agréer, Messieurs, l'assurance de mes sentiments de haute estime.

» *Le Maire*,

» J. BEZANÇON. »

Meudon, village d'une population de 5,000 habitants, adonnés à la seule culture des vignes, des navets, des carottes et des haricots.

Il a beaucoup souffert de l'occupation étrangère et du bombardement.

D'après les détails qu'a bien voulu me communiquer M. Lantain, secrétaire municipal, les pertes en valeurs mobilières s'élevaient pour toute la commune à plus de 90,000 francs.

Les pertes subies par M. Lantain seul s'élèvent à 7,000 francs.

En temps de paix, la population indigente était de 1,500 âmes ; depuis la guerre, la misère et la ruine ont atteint le village tout entier.

Besoins : Vêtements, vivres.

Les 1000 francs que je priai M. Lantain d'accepter pour cette commune furent reçus avec reconnaissance ; le maire de Meudon m'en accuse réception par la lettre suivante :

Meudon, le 24 mars 1871.

« MONSIEUR LE VICE-PRESIDENT,

» J'ai l'honneur de vous adresser, au nom de la commune de Meudon, mes bien sincères remerciements pour le secours de mille francs que vous m'avez remis au nom du *Comité du pain, de Bruxelles*, pour être réparti entre les malheureuses victimes de la guerre de cette commune.

» Cette somme sera destinée à remplacer les objets mobiliers pillés et brûlés.

» Recevez, je vous prie, Monsieur le Vice-Président, l'expression de ma reconnaissance et de ma considération la plus distinguée.

» *Le Président de la Commission municipale*,

» ROBERT.

» *Monsieur le docteur Feigneaux, Vice-président du Comité du pain de Bruxelles.* »

Clamart, situé à 6 kilomètres de Paris, dans un petit vallon planté de vignes et d'arbres fruitiers, au pied de collines boisées, n'offre plus qu'un vaste théâtre de dévastation.

Le village a été occupé du 19 septembre 1870 au 12 mars 1871, par un corps d'armée allemand, fort de 3,000 hommes; 600 furent logés à la mairie et 2,400 chez les habitants qui ont dû pourvoir à leur nourriture.

Par le chômage des séchoirs, de l'exploitation des fours à chaux et des carrières du voisinage, la population de 3,500 âmes fut épuisée par les réquisitions et est à la charge de la charité.

Besoins : vivres, meubles.

Subside : 1,000 francs.

Vanves, situé à 7 kilomètres 500 mètres de Paris, est un village d'une population dé 8,511 habitants laborieux.

Deux cents seulement, avant la guerre, appartenaient à la classe indigente et qui sont secourus par les ressources, bien insuffisantes, du bureau de bienfaisance. Depuis l'occupation allemande, ces ressources ayant dû se répartir sur 663 habitants, elles le sont bien davantage. C'est au point que le 22 mai, jour de ma visite, la caisse de la bienfaisance communale ne contenait que 82 francs, à répartir entre tous et sans espoir de la voir de sitôt remplie.

Les 1,000 francs que j'ai prié M. le Secrétaire de recevoir, ont été acceptés avec reconnaissance.

Besoins : nourriture.

Industrie : exploitations des carrières, blanchisserie.

Issy, à 6 kilomètres 100 mètres de Paris, est un des villages qui ont le plus souffert non-seulement de l'occupation des troupes allemandes, mais encore françaises.

Ce qui a épuisé les ressources des habitants, dont un grand nombre est dans le dénûment le plus complet, ce sont, surtout, les réquisitions qui se sont prolongées pendant plus de trois mois.

La population d'Issy, est de 8,000 habitants; 2,000 · appartiennent à des corporations religieuses, et, la majeure partie à la classe ouvrière, qui est active et laborieuse.

En temps de paix, 50 habitants seulement, étaient secourus par le bureau de bienfaisance, dont les revenus sont insignifiants.

Depuis l'investissement de Paris, 1,800 habitants, représentant 600 familles, dépendent de l'assistance publique.

La *Société des amis* (quakers) m'avait précédé et avait généreusement versé 4,000 francs entre les mains de M. Menard, maire d'Issy; mes ressources s'épuisaient et j'avais encore à visiter Champigny et Joinville-le-Pont;

je témoignai mes regrets à M, Menard de ne pouvoir lui offrir plus de 500 francs. Il les accepta avec reconnaissance, et la lettre suivante me fut adressée le 25 mars 1871.

A Messieurs les Vice-Président et Membres du Comité du pain.

« MESSIEURS,

» En vous adressant mes remerciments, tant en mon nom personnel qu'en celui des habitants d'Issy, pour le secours que vous voulez bien mettre à notre disposition, j'ai l'honneur de vous faire connaître l'emploi que, de concert avec la commission nommée par le Conseil municipal, nous comptons faire de la somme de cinq cents francs que vous nous avez allouée.

Cette somme sera tout entière consacrée à la distribution de bons de pain aux familles que les malheurs de la guerre, le manque d'ouvrage, la perte d'effets mobliers, etc., ont réduites à la misère.

Le pain, ainsi que vous l'avez compris, est pour ces malheureux, l'objet de première nécessité. D'ailleurs, ainsi que j'ai eu l'honneur de le dire à M. Feigneaux, qui est venu s'enquérir de nos misères, nous avons reçu, de la Société anglaise des Amis, des secours spécialement affectés à procurer aux ouvriers qui les auraient perdus ou engagés, les outils, les meubles, linges ou vêtements les plus nécessaires. Mais, en attendant que le travail reprenne, il faut que ces pauvres familles puissent vivre. L'assistance que vous nous prêtez, nous aidera à leur procurer l'aliment indispensable.

Veuillez agréer, Messieurs, avec l'expression de ma vive reconnaissance, celle de ma considération la plus distinguée.

Le Maire d'Issy.

MENARD.

Issy, le 25 mars 1871.

Besoins : Vivres, vêtements, outils en tous genres.

A Issy se termine ma neuvième expédition aux environs de Paris.

Le lendemain fut consacré à la réception des maires, pour faire, entre leurs mains, le versement des sommes que je leur avais offertes.

Le 26 courant, je me fis conduire à Champigny et à Joinville-le-Pont, pour y distribuer les 2,500 francs restant.

De Paris à Champigny, la route est longue (24 kilomètres de Paris); j'ai eu le temps d'observer bien des ruines.

Je voudrais, par mon récit, vous faire suivre la trace des combats que m'indiquaient, le long de la route, les maisons, qui toutes sont percées de meurtriéres ou effondrées, et vous faire voir les ruines d'un village heureux et florissant, il y a quelques mois encore. (Sur 700 maisons composant le village, les 2/3 sont détruits et 1/3 est sur le point de s'écrouler.)

Champigny, d'une étendue de 1.200 hectares sur 40 kilomètres de circonférence, comprend le Tremblet, le bois de Plan, Champigny et Cueilly, sa population est de 2,500 habitants, sur laquelle 300 âmes sont indigentes en temps ordinaire.

Depuis qu'il a subi le choc des armées allemandes, ce chiffre a été doublé et la population tout entière est dans la gêne.

Champigny est un village agricole; mais, les greniers sont dégarnis et les étables dépeuplées. Depuis la guerre, les paysans ne travaillent plus; les instruments agricoles étant détruits et les semences comme les provisions faisant défaut, ils vivent au jour le jour; la plupart ont une nombreuse famille, privée de nourriture et de vêtements.

Je dois à M. Prévost-Rousseau des renseignements circonstanciés sur les infortunes de cette intéressante commune; MM. Lazare Deslosage, conseiller municipal, Lalliot, secrétaire communal, Quenest, curé, et la sœur supérieure du couvent de Saint-Vincent de Paul, m'ont donné des détails sur ses besoins. A Champigny, également, la *Société des Amis* de Londres m'avait précédé. Elle avait remis à M. Prévost la somme de 3,000 francs, mais pour être affectée à l'achat d'instruments agricoles. Quant à moi je priai la Commission de recevoir 1,000 francs pour être distribués en vivres,

Joinville-le-Pont, situé à 11 kilomètres de Paris, a été, pendant quatre mois, occupé par 1,500 mobiles de l'armée de la défense de Paris qu'il a nourris et logés.

Les réquisitions ont réduit la population de 2,001 habitants, adonnés à l'agriculture. Le chiffre de 50 habitants seulement indigents en temps de paix, est de 300 depuis la guerre.

La caisse de la bienfaisance municipale est à bout de ressources.

J'ai remis 1,000 francs à M. le maire.

Besoins : Literies.

Vous m'aviez confié, en outre, Messieurs, 2,300 francs destinés à Ecouen et Pontoise; je les ai fait parvenir à MM. Reine et Seré Le Point, maires d'Ecouen et de Pontoise, qui s'empressèrent de m'en accuser réception par l'envoi des lettres suivantes :

Pontoise, le 21 mars 1871.

» *Le Maire de la ville de Pontoise, chevalier de la Legion d'honneur,
     à M. le Vice-President du Comite du pain, à Bruxelles.*

» MONSIEUR,

» Ma femme rentre aujourd'hui de Bruxelles et m'annonce que vous avez sollicité et obtenu du *Comité du pain* un secours destiné à venir en aide à la ville de Pontoise.

» Je me hâte de vous adresser mes remerciments empressés pour cette bonne action.

» J'attends l'avis officiel de la somme mise à notre disposition, pour demander au Conseil municipal un vote de remerci ments pour le *Comité du pain* et pour son honorable Vice-Président.

» Veuillez agréer, Monsieur, l'assurance de ma considération distinguée.

» SERÉ LE POINT. »

—

« Ecouen, le 1er avril 1871.

» A M. le *Vice-Président du Comité du pain, à Bruxelles.*

» MONSIEUR LE VICE-PRESIDENT,

» Au nom du Conseil municipal d'Ecouen, j'ai l'honneur de vous transmettre nos remerciements pour le secours des 1,500 francs, si généreusement mis à la disposition de notre commune par le Comité que vous présidez

·Conformément à la décision du Comité, ce secours a été distribué par mon intermédiaire à 56 personnes, dans le sens et dans la proportion indiqués en la délibération ci-jointe.

» Nous nous sommes appliqués à distribuer ce secours principalement aux artisans, petits cultivateurs et petits commerçants qui, réfugiés à Paris pendant le siège, n'ont plus rien trouvé dans leurs maisons à leur retour.

» Tous ont accepté avec reconnaissance : il ne pouvait en être autrement, il est vrai, vu la grande misère dont presque tous sont frappés.

» Voici, en effet, un aperçu des pertes subies par notre commune dont la population, presque exclusivement agricole, est d'environ 1,100 habitants :

	fr.	
» Avoine en gerbes.	70,000	
» Foin	50,000	
» Paille.	10,000	
» Pommes de terre.	8,000	
» Blé en gerbes, donné en litière et nourriture aux chevaux.	15,000	
» Légumes et fruits.	20,000	
» Marchandises d'épiceries, vin.	80,000	
» Enfin, mobilier. linges, effets, étant pillés, d'après états déjà fournis à la mairie, plus de	1,000.000	

Total approximatif : fr. 1 255,000

» En temps ordinaire, nous n'avons que 12 personnes indigentes (auxquelles le bureau de bienfaisance continuera à venir en aide); une d'entre elles seulement a reçu 10 francs sur le secours à distribuer.

» Je crois ainsi, M. le Vice-Président, m'être conformé exactement aux intentions de votre Comité.

» J'ai l'honneur de vous renouveler ici, personnellement, l'expression de ma bien vive gratitude pour votre bienveillant concours, et vous prie d'agréer, Monsieur le Vice-Président, l'expression de mes sentiments distingués.

Le maire d'Ecouen,

REINE.

Extrait du registre des délibérations du Conseil municipal de la commune d'Ecouen (Seine-et-Oise).

Session extraordinaire du 26 mars 1871.

L'an mil huit cent soixante et onze, le dimanche vingt-six mars, à une heure de relevée :

Le Conseil municipal d'Ecouen s'est réuni sur la convocation et sous la présidence de M. Reine, maire.

Présents : MM. Reine (maire), Crochat (adjoint), Dehail, Huet, Nouveau, Frère, Gilles-Didier, Louvet et Estique.

Absents : MM. Gillet, Amédée et Guyon de Chemilly, qui ne sont pas à Ecouen en ce moment.

La séance ouverte, il est procédé à la nomination d'un secrétaire. M. Dehail est désigné pour remplir cette fonction, qu'il accepte.

ORDRE DU JOUR :

1° Répartition d'un secours de 1,500 francs obtenu du *Comité du pain*, de Bruxelles.

M. le maire expose qu'il a été informé, de la part de M. Dansaert, artiste peintre, demeurant en cette commune, qu'en adressant une demande au *Comité du pain*, établi à Bruxelles, pour venir au secours des blessés et aux victimes de la guerre, œuvre à laquelle M. Dansaert a coopéré, la commune d'Ecouen pourrait obtenir une somme d'environ mille francs;

Qu'une demande par lui adressée à M. Louis de Merode, président dudit

Comité, appuyée par M. Dansaert, a été accueillie favorablement, et qu'il a touché vendredi dernier, une somme de quinze cents francs, destinée à être répartie entre les habitants d'Ecouen, à désigner par le Conseil municipal et dans la proportion qu'il croirait juste, à titre de secours, en raison des pertes qu'ils ont subies par suite de l'invasion des armées allemandes;

Que, suivant les conditions d'emploi déterminées par le Comité donateur, mille francs peuvent être répartis en espèces et cinq cents francs en dons en nature, tels que vêtements, linge, literie, nourriture, etc.;

Qu'il invite le Conseil à procéder à la répartition dont il s'agit.

Le Conseil, à l'unanimité, décide que ladite somme sera répartie et offerte, par les soins de M. le maire, aux habitants d'Ecouen ci-après nommés dans les proportions suivantes. Et pour le cas où une ou plusieurs personnes désignées n'accepteraient pas l'offre à elles faite, le Conseil en ferait une autre attribution dans une séance subséquente (1).

Le Conseil, unanimement pénétré de reconnaissance envers le *Comité du pain* de Bruxelles, prie M. le maire de lui transmettre l'expression de sa profonde gratitude.

Délibéré en séance à Ecouen, les jours, mois et an que dessus, et ont MM. les membres présents signé, après lecture.

Signé au registre : Reine, Crochat, Dehail, Huet, Nouveau, Frère, Gilles-Didier, Louvet et Estique.

Pour copie conforme :
Le maire d'Ecouen,
REINE.

Ici j'étais arrivé au terme de ma mission. J'aurais désiré suivre le chemin qui me restait ouvert au soulagement d'autres souffrances; mais j'ai du m'arrêter : mes ressources étaient épuisées.

Dr FEIGNEAUX,
Vice-président du Comité du pain.

Bruxelles, le 30 mars 1871.

---

(1) Pour des motifs que le lecteur comprendra, nous nous abstiendrons de publier la liste des personnes qui ont été secourues.

ANNEXE Nº 19.

RAPPORT SUR LES TRAVAUX DU COMITÉ DE SECOURS

Après la capitulation de Sedan et de Metz, et plus tard, avant l'investissement de Paris, une nombreuse population d'émigrés, appartenant à des nationalités très-diverses, vint se réfugier à Bruxelles ou dans la province, emportant leurs modestes économies, et espérant trouver du travail sur une terre hospitalière jusqu'à la fin de la guerre.

Mais celle-ci se prolongea, et les ressources s'épuisèrent. En présence de cette triste situation, le *Comité du pain* comprit que, pour remplir complétement le mandat qu'il s'était imposé, il devait venir au secours de ces intéressantes victimes de la guerre, sans distinction de nationalité.

A la fin de décembre 1870, il constitua le *Comité de secours*, dont les attributions furent de recueillir les demandes de secours, de prendre les informations, de s'occuper plus particulièrement des victimes de la guerre habitant Bruxelles et de leur distribuer des dons en nature, tels que bons de pain, de viande ou de houille.

Il entra en fonction le lendemain de son installation, et se mit immédiatement en rapport avec M. le Bourgmestre de Bruxelles, qui chargea M. Catreux, son secrétaire particulier, de nous transmettre les demandes de secours, de prendre des informations et de recueillir les renseignements officiels utiles dans l'espèce, en ce qui concernerait les victimes de la guerre habitant Bruxelles.

Ce concours de la commune permit au Comité, non-seulement de secourir un plus grand nombre de victimes, mais encore de conserver à ses attributions le caractère fondamental de l'œuvre.

Le *Comité de secours* entra en fonction le 30 décembre 1870. Pendant cinq mois il secourut un grand nombre de familles appartenant à des nationalités diverses.

Vers la fin de la guerre, le *Comité du pain* autorisa, par un vote, le *Comité de secours* à rapatrier ces mêmes familles. Nous avons eu ainsi la satisfaction de fournir à beaucoup d'entre elles le moyen de retourner dans leur pays et dans le centre de leurs affaires.

C'est ainsi que le *Comité de secours* a repatrié *soixante-douze* familles, repré-sentées par *cent quatre-vingt dix* personnes.

Le *Comité de secours* ne s'est pas borné à faire des distributions de dons en nature. De bonne heure il s'est occupé des moyens de procurer du travail à ceux qui lui en faisaient la demande.

Grâce à son intervention et au bienveillant concours qu'il a rencontré dans la Presse de Bruxelles, bon nombre de familles ont été à même d'occuper des emplois qui leur ont permis de renoncer aux secours du *Comité du pain.*

Là s'est terminée la mission du Comité. Il a la bien consolante pensée d'avoir fait plus d'un heureux, d'avoir chassé la misère de plus d'un foyer et d'avoir soutenu plus d'une défaillance,

Mais cette tâche eût été trop lourde pour lui, s'il n'avait pu compter sur l'assis-tance charitable de cœurs dévoués et sur le concours du Bourgmestre de Bruxelles, de la Presse, des Comités de charité de Bruxelles, des Corporations religieuses. des Associations philanthropiques, des Loges maçonniques enfin.

ANNEXE N° 20.

RAPPORT DE LA COMMISSION DES FÊTES

A *Messieurs les Président et Membres du Comité du pain.*

MESSIEURS,

Nous venons vous rendre compte du résultat de la mission que vous nous avez confiée.

Le premier soin de la Commission, aussitôt après sa constitution, fut de déléguer l'un de ses membres auprès de M. Vachot, directeur du théâtre royal de la Monnaie, à l'effet d'obtenir une représentation au bénéfice de notre œuvre. M. Vachot n'hésita pas à répondre qu'il acceptait de nous consacrer la moitié de la recette brute d'une représentation dont les frais ordinaires resteraient à sa charge. Afin de rehausser l'éclat du spectacle, la Commission résolut de solliciter le concours d'un des nombreux artistes en renom réfugiés à cette époque dans notre pays. Elle fit une démarche auprès de Mˡˡᵉ Marie Battu, premier sujet de l'Opéra de Paris, qui accepta gracieusement, avec le désintéressement le plus complet, de chanter le rôle d'Alice dans « *Robert le diable.* » La représentation eut lieu le jeudi 10 novembre, et le Comité toucha pour sa moitié dans la recette brute fr. 2,631-50. Une collecte faite pendant un des entr'actes par Mᵐᵉˢ Charles Lejeune, De Doncker, Gustave Lemaire, Genis, Vansoust de Borkenfeldt, Victor Limauge, produisit une somme de fr. 1,101-50, encaissée toute entière par le Comité.

Quelques jours auparavant M. L Ghémar, bien connu par son dévouement à toutes les œuvres de charité, nous a fait remettre une somme de 769 francs, produit de deux concerts donnés dans sa salle d'exposition de la rue de l'Évêque avec le concours de Mᵐᵉ Chaumont et MM Barré, Vaneslande, Kangeuscheidt. Une collecte faite dans la salle produisit fr. 175-45.

Une représentation fut ensuite organisée le 7 décembre au Théâtre royal d'Anvers, par les soins actifs et dévoués du sous-comité d'Anvers, composé de

MM. Ch. Lejeune, Koch, Bovie, Bernstein, Kennedy, Bruynseraede, D'hanis, Falcon, V. Lejeune, Lebrasseur, Moons, Marsily, Lambrechts, Kreglinger et Havenith. — Le directeur et l'administrateur de ce théâtre, MM. Van Caneghem et de Rollecourt, mirent obligeamment leur salle à notre disposition dans des conditions analogues à celles qui avaient été consenties par M. Vachot, et, de plus, les principaux artistes de la troupe, Mlle Singelée, Mlle Castan et MM. Jourdan, Troye, Mengal, firent généreusement abandon de leur cachet au profit de l'œuvre. — La représentation composée de « *Martha* » et d'un intermède rempli par Mlle Rosine Block, de l'Opéra de Paris et M. Luigi Conti, baryton du théâtre italien de Paris, eut un plein succès. Le Comité recueillit pour sa part 2,700 francs, non compris les cachets de Mlle Block et de M. Conti.

Le lendemain, 8 décembre, le théâtre royal de Gand dirigé par M. Coulon, donna « *la Favorite.* » — Mlle Rosine Bloch et M. Luigi Conti prêtèrent à la représentation le concours de leur talent en remplissant dans cet opéra les rôles d'Eléonore et de Fernand M Mesmaecker, artiste lyrique, s'offrit généreusement à chanter dans un intermède quelques-uns des morceaux de son répertoire. La quote, part du Comité dans la recette fut de 1,533 francs, non compris les cachets de de Mlle Bloch et de M. Conti.

Le 10 janvier 1874, le théâtre royal de Bruxelles fit représenter « *la Favorite*, » interprétée par Mlle R. Bloch et M. Faure. — D'après les conditions arrêtées de commun accord. M. Vachot remit au Comité l'excédant du produit de la recette au-delà de 3,500 francs, les cachets de Mlle Bloch et de M. Faure étant à la charge du Comité. Celui-ci toucha fr. 2,124-50.

Peu après, le 19 janvier, une représentation donnée à mi-recette brute avec le concours de Mlles Honorine et Chaumont au théâtre du Parc, sous la direction de Mme Micheau, nous procura une nouvelle ressource de fr. 684-57; Mlle Van Gheel, artiste des Fantaisies parisiennes, MM. Engels et Mesmaecker se firent tous trois, avec le plus grand désintéressement entendre dans cette soirée.

Le 28 janvier, M. Fr. Loisset, directeur du cirque de la place de la Grue, donna au bénéfice de l'œuvre une brillante représentation dont le produit brut total, sans aucune retenue quelconque, fut généreusement versé tout entier dans la caisse de notre trésorier.

Enfin le 4 février, M. G. Duprez, professeur au Conservatoire de Paris, donna dans la salle de la Grande Harmonie, gratuitement mise à la disposition de cet artiste par la Société, une séance vocale et dramatique avec le gracieux et désintéressé concours de Mmes Miolan-Carvalho, Battu, Marimon, Ferrucci, Fernandez et de MM Agnesi Maton, Engel, H. Logé. Cette intéressante et remarquable séance dont le souvenir vous est encore présent. fit fr. 3,941 78 de recette, intégralement remis au Comité.

Il nous reste à vous parler de l'Exposition de tableaux organisée dans l'une des salles de l'hôtel de M. Rey ainé, dont la générosité souvent mise à l'épreuve ne s'est jamais démentie un instant. Grâce à l'obligeance des propriétaires des principales galeries de Bruxelles, grâce aussi à la Société belge des aquarellistes qui nous prêta gratuitement tout son matériel d'exposition, et au Gouvernement qui nous confia quelques objets pour la tombola, grâce enfin au dévouement qu'apporta M. Bonnefoy à seconder la Commission dans son travail, l'exposition d'une première série de tableaux fut ouverte le 10 janvier 1871. Elle dura un mois. Une seconde série de tableaux, exposée à partir du 18 février, resta visible jusqu'au 26 mars S. M. le Roi daigna honorer l'exposition de sa présence. L'entrée fixée à 2 francs pour le premier jour et réduite pour les jours suivants, à 1 franc pendant la semaine et 40 centimes les dimanches, produisit 3.962 francs. Un plateau placé au salon pour recueillir les offrandes des visiteurs, reçut fr. 2,854 20 dont 2,000 fr. de S. M. le Roi et 300 francs de S. A. R. Monseigneur le comte de Flandre. Les frais comprenant notamment le transport des tableaux, les salaires des surveillants, l'appropriation de la salle et l'assurance contre l'incendie, s'élevèrent à fr. 4,251 13.

ANNEXE N° 21.

POST-SCRIPTUM

Dons envoyés du Brésil et des États-Unis.

Au moment où le *Comité di pain*, par suite de la conclusion de la paix et de l'épuisement de sa caisse, considérait sa tâche comme terminée, il a reçu de M. Osmin Laporte, consul de France à Pernambuco (Brésil), l'avis d'un magnifique envoi à Bordeaux, de 24,000 kilog. de sucre et d'autres marchandises, produit d'une souscription ouverte sur la patriotique initiative de M. Osmin Laporte, et un autre avis de MM. le baron de Livramento, le baron de Villa Bella et Bécarque de Macédo de l'envoi de 11,200 kilog. de sucre et d'autres marchandises. Le Comité, renseigné sur la constitution à Bordeaux d'une Société de secours dans des conditions analogues à la sienne, et composée de MM. le cardinal Donnet, archevêque de Bordeaux, Surell, directeur des chemins de fer du midi, Maillard, pasteur, président du consistoire protestant, S. Levy, grand rabbin de la Gironde, Henri Balaresque, etc., lui a fait l'abandon de ses droits à la vente et à la distribution de ces nouvelles richesses, en lui demandant toutefois un compte rendu détaillé sur la façon dont il y serait procédé. Ce compte rendu n'est pas encore parvenu. Enfin, le Comité de secours aux paysans français, institué à Rio de Janeiro sous le patronage de Madame la comtesse d'Eu, Princesse Impériale du Brésil et sous la présidence de M. le baron de Bom Retiro (M. le comte de Bomfim, trésorier), envoyait par l'entremise du chevalier de Britto, ministre de S. M. l'Empereur du Brésil à Bruxelles, deux traites de 150,000 francs, qui ont été réparties dans les départements de la Côte d'Or, du Loiret, de la Seine inférieure, de Seine-et-Oise, de la Meuse, des Ardennes, du Doubs, de la Haute-Saône, de la Marne, de la Haute-Marne, du Pas-de-Calais, et à Mlle Dosne, pour l'œuvre des incendiés de la banlieue de Paris.

Le Président du *Comité du pain* a encore reçu du Comité de secours aux français, établi à Boston :

1° Une traite de 20,240 francs.

Cette somme a été distribuée dans les département des Ardennes, la Côte d'Or et la banlieue de Paris.

2° Une somme de 6,000 francs, de M. Charles Marshall, secrétaire du Comité de la Chambre de commerce de New-York.

Cette somme a été distribuée à des veuves et des orphelins dans le département du Doubs.

3° Une traite de 15,341 francs de M. Dufresne, président de Saint-Paul, au Minnesata (Etats-Unis) dont il a été fait l'usage suivant :

1. Au préfet de la Seine, M. Leon Say, 10,000 francs, pour être distribués à vingt veuves d'employés et de petits propriétaires, ruinés par les événements.

2. 5,431 francs au bureau de bienfaisance de Mézières, pour les victimes civiles du bombardement prussien.

Bruxelles, le 1er août 1871.

Le Président du Comité,

Comte L. DE MERODE.

Honneur aux bienfaiteurs généreux dont les plus grandes catastrophes ne peuvent pas épuiser la charité.

ANNEXE No 22.

Comité de Saint-Pétersbourg.

Une somme de 2,830 francs, remise par M. le comte Léon Mniszech au nom de ce Comité, a été distribuée par les soins du Comité du pain dans différentes communes des départements de l'Aisne et de la Somme.

ANNEXE) N° 24.

État de comptabilité des fonds recueillis en Belgique au 30 juin 1871.

RECETTES.		DÉPENSES.	
Dons en argent . . . . .fr.	44,014 61	Expédition à Carignan, Mouzon et Bazeilles . . . . .fr.	682
Produit brut de l'Exposition de tableaux et de la Tombola . . . . . , .	8,829 20	Expédition à Mouzon, Carignan, Beaumont, Douzy, Bazeilles, Balan et Sedan	429
Produit net des représentations au théâtre de la Monnaie à Bruxelles et Collecte	5,109 80	Expédition à Carignan, Mouzon, Beaumont, Ruffy-Autrecourt, Bazeilles, Balan, Douzy et Sedan	883
Produit net du concert organisé par M. Duprez, ex-premier sujet de l'Opéra de Paris, en la salle de la Grande-Harmonie à Bruxelles.	3,730 78	Expédition à Balan, Pourru, Douzy, Mouzon, Carignan, Beaumont et Doigny	1,770
Produit net des représentations au théâtre d'Anvers et au théâtre de Gand.	2,353 »	Expédition à Montmédy.	931
Produit net des concerts à la salle Ghémar à Bruxelles	944 45	Expédition à Autrecourt, Moulin et Voncq	2,684
Produit net de la représentation au Cirque Loisset à Bruxelles.	800 »	Expédition à Thionville	1,206
Produit net de la représentation au théâtre du Parc à Bruxelles. . . .	684 57	Expédition dans le Département du Nord.	2,919
Produit net d'un concert donné par le 1er régiment de Ligne.	117 »	Expéditions à Metz et environs	22,115
Coupon au 1er juin 1871 de l'obligation de la ville de Bruxelles, emprunt de 1862	5 »	Secours distribués à Paris.	5,860
		Secours en argent à différentes communes	3,470
		Secours en argent à des particuliers.	5,498
		Distribution de pain, viande et houille à des émigrés à Bruxelles. . .	2,254
		Frais de repatriement de 72 familles	4,027
		Exposition de tableaux. — Appropriation de la salle, transport des tableaux, assurances, employés et acquisition d'un groupe d'Harzé pour la tombola	5,254
		Dépenses diverses	5,787
		Espèces en caisse.	2,831
Obligation de la ville de Bruxelles, emprunt de 1862, Mémoire.	» »	Obligation de la ville de Bruxelles, emprunt de 1862. Mémoire.	»
Fr.	66,366 21	Fr.	66,566

Pour le Comité :

Le Trésorier,   Le Président,
L. DE DONCKER.   Comte LOUIS DE MÉRODE.

ANNEXE   N° 25.

État de comptabilité des fonds provenant du Grand-Bazar de New-York, au 30 juin 1871.

Départements.	Communes.	NATURE des dépenses.	Sommes.			
		DÉPENSES.			RECETTES.	
	Grougies	Don de . . . . fr.	600 »	Reçu	. . . .	92,215 10
	Hargicourt	Id.	600 »			
	La Fère	Id.	1,500 »			
	Laon	Id.	1,500 »			
Aine	Lemé	Id.	600 »			
	Nauroy	Id.	600 »			
	Saint-Quentin	Id.	3,000 »			
	Soissons	Id.	1,500 »			
	Tergnier	Id.	500 »			
	Carignan	Id.	500 »			
Ardenne . . .	Mouzon	Id.	500 »			
	Sedan	Id.	500 »			
Doubs	Différentes communes	Id	10,000 »			
Loiret	Orléans	Id.	5,000 »			
Loir et Cher . .	Ménars	Id.	1,500 »			
Marne	Bouvancourt.	Id	1,000 »			
Meurthe . .	Phalsbourg . . . . . : .	Id.	2,000 »			
Meuse	Montmédy et environs . . .	Id.	2,000 »			
Moselle . .	Longwy	Expédition	2,040 »			
Nord	Cambrai	Don de	2,000 »			
	Bapaume	Expédition	774 45			
Pas de Calais .	Beugny	Id.	500 »			
	Le Transloy	Id.	600 »			
Rhin (haut) . .	Belfort.	Don de	5,000 »			
	Boulogne et Billancourt	Id. . .	1,500 »			
Seine	Champigny-sur-Marne . . .	Id.	1,500 »			
	Clamart	Id	1,000 »			
			46,114 45	A reporter. . fr.		92,215 10

Départements.	Communes.	NATURE des dépenses.	Sommes.
		DÉPENSES.	*(suite.)*
		Report. . fr.	46,114 45
	Creteil.	Don de . . .	500 »
	Joinville-le-Pont	Id. . . .	1,000 »
Seine	Issy	Id.	500 »
	Paris	Secours distribués . .	6,602 »
	Vanves.	Don de	1,000 »
Seine inférieure.	50 communes des envir. de Rouen.	Id. .	10,000 »
	Ecouen.	Id. . .	1,500 »
	Meudon	Id. . .	1,000 »
	Montreuil-lez-Versailles	Id. . .	1,000 »
Seine et Oise. .	Pontoise	Id. . . .	500 »
	Saint-Cloud	Id. . .	1,000 »
	Sèvres.	Id. .	2,500 »
	Ville d'Avray.	Id. .	1,800 »
	Albert	Id. . .	800 »
	Amiens	Id. .	900 »
	Corbie.	Id. . . .	800 »
Somme . . .	Péronne	Id. .	1,800 »
	Pont-Noyelles	Id. .	400 »
	Templeux-le-Guérard.	Id .	400 »
	Villers-bretonneux.	Id.	800 »
		Secours à des particuliers.	1,800 »
		Don à l'œuvre de la Banlieue de Paris sous la Présidence de Mlle Dosne.	3,000 »
		Espèces en caisse. . . .	6,996 65
		Fr.	92,213 10

RECETTES.

Reçu . . . . Report. . fr.	92,213 10
Total. . fr.	92,213 10

Pour le Comité :

Le Trésorier,
L. DE DONCKER.

Le Président,
Comte LOUIS DE MÉRODE.

ANNEXE N° 26.

Récapitulation des sommes reçues.

Fonds recueillis en Belgique . . . . .fr.			66,566	21
Id. provenant du Comité de New-York.			92,213	10
Id.	Id.	de secours aux paysans français institué à Rio de Janeiro . .	139,000	»
Id.	Id.	de secours aux français, établi à Boston	20,240	»
Id.	Id.	de la Chambre de commerce de New-York	6,000	»
Fonds envoyés par M. Dufresne, président de Saint-Paul au Minesota (Etats-Unis).			13,431	»
			337,450	31

Pour le Comité :

Le *Trésorier*,   Le *Président*,

L. DE DONCKER.   Comte LOUIS DE MÉRODE.

EXTRAITS DE L'OUVRAGE INTITULÉ :

LES SECOURS AUX BLESSÉS

APRÈS LA

BATAILLE DE SEDAN

PAR LE DOCTEUR MERCHIE

ANCIEN INSPECTEUR-GÉNÉRAL DU SERVICE DE SANTÉ DE L'ARMÉE BELGE
Commandeur de l'Ordre de Léopold
Officier de la Légion d'Honneur
Décoré de la Croix commémorative et de la Croix civique de 1re classe, etc.

Les premiers blessés qui pénétrèrent sur notre territoire, à la suite de la bataille de Sedan, étaient des soldats français.

Ils furent recueillis par nos soldats et par des paysans qui les conduisirent à Florenville, à Paliseul et à Bouillon où ils reçurent les soins les plus empressés des médecins militaires stationnés dans ces localités.

Leur arrivée à Bouillon nous fut annoncée par le télégramme suivant, daté de Bouillon, le 3 septembre, à 9 heures 45 minutes du matin :

« A Monsieur l'Inspecteur général du service de santé de l'armée, à Bruxelles. — Informe que quarante blessés français sont arrivés hier à Bouillon. — Sont installés à l'ancienne infirmerie. — Suis aidé seulement par l'élève-médecin Putters. — Ai télégraphié au médecin dirigeant l'ambulance à Florenville. — Attends instructions. — Le médecin de bataillon. — Dr Guyot. »

« Le 1er septembre, l'ambulance, suivant le quartier-général, se porta au village de Libin, distant d'une demi lieue.

» Dans la nuit du 1er au 2, on réclama mes soins pour des soldats français, appartenant à des armes diverses et atteints de blessures plus ou moins graves : balles à travers la face, coups de bayonnette, éclats d'obus à la cuisse et au col. Le nombre des hommes sérieusement blessés était de cinq. Je donnai également des soins à un homme pris de pneumonie aiguë.

» Dans la journée du 2 septembre, les ambulances transportèrent, depuis midi jusque dans la nuit, les blessés qui pouvaient supporter le trajet et un grand nombre d'éclopés jusqu'à la station de Poix-St-Hubert, où ils furent dirigés sur l'hôpital de Namur et autres points que j'ignore.

« Le 3, au matin, le quartier-général et l'ambulance se transportèrent à Beauraing. Là je fus mandé dans la journée du 4 pour donner des soins à M. le général de division Marguerite, grièvement blessé à la face d'un coup de feu qui avait produit d'affreux ravages. Je trouvai le blessé épuisé par les hémorrhagies qui s'étaient produites pendant son trajet de Sedan à Beauraing. Mes soins, aidés des conseils de MM. Sovet père et fils, ne purent tirer le moribond de l'état d'affaissement où il était plongé. Il expira dans la journée du 6.

» Je fus plus heureux chez un autre blessé français, M. le marquis d'Hailly, capitaine au corps d'état-major. Il avait reçu une balle à la cuisse gauche Je le laissai convalescent au château du duc d'Ossuna, où le général Marguerite avait été jusqu'à sa dernière heure entouré des soins les plus généreux.

» Le 6, à 11 heures du soir, sur un ordre de M. le général commandant la division, j'envoyai treize voitures d'ambulance à Bouillon, sous la conduite du médecin-adjoint Fievez pour y prendre des blessés. — M Fievez transporta de Bouillon à Libramont 44 blessés français et revint immédiatement au quartier-général à Beauraing avec les ambulances. Il s'acquitta de cette mission avec intelligence et activité.

» Le médecin de bataillon Desguin m'a dit avoir donné des soins à environ cent cinquante blessés français pendant son séjour à Paliseul... »

« Dès ma rentrée au quartier-général, je me suis empressé de vous adresser un compte-rendu complet du résultat de ma mission, et mon rapport du 9, nº 218, donne tous les détails relatifs au service institué à *Saint-Hubert*, *Bouillon*, *Poliseul et Libramont* (Recogne). S'il y a eu un peu d'hésitation les premiers jours dans la marche de ce service, cela ne provient-il pas des nouvelles erronées, ou tout au moins exagérées et souvent contradictoires qui arrivaient à tout moment, au quartier-général?

» Quoi qu'il en soit, ce qui est certain, c'est qu'il résulte de mon rapport susdit et de tout ce que j'ai pu constater de mes yeux, que *le service des blessés était parfaitement organisé sur tous les points, et que des soins étaient assurés à tous ceux qui pourraient se présenter sur notre territoire...* »

Tels sont les faits qui se sont produits dans notre pays immédiatement après la bataille de Sedan. On voit que c'est à nos médecins militaires, à eux seuls que revient l'honneur d'avoir donné les premiers soins aux blessés étrangers recueillis sur notre territoire, blessés qui, *presque tous, appartenaient à l'armée française*. Leur conduite, en cette circonstance, a été d'autant plus louable, qu'elle était toute spontanée, et qu'ils n'avaient pas attendu pour agir qu'ils aient reçu des ordres ou des instructions de leurs supérieurs.

Le nombre des blessés qui se trouvaient le 8 septembre en traitement à l'infirmerie de Bouillon était de quarante environ, la plupart français, les autres allemands.

Après avoir visité les différentes salles et nous être assuré que que les blessés recevaient tous les soins désirables, nous nous rendîmes dans la salle occupée par les officiers, et dont M. Lante s'était réservé le traitement. Ces officiers, au nombre de douze, nous donnèrent l'assurance qu'ils étaient parfaitement soignés et n'avaient absolument rien à réclamer.

Quant au couchage, il était dans un état fort satisfaisant (1).

Toutefois nous crûmes devoir faire quelques remarques sur l'exiguité du local et le peu d'espace réservé à chaque malade.

Les rues de Sedan étaient littéralement encombrées de voitures, caissons, cavaliers, soldats allemands, prisonniers français, etc., et nous eûmes beaucoup de peine à nous frayer un passage. Nous parvînmes cependant jusqu'à la place de l'Hôtel de ville, où notre petite caravane établit son bivouac.

Après une légère collation prise en plein air et assaisonnée d'excellent vin que les habitants, heureux de nous voir et nous considérant comme de véritables sauveurs, eurent l'obligeance de nous apporter, nous nous dirigeâmes vers la maison occupée par l'état-major prussien.

Le général en chef était sorti; mais un officier nous offrit ses services. Il nous conduisit à la sous-préfecture, où se trouvaient en ce moment les bureaux du commandant supérieur de la forteresse et nous introduisit dans la grande salle de réception.

---

(1) On a prétendu que l'ambulance de Bouillon était dépourvue *littéralement de tout*, et qu'il a fallu tout improviser pour la mettre dans un état convenable. Mais on a omis de dire que depuis fort longtemps il n'existait plus de garnison à Bouillon; que, par conséquent, le mobilier garnissant l'infirmerie, avait été ou vendu, ou envoyé dans une autre ville, ce qui explique le dénuement absolu dans lequel elle se trouvait à l'époque de la bataille de Sedan.

Sans doute, si l'administration avait pu prévoir qu'une grande bataille se livrerait un jour sous les murs de Bouillon, elle se serait empressée de réorganiser l'infirmerie et même d'établir dans cette ville un vaste hôpital pour y recevoir les blessés. Mais les prévisions humaines ne vont pas jusque-là.

D'ailleurs, ainsi que nous l'avons dit plus haut, grâce au bon vouloir des autorités et des habitants, grâce à l'intervention de l'administration militaire, grâce surtout aux offres obligeantes de l'intendant de S. A. R. le comte de Flandre, le vide indiqué ci-dessus a été rapidement comblé.

M. Lante signale aussi le comité anglais de secours établi à Arlon, qui offrit généreusement, pour les besoins de l'ambulance, un matériel considérable et des provisions de toute espèce.

Bientôt après le commandant de place qui, pour le moment, était le colonel baron de Heuduck, du 13e régiment de hussards, vint nous rejoindre.

Il voulut bien nous accompagner en personne jusqu'à l'état-major français, où il nous présenta au général Faure, ancien chef d'état-major du maréchal de Mac-Mahon, qui nous remercia, avec des larmes dans les yeux, de notre généreuse hospitalité et accueillit avec le plus vif empressement les offres que nous lui fîmes de recevoir et de soigner dans nos ambulances la plus grande partie des blessés français.

Désirant nous entretenir avec l'intendant en chef de l'armée française, M. Uhrich, au sujet des mesures à prendre pour opérer le transport des blessés de Sedan à Bouillon, nous priâmes le général Faure de vouloir bien nous indiquer sa demeure. Mais, avec une courtoisie, dont nous lui sûmes le plus grand gré, le général s'offrit de nous accompagner jusque-là. Dans le trajet que nous avions à parcourir, nous rencontrâmes beaucoup de soldats français désarmés qui nous regardaient avec une certaine curiosité.

L'intendant Uhrich nous accueillit avec la plus grande bienveillance; mais il nous déclara que, pour le moment, l'évacuation des blessés français sur Bouillon était impossible, les moyens de transport faisant complètement défaut : « Les Allemands, dit-il, se sont emparés, par voie de réquisition, de toutes les voitures du pays et on ne trouverait pas, à dix lieues à la ronde, une seule charrette disponible. » Il nous fit entrevoir toutefois que, d'ici à quelques jours. on parviendrait peut-être à se procurer quelques moyens de transport, sans cependant rien affirmer de positif à cet égard. Il ne nous dit pas un seul mot du matériel d'ambulance français qui, aux termes de la Convention de Genève, n'avait pu être confisqué par l'autorité militaire allemande. Nous en conclûmes donc que ce matériel, avec les hommes et les chevaux qui le composaient, avait servi dès le début aux évacuations dont nous avons parlé plus haut et qu'il n'avait plus reparu depuis.

Du reste, nous devons le reconnaître, l'administration française était ici parfaitement dans son droit : elle jouissait, pour la première fois peut-être, des bénéfices de la *neutralité* accordée au matériel et au personnel des ambulances en temps de guerre.

En quittant l'intendant Uhrich, nous nous rendîmes avec MM. Cornet et Henrard, chez le maire de Sedan, M. Philippoteaux, qui nous reçut également avec des témoignages de la plus vive reconnaissance et nous proposa de nous conduire à la Halle aux grains pour nous montrer ce qui lui restait de farine pour nourrir les habitants et la garnison : « J'attends, dit-il, d'un moment à l'autre l'exprès que j'ai envoyé à Anvers pour acheter des farines ; mais les moyens de transport de Libramont à Sedan nous font complètement défaut et il ne dépend pas de moi si les farines ne sont pas encore arrivées.

Notre dernière visite à Sedan fut à l'ambulance belge dirigée par le général Pletinckx, membre du Comité de la Croix Rouge, ambulance qui était établie dans les bâtiments du tribunal civil. Les blessés qui s'y trouvaient étaient, pour la plupart, étendus sur le plancher et revêtus encore de leurs habits ensanglantés et couverts de boue. Quelques-uns avaient des lits plus ou moins bien garnis, et le général espérait qu'avant peu de jours, il pourrait en accorder un plus grand nombre.

Le lendemain de notre retour à Bouillon, et voulant préciser d'une manière plus complète les arrangements pris avec l'administration française relativement au transport des blessés, nous écrivîmes à M. l'intendant en chef Uhrich la lettre suivante :

« Monsieur l'intendant en chef, n'ayant pas eu l'honneur de vous revoir hier soir avant mon départ de Sedan, je viens m'entendre avec vous par écrit sur les mesures à prendre pour le transport des blessés de Sedan et environs en Belgique.

» Je suis d'avis, Monsieur l'intendant, que le trajet doit se faire directement sur Libramont, station du chemin de fer du Luxembourg, en faisant arrêt à Bouillon. Dans cette ville, les blessés feront un repos d'une heure ou deux, et recevront tous les soins nécessaires, en même temps que les aliments, boissons, etc., dont ils peuvent avoir besoin.

» Pour arriver à ce résultat, il conviendrait que les évacuations se fissent le matin de bonne heure, de façon à pouvoir arriver à Bouillon vers 10 ou 11 heures. Le nombre des blessés ne devra pas dépasser provisoirement 40 ou 50 par jour. Plus tard, on verra s'il y a lieu d'en augmenter le nombre.

» Le matériel de transport dont nous disposons ici n'étant pas suffisant pour assurer complétement ce service, il serait nécessaire que l'administration française intervînt pour moitié, de façon à ce qu'il y ait chaque jour un convoi français et un convoi belge.

» Veuillez, Monsieur l'intendant, vous entendre à cet effet, avec l'autorité prussienne de Sedan, qui décidera s'il n'y aurait pas lieu d'établir à Bouillon un relai pour les voitures qui lui appartiennent.

» Vous jugerez sans doute convenable de faire accompagner chaque convoi par un officier de santé, qui portera avec lui la liste nominative des blessés et la nature des lésions dont ils sont atteints.

» Agréez, etc. »

Ici, comme précédemment, nous crûmes devoir rendre compte à M. le Ministre de la guerre des résultats de notre excursion.

Voici dans quels termes notre rapport était conçu :

» Bouillon, le 10 septembre 1870.

« Monsieur le Ministre,

» Comme suite à ma lettre du 9 de ce mois, n° 3, j'ai l'honneur de vous informer que je me suis rendu à Sedan accompagné de M. Cornet, délégué de M. le Ministre de l'intérieur, et de M. Henrard, médecin de bataillon, attaché à l'inspection générale du service de santé.

» Cette visite avait principalement pour but de m'assurer du nombre des blessés en traitement dans les ambulances de cette ville et des environs. Je voulais également constater par moi-même la situation de ces blessés et les soins dont ils étaient l'objet de la part des personnes attachées aux dites ambulances.

» Mon premier soin, en arrivant à Sedan, a été de me mettre en rapport avec les autorités prussiennes et notamment avec le commandant supérieur de la place, M. le colonel de Henduck, commandant le 13ᵉ régiment de hussards.

„ Il résulte du long entretien que j'ai eu avec cet officier supérieur, *que les blessés de l'armée allemande n'exigent, de notre part, aucune intervention active. Ils sont évacués, chaque jour, vers leur pays par le moyen des voitures d'ambulance sous la direction de l'administration militaire ou des sociétés charitables de la Croix-Rouge.*

„ Quant aux blessés français, j'ai fait remarquer à M. le commandant de la forteresse que jusqu'ici le nombre de ceux évacués sur la Belgique était fort restreint et que j'avais pu constater par moi-même, dans la visite que j'ai faite aux différentes ambulances, et notamment à celles de Givonne, qu'ils se trouvaient dans une situation déplorable et qu'il était nécessaire, au point de vue de l'humanité, de leur procurer des soins mieux entendus. A ce sujet, j'ai cru devoir renouveler la déclaration que la Belgique offrait une ressource précieuse pour ces malheureux

„ Il me fut répondu que rien ne s'opposait à ce que de pareilles évacuations s'opérassent en ce qui concerne les blessés graves et qui exigeaient un traitement de plusieurs mois. M. de Heuduck ajouta que déjà 2,500 blessés français avaient été dirigés sur Mézières; mais que le nombre des blessés restant était encore fort considérable, et que même la dyssenterie, la fièvre typhoïde et d'autres maladies épidémiques commençaient à se déclarer parmi eux.

Afin d'obtenir des renseignements plus exacts, M. le commandant supérieur de la place me proposa de m'accompagner chez M. le général Faure, de l'état-major général français, où j'appris qu'il existait encore actuellement à Sedan et dans les ambulances extérieures un nombre de plus de 5,500 blessés.

„ En présence d'un semblable état de choses, l'administration française déclara accepter avec reconnaissance l'offre qui lui était faite de diriger une partie de ses blessés sur la Belgique, et il fût convenu que des mesures seraient prises pour opérer des évacuations dans le plus bref délai possible.

„ Le transport des blessés par Bouillon étant la partie la plus importante à régler, je me suis mis en rapport avec M. l'intendant en chef

Uhrich, et voici les mesures qui furent arrêtées de concert avec ce haut fonctionnaire :

1° Les blessés destinés à être évacués sur les ambulances belges seront dirigés par Bouillon au moyen de voitures ordinaires requises sur le territoire français.

2° De Bouillon, ils seront dirigés par les voitures belges, sur la station de Libramont, où un train spécial les attendra pour les conduire à destination.

» J'ai cru devoir informer de ces dispositions M. le lieutenant-général commandant l'armée d'observation, et je l'ai prié de vouloir bien donner les ordres nécessaires pour leur exécution. »

Le 13 septembre, notre mission étant entièrement terminée, nous quittâmes Bouillon en compagnie de plusieurs médecins militaires et civils, au nombre desquels nous citerons MM. Henrard, De Man, Smet-Van Aeltert, etc. Nous avions requis à cet effet la nouvelle voiture d'ambulance et ces Messieurs ont pu, comme nous, constater les bonnes qualités de ce véhicule qui n'a mis que trois heures environ pour nous transporter de Bouillon à Libramont.

Au rapport du médecin de bataillon Hermant, le nombre des blessés qui ont traversé Bouillon du 2 au 10 septembre, s'élève approximativement à 5,600, savoir : 5,400 allemands et 200 français. La plupart de ces derniers ont été reçus à l'infirmerie militaire ; quelques allemands y furent également reçus : c'étaient ceux dont l'état était trop grave pour leur permettre de continuer leur route.

D'autre part, voici le mouvement des blessés, à partir du 11 au 20 septembre, tel qu'il nous a été indiqué, dans son rapport officiel, par le médecin principal Van Lil :

« Dans la journée du 11, il y a eu un passage de plus de 400 blessés prussiens ; le 12, ce chiffre a atteint 795 (chiffre officiel) ; et il a diminué graduellement jusqu'au 20, où il en est passé une trentaine environ.

» Pendant le même temps, les blessés français sont arrivés par petits détachements ; mais le 18 et le 19, ont été évacués des blessés français venant des ambulances des environs de Sedan, au nombre de 330 environ.

„ Ces derniers ont été dirigés sur Bruxelles le 19 et le 20 ; tandis que les convois de Prussiens ont continué leur route vers l'Allemagne.

„ Les français étant considérés comme prisonniers de guerre, avaient été classés par les vainqueurs en trois catégories, les intransportables, les soldats moins grièvement atteints dirigés sur Mézières vers les hôpitaux du nord de la France ; enfin, ceux auxquels des blessures légères auraient permis de reprendre les armes dans un bref délai, étaient conduits en Allemagne par Nancy.

„ Par une dernière convention, il fut entendu que les Français dont le traitement exigerait environ trois mois, pourraient être accueillis là où l'hospitalité leur était offerte, et que, français comme prussiens, reçus en pays neutres, seraient libres après guérison.

„ C'est en vertu de ces stipulations, et en suite d'une conversation que j'eus avec M Petrowski, chef de toutes les ambulances de la Société française de secours aux blessés, que le 17 de ce mois MM. Trelat et Say, chirurgiens en chef de deux de ces ambulances amenèrent à Bouillon les malheureux auxquels ils avaient jusque-là donné leurs soins, afin de se diriger avec tout leur matériel sous Paris, en prévision de secours à porter aux nouvelles victimes que doit fatalement amener la continuation de la guerre.

„ A leur arrivée à Bouillon, les Français furent conduits au château où de vastes salles, de chaque côté desquelles est disposée de la paille, devait leur donner asile jusqu'au lendemain. Peu après cette installation, il fut distribué, à chacun de nos nouveaux hôtés, de la soupe, du pain et de la viande, et les pansements furent renouvelés par les *médecins militaires belges*, chargés du service de la citadelle. Le nombre des blessés s'élevait à 160.

„ Une des difficultés les plus sérieuses de l'évacuation était la question des voitures nécessaires au transport de Bouillon à Libramont, station de chemin de fer la plus voisine. Heureusement une bonne partie du matériel d'ambulance qui avait amené les malades de MM. Trélat et Say, avait été retenu à Bouillon, car malgré les offres les plus brillantes faites à différents paysans pour louer leurs charrettes, ils se refusaient à m'accorder leurs services, parce que, disaient-ils, la route était longue, fatigante, et puis enfin parce que les messieurs, selon leur expression, allant visiter le champ de bataille, les payaient tout aussi largement pour une besogne beaucoup moins désagréable.

» Je parvins cependant à trouver deux chariots; *j'obtins de l'autorité militaire belge quatre de nos voitures d'ambulances,* et complétant le convoi par le matériel de M. Say, j'arrivai à installer les 160 blessés français. Les malades furent tous pansés de nouveau avant leur sortie de la citadelle; on leur fit distribuer du pain et du café comme déjeûner, et vers dix heures du matin je donnais le signal du départ.

» La longue file de voitures se mit en route lentement, au pas, traversant la cour de la caserne, la ville elle-même, pour gagner ainsi la grand'route conduisant à Libramont. Cette route, assez large, très bien entretenue, présente un inconvénient énorme; dans tout son parcours, elle n'offre que côtes à monter et à descendre, ce qui la rend fort pénible pour les chevaux, alors que les voitures sont lourdement chargées. Heureusement pour nos pauvres blessés la journée était belle, car je frémis encore au souvenir de cette masse de malheureux qui ont si souvent défilé sous mes yeux en chariots découverts, par une pluie battante, devant faire ainsi un trajet de près de six lieues, et voyant s'ajouter aux douleurs que leur causaient leurs blessures, cette sensation insupportable du froid humide, à laquelle nous sommes déjà si sensibles, alors qu'aucune autre souffrance ne vient nous tourmenter.

» Peu après notre arrivée, survint un convoi de nombreux blessés français qu'on évacuait sur l'intérieur du pays et qui firent étape dans cette localité. On les installa sur de la paille dans les nouveaux bâtiments de l'école communale. Chacun s'empressa de venir à leur secours et de leur apporter des aliments, des rafraîchissements, des douceurs. La plupart de ces malheureux n'ayant plus été pansés depuis plusieurs jours, je leur donnai mes soins depuis 8 heures du soir jusqu'au milieu de la nuit, et le matin, dès 5 heures, je repris ma tâche pour permettre à ces blessés de nous quitter vers 10 heures, tous enchantés de nos soins.

„ Les convois de blessés qui traversaient Florenville provenaient des champs de bataille de Beaumont, Mouzon, Lamoncelle, Sedan, etc.

„ Les Allemands eurent moins souvent besoin de nos services. „

Nous ne pouvons non plus nous dispenser de reproduire la lettre suivante, en date du 23 septembre 1870, adressée par M. Thielens, maître de postes à Tirlemont, à M. Kervyn de Lettenhove, Ministre de l'intérieur, et qui, selon nous, caractérise parfaitement l'esprit de l'époque :

« Monsieur le Ministre, j'ai l'honneur de porter à votre connaissance que je viens d'arriver à Tirlemont avec un convoi de onze blessés français, dont ci-contre la nomenclature.

„ Ces blessés ont été ramenés à l'ambulance belge de Sedan par moi et mon ami, M. Charles Stoops, de Bruxelles, entièrement à nos frais ; ils ont été installés dans un bâtiment qui a été mis à ma disposition par la Commission des hospices.

„ Nos malades sont admirablement soignés et traités, grâce à la bienveillance de quelques personnes charitables de notre ville.

„ J'ai cru de mon devoir de vous informer, Monsieur le Ministre, des faits qui précèdent, et je vous prie d'agréer l'assurance de ma haute considération. „

Les offres de secours qui nous furent adressées directement, en notre qualité de chef du service sanitaire, n'étaient ni moins nombreuses, ni moins pressantes.

On en jugera par la lettre ci-après que M. le comte de Kerchove, bourgmestre de la ville de Gand, nous fit l'honneur de nous adresser sous la date du 24 septembre 1870 :

« Monsieur l'inspecteur-général, comme mon télégramme d'avant-hier vous l'a fait connaître, la ville de Gand peut recevoir cent blessés dirigés de la France vers la Belgique. S'il est nécessaire, ce nombre peut être augmenté.

„ Le Conseil communal a, dans sa séance d'hier, ratifié toutes les mesures prises par le Collège échevinal pour les soins à donner à ces malheureux. Toutes les dispositions sont prises pour que rien ne leur manque dès leur arrivée à la station. „

D'autres personnes honorables de Gand, de Malines et d'une

foule d'autres localités vinrent également nous trouver ou nous écrivirent au nom des comités de charité pour nous offrir leur généreux concours. (*Voir annexe* 19.)

Mais, de toutes les communes du royaume, la ville de Bruxelles est sans contredit celle où la charité publique s'est manifestée avec le plus d'éclat et d'entraînement pour recevoir les blessés des deux armées belligérantes et leur procurer tous les soins et tous les adoucissements possibles.

» Le Conseil communal de Bruxelles, dit l'auteur de l'*Histoire de la guerre* de 1870-1871, vota immédiatement un premier crédit de *cent mille francs*, afin de créer des ambulances communales pour secourir les blessés français et prussiens à Bruxelles.

» Le Collége fut autorisé à faire appel, en cas de besoin, à la population au nom du Conseil.

» Le Collége, sans perdre de temps, donnant suite à la résolution du Conseil communal, organisa trois ambulances :

» L'ambulance A, établie au Waux-Hall, contenait environ 190 lits ;

» L'ambulance B, établie à la Maison du Roi, contenait 90 lits ;

» L'ambulance C, établie *Hôtel Rcy*, rue Fossé-aux-Loups, contenait 80 lits.

» Le 7 novembre, six nouvelles ambulances furent mises en état, et 800 lits pouvaient être utilement offerts aux blessés des armées belligérantes. Bientôt on fut à même de pourvoir à toutes les nécessités.

» L'administration communale reçut, avant qu'aucun appel eût été fait à la population, un grand nombre d'offres des habitants pour soigner chez eux des blessés, ainsi que des dons de toute nature.

» L'Association belge de la Croix-Rouge créa, de commun accord avec la ville de Bruxelles, un grand hôpital, ou *Baraken-Lazarett*, à la plaine des manœuvres.

» A Bruxelles et dans tout le pays, ajoute l'auteur, ce ne fut que listes de souscriptions se couvrant de signatures, concerts, représentations théâtrales éminemment productives, etc. »

Indépendamment de son établissement principal du Champ des

Manœuvres, pouvant contenir 150 lits, la Société de la Croix-Rouge établit des succursales, soit dans des maisons particulières, soit dans plusieurs communes de la banlieue.

Ainsi une ambulance, exclusivement destinée aux officiers (40 lits), fut installée à peu de distance du *Lazarett* dans une maison appartenant à M. de Decker, ancien ministre.

Une autre ambulance, pouvant également contenir 40 lits, fut établie à Uccle dans le château de Mme Jouret-Ghémar, qui avait mis généreusement à la disposition de la Commission centrale avec tout son mobilier.

Enfin, il existait encore une ambulance à Saint-Gilles (30 lits), une à Cureghem (40 lits) et une à Laeken (40 lits), qui comme les précédentes, étaient placées sous la direction et le contrôle de la Société de la Croix-Rouge (1).

Au total, il est permis d'estimer à QUATORZE OU QUINZE MILLE environ, le nombre des blessés et malades étrangers qui, après la bataille de Sedan, ont traversé la Belgique et y ont fait un séjour plus ou moins prolongé.

De tout ce qui précède, il est permis de conclure que la Belgique, fidèle à ses anciennes traditions de charité et de philanthropie, a rempli noblement son devoir pendant la guerre franco-allemande, et particulièrement après la bataille de Sedan.

Elle a fourni, en cette circonstance, la preuve de ce qu'elle pouvait faire, si un jour, ce qu'à Dieu ne plaise, le fléau de la guerre venait à s'abattre sur son propre territoire.

Ambulance S. Vincent de Paul, rue du Moulin, à Malines, Belgique.

Malines, le 12 octobre 1870.

A Monsieur Merchie, Inspecteur-général du service sanitaire de l'armée belge.

Monsieur l'Inspecteur,

Le Comité de Malines vient d'organiser encore huit lits. Le corps médical tout entier nous prête son précieux concours. Aucun soin ne

---

(1) Voir *Association belge de secours aux militaires blessés, sous le patronage de S. M. Léopold II, Roi des Belges. — Compte-rendu des opérations du Comité de Bruxelles*, 1871.

manque à nos chers blessés. Les Frères de la Miséricorde sont réellement prodigues de leur dévouement.

Nous désirerions vivement, Monsieur l'Inspecteur, recevoir des blessés français parce que nous n'avons qu'une salle à notre disposition, et que nous désirons ardemment éviter le mélange des nationalités.

Un soldat du 14e de ligne nous serait particulièrement agréable, il trouverait ici l'un de ses compagnons qui désire obtenir de lui des renseignements. Dans tous les cas, Monsieur l'Inspecteur, s'il ne pouvait être satisfait à ce dernier désir, nous accepterions tout aussi bien tout autre blessé.

Nous nous trouverons fort honorés de votre visite, si vous vouliez bien inspecter notre ambulance.

Recevez, Monsieur l'Inspecteur, l'hommage de nos meilleurs sentiments.

Pour le Comité de l'ambulance Saint-Vincent de Paul :

Le Président,

DE CANNART D'HAMALE, sénateur.

Le Secrétaire,

EDMOND VAN SEGHERS.

Gand, 27 septembre 1870.

A Monsieur Merchie, médecin en chef de l'armée belge.

Monsieur,

Dans un entretien que j'ai eu hier avec Monsieur le Ministre de la guerre pour lui demander des blessés de l'armée française (ou allemande), il m'a répondu que je devais m'adresser à vous. Je viens donc vous demander, au nom d'un Comité de dames de cette ville, qui dirigent l'œuvre des Sœurs-Grises, si on pourrait encore diriger sur Gand 25 blessés, lesquels seraient confiés à leurs soins. Dès que j'aurai reçu votre réponse, je la communiquerai à ces dames et je correspondrai directement avec vous pour cet objet.

Veuillez, Monsieur, m'honorer d'un mot de réponse et agréer mes salutations respectueuses.

J. CASIER, sénateur.

DÉSINFECTION DES CHAMPS DE BATAILLE

L'idée de l'assainissement des champs de bataille reçut le jour en Belgique.

Voici la reproduction d'une lettre relative à cette œuvre éminemment humanitaire, adressée aux principaux journaux de Bruxelles, par un honorable négociant de cette ville, M.-P. Rueff fils, qui le premier, saisit le public de cette importante question.

Bruxelles, 20 septembre 1870.

Monsieur le Directeur,

L'œuvre nationale des secours aux blessés rend d'immenses services, l'élan philanthropique qu'elle a suscité et dirigé honore la Belgique et fera bénir le nom de ses enfants.

Mais à côté de l'œuvre de bienfaisance il y a l'œuvre de prévoyance. S'occuper du présent est parfait, mais l'avenir doit nous occuper également, chaque guerre amène à sa suite des maladies épidémiques, résultant des émanations putrides.

Les belligérants, tout à l'œuvre de destruction, ne sauraient prendre des mesures hygiéniques suffisantes.

Les vastes champs de carnage qui s'étendent de la Saar à la Meuse sont couverts de cadavres en décomposition qui ne tarderont pas à constituer un grand danger pour la santé publique, les dispositions prises jusqu'à présent semblent insuffisantes. Il est donc urgent, indispensable d'organiser des moyens complets, énergiques et rapides, pour empêcher qu'un nouveau fléau ne s'abatte sur l'humanité.

A l'œuvre ! Si la sagesse n'a pu nous préserver de la guerre, que la prévoyance et le dévouement nous préservent au moins de la peste.

La chimie met à notre disposition des agents désinfectants puissants qui purifieront rapidement l'air saturé des miasmes méphitiques ; il faut choisir celui qui tout en agissant efficacement ne frappe point la terre de stérilité

Nous échapperons ainsi peut-être au choléra et au typhus et à ces terribles maladies qui décupleraient le nombre des victimes de la guerre.

Je crois que l'on pourrait faire appel au dévouement de l'Association internationale des secours aux blessés pour cette nouvelle et importante mission, je suis convaincu qu'elle s'en chargerait avec empressement.

Je vous proposerai donc, Monsieur le Directeur, si vous appuyez ces idées, d'ouvrir une souscription dans vos colonnes et vous prie de m'y inscrire pour ´ la somme de

Agréez, Monsieur le Directeur, l'assurance de ma considération distinguée.

Signé : P.-L. RUEFF, fils.

Malgré l'urgence réclamée, cette idée ne reçut un commencement d'application que vers le mois de mai de l'année suivante; époque à laquelle l'adhésion et le puissant concours du prince Orloff, donnèrent en Belgique à cette œuvre, l'impulsion que n'avait pu lui imprimer le citoyen modeste qui en avait été le promoteur.

Les résultats obtenus furent très-heureux, et la France doit en ce qui la concerne, remercier la Belgique, d'avoir empêché les champs de bataille de devenir des foyers d'infection et des causes d'épidémie.

MONUMENT

à ériger au Cimetière de Bruxelles (Evere)

A LA MÉMOIRE DES SOLDATS FRANÇAIS

décédés en Belgique en 1870-1871

Les détails relatifs à l'érection du monument, sont contenus dans une lettre adressée au « *Voltaire* » à la date du 19 novembre 1879. Voici cette lettre :

Monsieur le Directeur,

En rendant compte de l'inauguration, au nouveau cimetière de Bruxelles, d'un monument élevé à la mémoire des soldats allemands morts en Belgique, votre journal s'étonnait que pareille chose n'eût point encore été faite pour les soldats français.

Je suis heureux de vous apprendre que, dans les premiers mois de cette année, la Commission administrative du « *Cercle Français* » de Bruxelles, après avoir nommé un Comité directeur de l'œuvre, ouvrit dans ce but, sous le patronage de la légation de France, une souscription à laquelle ont pris part, non-seulement les membres du gouvernement français, les présidents du Sénat et de la Chambre des députés, M. le comte Duchâtel, ministre de France en Belgique et bientôt, nous l'espérons, notre colonie tout entière, mais aussi, et pour une très-large part, les habitants les plus notables de la capitale et d'autres villes de ce pays.

L'administration communale de Bruxelles nous a gracieusement concédé un terrain gratuit et à perpétuité ; une somme respectable est déjà souscrite ; toute la presse belge nous favorise de ses sympathies, et dans quelques mois l'inauguration sera faite d'un monument qui, dans notre pensée, devra rappeler à la postérité l'immolation héroïque de nos soldats et notre reconnaissance pour les soins si touchants dont la Belgique entoura nos blessés.

Dans l'espoir que vous voudrez bien accorder l'hospitalité de vos colonnes à cette lettre destinée à répondre complétement, je le crois, à vos préoccupations patriotiques, je vous prie, Monsieur le Directeur, d'agréer l'expression de ma considération distinguée.

Le secrétaire du Cercle Français
et du Comité directeur de l'œuvre du monument
à ériger à la mémoire des soldats français.

E. FABRI.

Bruxelles, le 19 novembre 1879.

Le plan du monument a été définitivement adopté, l'exécution en a été confiée à un artiste français. Par son architecture toute nationale et ses proportions grandioses, ce mausolée témoignera du respect que les Français professent pour la mémoire de leurs frères morts en défendant la patrie.

Une des faces portera l'inscription :

HOMMAGE A NOS SOLDATS.

Sur l'autre face figurera l'acquit d'une dette envers le pays où nos malheureux soldats sont décédés.

RECONNAISSANCE A LA BELGIQUE.

TABLE DES MATIÈRES